好投资与坏投资

陈嘉禾 著

中国人民大学出版社
· 北京 ·

图书在版编目（CIP）数据

好投资与坏投资 /陈嘉禾著．--北京：中国人民大学出版社，2021.1
ISBN 978-7-300-28607-5

Ⅰ.①好… Ⅱ.①陈… Ⅲ.①投资-研究 Ⅳ.①F830.59

中国版本图书馆 CIP 数据核字（2020）第 181322 号

好投资与坏投资
陈嘉禾　著
Hao Touzi yu Huai Touzi

出版发行	中国人民大学出版社		
社　　址	北京中关村大街 31 号	**邮政编码**	100080
电　　话	010－62511242（总编室）		010－62511770（质管部）
	010－82501766（邮购部）		010－62514148（门市部）
	010－62515195（发行公司）		010－62515275（盗版举报）
网　　址	http://www.crup.com.cn		
经　　销	新华书店		
印　　刷	德富泰（唐山）印务有限公司		
规　　格	148 mm×210 mm　32 开本	**版　　次**	2021 年 1 月第 1 版
印　　张	11 插页 2	**印　　次**	2021 年 1 月第 1 次印刷
字　　数	221 000	**定　　价**	68.00 元

价值投资之所以知易行难，其中一个重要原因是很多人没有真正把握价值投资的方法。嘉禾的这本书对价值投资的几个要素如能力圈、研究选择好行业好公司、安全边际等均有详尽阐述，值得投资者仔细研读并实践。

曹名长　中欧基金基金经理

投资是世界上最复杂的工作之一，成为一名优秀的投资人需要持续不断地阅读、思考、实践、积累。嘉禾的新书正是他在十多年投资研究中坚持不懈的成果。通过引用历史故事、剖析投资大师经典案例、深入观察生活等方式，从多个角度阐释价值投资的真谛，探讨如何做好行业和公司研究、如何选择资产和基金。读过这本书，我看到了一名专业投资者的勤奋，感受到嘉禾把价值投资与自己的认知、生活完全融合到一起，做到了真正的知行合一。我把这本书推荐给投资者。

蓝小康　中欧基金基金经理

价值投资是一种投资方式，更是一种世界观和人生哲学。价值投资者的投资标的可能会不同，但他们都一样坚定和从容。结识陈嘉禾近十年，亲眼所见他知行合一，走出了自己精彩的人生路，更令人敬佩的是他一直积极推广价值投资理念，为投资界带来一股清流。

吴金宫　富恩德资产总经理

价值投资，知易行难。嘉禾的文章，会帮你捅破那层从知到行的隐形窗户纸。而用历史故事讲透价值投资，嘉禾是最好的作者之一！无论大众还是专业投资者，都应该马上开始阅读本书。

许树泽　中央电视台财经评论员

自　序

为了书名，我纠结了挺长时间也没找到太适合的。当郑雪梅女士拿出“好投资与坏投资”这七个字的时候，我眼前一亮，这正是我想寻找的理想书名。

对于绝大多数人来说，投资是一项极其重要的工作。好的投资，可以让一个家庭的生活变得轻松，让人不为辛苦劳累的工作所羁绊。做好投资，可以说是最重要的事情之一。

一旦碰上坏的投资，投资回报在长期为负，甚至大幅亏损、血本无归，就意味着许多人、许多家庭需要加倍努力工作，去弥补财产上的损失。在繁重的压力下，白发爬上了父亲的鬓角，孩子的童年无人陪伴，而老人希望子女陪伴在身边的念想也变成一种奢望。

所以说，好投资与坏投资，这个看似简单轻松的话题，背后却是无比重要的生活抉择。比起健康、情感方面的抉择，财务投资上的抉择之重要也不遑多让。

那么，我们如何才能做出好投资、避开坏投资呢？我以为，认真、务实的学习和知识积累，是让投资者脱颖而出的唯一路径。在这本书里，我就从价值投资、证券研究、投机、宏观视角、企业与

公司、行业研究、其他资产与海外市场、基金投资这八个方面，通过七八十篇自成体系的文章，给大家呈现我在投资领域的一些思考。

“天下事有难易乎？为之，则难者亦易矣。不为，则易者亦难矣。”其实，点石成金的投资之道看似无比复杂，但是如果我们能踏踏实实，一步一个脚印地努力学习，做到懂就是懂、不懂就是不懂，日复一日地让自己懂得更多，那么即使是资质最普通的投资者，也能在多年的积累和学习以后，在投资之路上有所进益，做出更好的投资。

反之，如果不能诚恳踏实地学习，处处以短期利益为先，天天以投机赌博为路，每每想着如何从客户的口袋里捞钱，那么即使是顶尖大学的商学院毕业生，做出的往往也是坏的投资。

好投资与坏投资，其始看来相似，其终则有云泥之别。而好投资给人们带来的，往往是更幸福的生活。美国 20 个世纪最著名的共同基金经理彼得·林奇曾经说过，职业生涯最让他感动的，是他收到许多基金持有人的来信，感谢林奇的投资帮他们赚出了孩子的医药费、父母的养老金，等等。

林奇一辈子投资回报耀眼、誉满全球，但是最后让他动容的，却是这一封封持有人的来信，而不是他在华尔街取得的那些成绩。这是因为，金钱本没有价值，只有那些寄托在金钱之上的感情，才是人们生活的依靠。

希望通过这本书，能给我的读者们带来更多好的投资，以及这些投资能够带来的更好的生活。

陈嘉禾

目　录

第一章

价值投资：从巴菲特的盒子，到价值投资的三个层次

巴菲特的盒子

第一财经电视台的许树泽先生曾经发给我一张股神沃伦·巴菲特的办公桌照片。这张照片上，在办公桌非常显眼的位置，有一个非常有名的盒子。这个盒子大概十几厘米高，比一个 15 英寸的笔记本电脑大不了多少，上面写着两个大字："Too Hard"，翻译成中文就是"太难"。那么，为什么一个写着"太难"的盒子会在巴菲特的办公桌上有这么重要的位置呢？

关于这个盒子，巴菲特曾经说过不少次。他说："我的办公桌上有这么个'太难'的盒子，如果我看到一个投资项目太难，我看了一会儿还没有看懂这个项目赚钱的点到底在哪里，我就会把这个项目的文件丢到'太难'的盒子里。"

这个"太难"的盒子，体现的是一种巴菲特式的投资精神：只投资自己能看明白的项目，只在自己的"能力圈"里行动。（"能力圈"这个词来自巴菲特的一种比喻，意思就是"自己能力可以覆盖

到的范围”。）对于股神来说，长期超额收益的来源恰恰来自这种简单的“只做自己能轻松做到的事情”的理念。

其实，“巴菲特的盒子”还有很多其他的表述方式。其中一个表述方式是“只跨一英尺高的栏杆”，意思就是不要跨很高的栏杆，应该选择一英尺的栏杆，然后跨过去。巴菲特曾经用过的其他类似表述还有“不要和二十岁的人打架，找三岁的孩子打架”“难打的球不要接，只接最容易打的球”，等等。其核心的意思只有一个，就是“找你能懂的、最简单的投资机会”去投资。

对于许多投资者来说，这种最简单的投资方法恰恰是很难理解的。在A股市场，过去几年曾经出现许多复杂的投资机会，比如分级基金的B端、一些业务模式极其复杂的IT公司、利用场外配资的杠杆交易，等等。这些交易如此复杂，以至于人们很难理解其全部的风险到底有多大、可能出问题的点到底在哪里。但是，人们对这些复杂的交易仍然趋之若鹜，最后在自己没法控制的风险上赔掉一大笔钱。

反过来，对于那些简简单单的投资机会，人们却不愿意尝试。在2018年底、2019年初上证综合指数跌到2 500点的时候，我在市场上听到最多的问题不是“现在应该买什么”，而是“市场还会再跌多少点”。同样地，在2016年初恒生国企指数跌破8 000点的时候，我在市场上听到的绝大多数声音都是“国企指数跌得太狠了，绝对不能投资”“短短几个月就跌掉了几千点，这种机会怎么能关注”。对于一个估值低廉、包含了这个国家最重要的上市公司的指数来说，大幅的下跌往往意味着绝佳的、傻瓜式的、超级简单的投资机会，但绝大多数人就是不喜欢这样的机会。

即使是对于股票指数这样简单的投资，人们也喜欢挑更复杂的机会去做。人们总是喜欢预测市场下个月的波动，这是一件非常困难的事情，但是没有什么人愿意在股票指数估值低廉的时候踏踏实实地做长线投资。这恰恰又和巴菲特的理念背道而驰：老先生曾经在很多场合说过，在低估值的时候投资股票指数，是对于普通投资者来说最简单、最赚钱的投资方法。

著名的价值投资者、中欧基金的曹名长先生曾经十分感慨地对我说："为什么做投资的人，都喜欢挑战高难度呢？赚简单的价值的钱不是很好吗？为什么要炒股票呢？"的确，投资者往往酷爱追逐市场的热点。申银万国证券曾经编辑过一个活跃股指数，就是模拟投资者买入市场最热门的产品，结果 2000 年的 1 000 点到 2017 年跌破了 10 点，亏损高达 99%。反之，一直坚持价值投资、找又好又便宜投资标的的曹名长先生却在 2006—2019 年给投资者带来了累计大约 10 倍的回报。

这种投资中的"难"和"容易"，很多时候也体现在对企业的分析上。对于一个业务稳定、估值低廉的企业来说，投资者要想判断它的价值是非常容易的事情。即使判断失误，估值进一步下跌，由于企业的业务比较稳定，投资者也可以在亏损了百分之几十以后，在更低廉的估值继续增持，从而摊薄成本，在将来获得更大的投资回报。简单来说，对于投资"又好又便宜"的投资标的来说，投资者只要对"好"的判断没有错，那么绝大概率上只会碰到两个结果：要么买了以后价格上涨赚一点钱；要么买了以后价格下跌，

低估值买的更多，结果赚更多的钱。

反之，当投资者面对公司业务特别复杂、增长特别快的公司时，投资反而没有那么容易。由于这些公司成长很快（很多时候因为业绩增长快，被简单地称为“成长股”），往往吸引了绝大多数投资者的眼球，估值也往往高得要命。以这种价格买入的投资者，在公司极其复杂的业务兑现的时候，往往也赚不到太多钱：因为他们买得太贵了。而一旦公司的业务失利，就会遭遇可怕的“戴维斯双杀”，即公司的业绩和估值同时下跌，从而亏损严重。

“古之所谓善战者，胜于易胜者也。”两千多年前《孙子兵法》中的这句名言告诉我们：古往今来善战的人，只是在容易取胜的战争中获胜罢了。这种理念和今天巴菲特桌上的那个盒子不谋而合。当最专业的投资者、最好的兵法家都在寻找容易投资的机会、容易打赢的仗的时候，亲爱的投资者，你还会希望依靠那些难以理解、胜率不高的投资机会获利吗？

价值投资的三个层次

老子有云：“为学日益，为道日损。”如果说价值投资的道，就是不断做有价值的投资、通过投资行为不断为投资者带来价值这样一个简单的理论，那么价值投资的术，却有很多不同的层次。我以为，价值投资最起码可以分成三个层次。这三个层次由易到难，值得每个价值投资者一步步探索。

价值投资的第一个层次，是便宜的估值。在最著名的价值投资者沃伦·巴菲特的早期投资生涯中，买得便宜是一个非常重要的因素。而有“价值投资之父”之称的本杰明·格雷厄姆，则有著名的“捡烟头”理论：你把别人抽剩下的烟头从地上捡起来（所以几乎没花钱），再抽上两口，长此以往投资回报也十分可观。

即使是乔治·索罗斯这样不被认为是价值投资者的人，最早的投资生涯也和寻找便宜的价值息息相关。索罗斯最早的投资工作是在美国和欧洲之间做股票的套利交易。所谓套利交易，就是当时有很多公司的股票同时在美国和欧洲上市，但在20世纪中期，电子交易技术并不发达，因此同一公司的股票在不同市场上的价格经常有差异。索罗斯的工作就是买入便宜的、卖出贵的，说白了还是找便宜的估值。

对于价值投资者来说，找便宜的估值往往是走上价值发现之路的第一阶段。这么说有几个原因。第一，便宜的估值本身是非常有效的价值投资手段。在A股市场，有一些特色指数，比如低PE（市盈率）、低PB（市净率）指数，长期都大幅跑赢了市场。第二，便宜的估值非常好发现，只要有简单的财务技能，能对历史估值数据和类似标的的估值数据做简单的分析，就能胜任。第三，投资者很难在便宜的估值上犯错。他们只要足够细心，就能检测出一个投资标的的估值是否便宜。因此，在这种高容错率的投资手段之下，辅以一定的仓位分散，按照低估值进行投资的投资者，哪怕经验并不丰富，也往往能轻松取得好的投资业绩。

但是，找便宜货有很多自身的问题。

第一，这种投资方法过于依赖市场的低估值，如果市场在一个

阶段里没有出现低估值，比如美国在 1990 年代的股票市场，那么投资者就会无事可做。而在中国内地资本市场，这种现象尤其明显。由于股票发行长期供不应求，内地资本市场在绝大多数时候估值都远高于正常水平（比如与企业的重置成本、企业的盈利能力相对应的估值水平）。如果一个投资者在内地市场只买绝对低估的公司，那么他很可能在很长一段时间里找不到什么合适的投资标的。

第二，低估值的寻找过于简单，在交易技术和数据越来越信息化的今天，这种方法的生存率会越来越低：你能轻松做到的事情，别人做也不会太难。说到底，商业社会成功的要件之一就是，你能做的事情别人做不到（或者不能以同样的成本做到）。

第三，也是很重要的一点，寻找低估值的投资品，潜在的盈利空间是锁定的。一个好的公司可以给投资者带来数十倍乃至百倍的回报，但是再便宜的投资标的也只能给投资者带来最多几倍的回报，很多时候只有百分之几十的回报。而在一笔交易结束后，投资者又需要频繁地寻找下一个标的。

第四，买便宜的资产，投资者就必须等待估值的上扬，而估值的上扬是一件不确定的事情，比如香港市场的一些小盘股，很多年估值就是不涨。韩国市场的估值在历史上也一直不高。我见过不少刚开始研究香港市场的投资者，一上来会惊呼“估值怎么这么低！发财的机会到了！”殊不知香港市场的估值历来在绝大多数时候就是挺低的。

第五，低估值的一个大问题是，市场在绝大多数时候是正确的，低估值的资产往往有一些问题。频繁买卖低估值资产的投资者经常会掉到所谓“价值陷阱”中去，花较少的钱买了不太好的东西，结果便宜的变得更便宜。过几年回头一看，估值没涨，资产的质量比原来更差，而后者甚至会导致估值在价格下跌的情况下反而有所上升。

相对于低估值，价值投资的第二个层次是买得好。不同于便宜的投资往往只能带来小幅度的回报，一笔好的投资能给投资者带来巨大的回报。

如果投资者审视红杉资本、凯鹏华盈（KPCG）这些风险投资机构在美国硅谷地区曾经取得的超高回报，就会发现这种由“好公司”带来的回报，是依靠估值买得便宜所完全无法比拟的。而按照吴军在《硅谷之谜》一书中的介绍，如果不是硅谷地区的科技产业在过去几十年的超高速发展（实际上开创了整整一个新的巨大行业），这些风险投资机构不可能有如此高额的回报。这和买得便宜不便宜没有关系，硅谷地区的风险投资项目很多时候根本没有估值可言：这些投资机构就是靠买得好。

但是，判断究竟哪个行业、哪家公司好，却是一件比判断哪个更便宜困难许多倍的事情。判断哪个更便宜非常简单，把财务报表和价格做一个对比就可以。但是，判断哪个更好绝对不是看财务报表能搞定的事情。一家公司方方面面的情况，投资者要有细致入微的观察力和长远的眼光才能把握。

我经常说，只看财务报表就判断一家公司的运营状况，就好比只看体检表就判断一个人的健康状况一样不靠谱。一个体检报告数据很好的人，可能有一小撮癌细胞正在生长，可能有一根脑血管已经很脆弱，或者他在生活中喜欢打架、开快车等，但这些问题都不会显示在机械的体检报告数据里。而一个体检报告很糟糕的人，可能认识到自己身体的脆弱，因此开始积极养生：他的身体反而会越来越好。体检报告和财务报表一样，并不会给投资者提供前瞻性。但是，判断资产的好坏，前瞻性恰恰是最必要的。

说起前瞻性，这个世界上有大量的例子告诉我们，前瞻性是一件多么困难的事情。2007 年，美国的投资者们完全没有预料到，金融企业存在巨大的内部问题，金融行业的股票价格屡创新高，几乎不存在“危机”两个字。而 2010 年，中国内地市场的投资者惶恐地认为，中国的银行系统存在大量潜在坏账，要重蹈美国银行业的覆辙。结果到现在，10 年过去了，中国的银行业仍然良性运转。当时中国内地的投资者们错误地在金融危机造成的记忆犹新的恐慌印象下，把刚刚过去的美国银行业的经验套用在了内地银行业身上，而忘记分析两国市场的巨大不同。

以上这个简单的例子告诉我们，人们对未来的预测，经常很不靠谱。在《硅谷之谜》中，吴军介绍了历史上一个著名的风险投资人——大文豪马克·吐温。当然，人的能力往往只能局限在几个方面，马克·吐温也不例外。当有人向他推荐贝尔先生的伟大新发明（电话）时，马克·吐温却认为这种让相距几千英里的人们互相通话的技术梦想是天方夜谭。由此，马克·吐温错过了一次伟大的投资。

众所周知，大物理学家牛顿曾经在英国南海公司股票泡沫中赔了一大笔钱。当时的牛顿一定认为南海公司是一家好公司，否则他也不会倾其所有去买股票。那么，价值投资者在判断一家公司是不是好公司的时候，又怎么保证自己一定正确呢？

过去十几年，我曾经接触过许多创业的年轻人。他们在谈到自己的投资项目时，往往充满了自信。自信本身是一件好事，有热情也是上天赐予年轻人最好的礼物。但是，我却很少在他们认为很好的项目中看到成功的希望。这些项目要么是目标客户太少，要么是理想很好但成本太高，要么是商业模式太容易模仿、客户太没有黏性，一旦做出一点点影响力就很容易被别人拷贝抄袭，从而陷入无穷的竞争。从最后结果来看，这些创业项目中取得一定成功的，大概只有百分之几。但是，在这些项目一开始的时候，创业者都认为自己的项目好得要命。

所以，投资者如果要发现“好”的投资项目，在价值投资的第一个层次“买得便宜”上更上一层楼，那么他最少需要以下几个要素：足够的社会阅历、足够的信息分析能力、广阔的标的选择空间，以及严格的投资标的选择标准。找到一个真正好的投资标的，会像两千多年前萧何看到韩信时发出的那声赞叹一样：“国士无双。”

其实，以上所说的第一个和第二个层次（买得便宜和买得好）往往被投资者合并，称为“又好又便宜”。很多人认为价值投资就是这两点，我自己在很长一段时间里也是这么认为的。但是，价值投资其实还有第三个层次。这个层次很难用一句话来概括，它泛指除了简单的资产质量好和便宜以外，任何有助于提升投资价值的事情，我将它称作“法无定法，契机者妙”的投资方法。

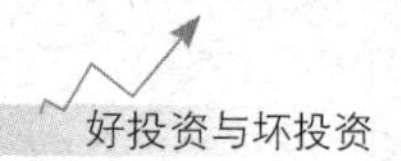

在任何一个社会、任何一个投资市场中，都有一些特定的因素。这些因素是社会所固有的东西，很难在一朝一夕被改变。聪明的投资者通过巧妙地组织这些因素，获得了对自己投资最为有利的投资构架、投资方法和投资标的。这样的投资行为，我们就可以称之为“法无定法”的价值投资方法。

举例来说，巴菲特对投资杠杆的使用就属于这类方法。尽管在绝大多数场合，老先生都反对投资者使用投资杠杆，但他是特指金融类投资杠杆，就是那种借款期限短、一旦投资标的价格下跌就要赶快还钱的投资杠杆。巴菲特自己通过保险公司的方式，获得了期限极长（几十年）、市场下跌也不会有提前还款压力的杠杆。这种杠杆对巴菲特的投资业绩，尤其是中后期的业绩，起到了巨大的帮助作用。

一种“法无定法”的价值投资方法也可以突破很多价值投资者惯常的认知。比如，绝大多数价值投资者都极其反对短线交易。在有些市场，短线交易有时候也叫“即日鲜”，在很多有经验的投资者眼里，这种行为和菜鸟、亏损大户、赌徒没有什么太大的区别。

但是，基于价值的短线交易曾经给投资者带来很大的回报，其中一种就是上市交易基金的套利。由于上市交易基金的价值很容易被计算出来，因此投资者有时候可以在这些基金的价格和价值之间找到一个差价。这种差价往往非常少，少到千分之一乃至万分之一。但是，这种差价的价值却十分稳定，投资者积少成多也能获得不错的回报。

当然，随着计算机技术的日益发达，这种套利带来的利润空间也越来越小。这时候，一些原来设计了巧妙的基金套利的投资者没有选择放手，而是通过扩大杠杆的方法继续投资。但是，这种方法却是一个非常典型的“淮南为橘淮北为枳”的故事，告诉我们“法无定法”的价值投资方法如何经过简单的修改之后变成非常糟糕的投资方法。

由于金融类杠杆很难做到适当，一个认为自己只用了50%杠杆购买股票指数的投资者，能在1987年香港股市两个交易日暴跌逾40%中，几乎赔个精光。（1987年10月16日和10月19日两个交易日里，受到美国市场影响，香港恒生指数毫无预兆地从3 783点下跌到2 241点，跌幅40.8%。）因此，当套利投资者哪怕是短线套利投资者，由于套利标的的利润空间缩小就盲目扩大杠杆，有时会招来灭顶之灾，美国长期资本管理公司、不凋花基金公司当年都是这样死掉的。

所以说，“法无定法”的投资方法有些玄妙高深，想要真正掌握它，是最困难的事情：远比“便宜”和“好”这两个要素更难抓住。如果说“又好又便宜”是价值投资的必选项，那么“法无定法”的投资方法则是可选项。投资者不用这种类型的方法仍然可以获得不错的投资回报。而如果错误使用了这类锦上添花的方法，则可能得到恰恰相反的结果。

以上所介绍的就是价值投资的三个大的层次：先从找便宜的标的入手，然后进步到寻找优秀的投资标的，最后过渡到利用任何一种传统或者非传统的、可能增加投资组合价值的手段。这三个步骤从易到难，值得每个价值投资者慢慢追求和品味。

应该说，价值投资需要的知识量是巨大的，任何一个价值投资者说“我不学习、不努力探究世界和社会的真相，仍然可以做好价值投资”，基本等于胡扯。但是，价值投资之道却是简单的，归结为一句话，就是概率上更可能增加自己投资组合价值的方法。由此一道，变化出去，方法又何止万千。这正像老子所说：“道生一，一生二，二生三，三生万物。”

投资要遵循规律，不要遵循判断

一次在和中欧基金的蓝小康先生交流时，蓝先生说了一句话让我印象深刻：“投资要遵循规律，不要遵循判断。”这句话看似简单，却道出了许多投资者没法赚钱的真正原因，以及优秀的价值投资者的长期收益的真正来源。

对于绝大多数投资者来说，投资是基于判断。什么叫基于判断呢？比如，今天电视台报道，汇率有了什么变动、国家的外贸形势将来可能如何，投资者就对这个事件未来的发展做出判断，由此买入或卖出股票。或者一个研究员和基金经理说，基于未来几个月行业的景气度要上升，所以你应该买这个股票。再比如，投资者觉得最近市场情绪比较好，因此基于对市场情绪的判断，做出加仓股指期货的决定。如此种种，都是基于判断的投资。

从人类的本质来说，我们喜欢做基于判断的决策。原始时代，当人们看到山里有火光的时候，就知道那里可能有森林大火，所以不再往前走。当人们听到野兽的叫声时，自然会远离这种叫声。可以说，基于判断的决策方式是绝大多数人与生俱来的本能。

于是，在证券投资中，我们也就自然地沿用这种本能的决策方式，对事物的发展做出判断，进而根据这种判断做出投资决策。问题是，这种“基于判断”的决策方式存在一个天然的问题：它没法适应过于复杂的环境。也就是说，这种“基于判断”的决策方式，只能在结果仅受到一个或者几个关键因素影响的时候，才会奏效。看到天快要下雨的时候，出门带伞自然是一个必要的决策。同时，这种影响需要是线性的、简单的，充满了“A 一定会带来 B”的线性路径。对于绝大多数自然环境下的问题，它们往往都由单一或者少数几个因素影响，且遵从简单的影响路径。

问题是，在证券投资中，这两种特质都不存在。

首先，很少有一个证券的价格尤其是短期的价格波动，是由一两个因素导致的。一个证券的价格波动会受到各种投资者心理的影响、新闻的影响、财务数据公告的影响、机构投资者交易计划改变的影响、竞争对手新策略的影响、市场流动性的影响、监管机构政策的影响、基本面的影响，等等，而各个影响又可以分拆成很多不同的影响子集。如此一来，当一个投资者认为自己知道了 A 所以可以判断出 B 的时候，实际的情况是，他很可能只判断了几十个因素中的一个，而对剩下的因素根本没有判断能力。

更糟糕的是，证券价格的影响因素往往不是线性的。在人类熟悉了几十万年的自然环境中，事物的发展往往是线性的：听到老虎叫意味着可能会被老虎咬，清澈的泉水意味着有害物质比较少，闻起来臭了的食物意味着病菌很多。因此，在自然环境中，利用判断

来生存，是相对比较容易的。

但是，对于证券投资来说，这种事物之间的关联性是非常混乱、无序、复杂的。一个企业进入一个新的领域，可能会赚更多的钱，也可能因为研发失败亏得更惨。即使是成功的研发，也可能因为竞争对手加入而导致最后还是赚不到钱。而失败的研发可能会给企业带来教训，使其在将来更大的投资中变得更加理智，结果反而亏得更少。一个很好的例子就是，2015 年前后，不少金融机构加快出海投资的步伐，结果很多由于不了解市场，亏了不少钱；反而是那些在 2007 年前后曾经出海投资、在 2008 年金融海啸中吃过亏的金融机构，在这次出海浪潮中表现得十分冷静，避免了巨大亏损。由于这种复杂的相互影响以及自身效应的叠加影响的作用（后者也叫“反身性影响”），对证券价格的演变进行判断，就变得异常复杂。

当然，不能否认，确实有一小部分投资者因为频繁做出判断做到了盈利。其中，著名投机家乔治·索罗斯就是一个例子。但是，按照霍华德·马克斯先生的理论，这部分投资者的数量如此稀少，而这种稀少本身就恰恰说明，根据判断进行投资是一件成功率很低的事情。

根据规律进行投资则和根据判断进行投资完全相反。所谓根据规律投资，就是投资者找到一些能够长期带来回报的大规律，然后在每次发现这种规律的时候，只做一部分（而不是全仓）的投资，从而在长期带来回报。这些规律有很多，比如低估值的规律、企业高成长性的规律、企业有护城河的规律，等等。在《胆量！对传统商业模式进行革新的企业故事》一书中，作者也曾给出一个规律，即投资者如果持续买入“福布斯全美100佳雇主”的公司股票，那么长期就会获得超过市场的回报。找到对待员工更好的企业，也是一个不错的商业规律。

《后汉书》记载了一则汉光武帝刘秀教育皇太子要抓住大规律、不要对小事情做判断的故事。“皇太子尝问攻战之事，帝曰：‘昔卫灵公问陈，孔子不对，此非尔所及。’”皇太子有一次问刘秀军队打仗的事情，刘秀不回答，反而说，以前卫灵公问孔子如何打仗，孔子不肯回答，打仗这种细节的事情不是国君应该管的。刘秀让皇太子不要对战争的事情做出判断，而应该抓住一个帝王真正应该管理的大道、大规律，这样才能管理好国家。而只有国家强大了，对外战争才会取得胜利。

解放战争中，毛泽东和蒋介石的领导艺术也体现了遵从“规律”还是“判断”的差别。蒋介石爱判断，经常亲自指挥前线战争，甚至坐飞机到战场上空直接指挥。结果，国民党将领在来自上级的压力下畏首畏尾、进退失据。反观毛泽东，在抓住了国内革命战争的主要矛盾、大的规律以后，具体的判断往往交给前线的将军，让他们放手去做，“不必事事汇报”“可以临机决断”是解放军前线将领经常收到的指示。结果，开战初期实力悬殊的两军取得的胜利和失败，却判若云泥。

所以说，依据规律进行投资与依据判断进行投资最大的区别在于，投资者坦然承认自己不知道未来的证券价格会怎样变化，但是相信只要遵循正确的规律，早晚会取得投资回报。也就是说，投资者放弃了对证券价格波动的判断，把赚取价格上涨的事情全然交给规律，让规律去带动所有其他投资者在努力判断的细节。这种看似放手的做法反而抓住了事情的根本，躲开了细枝末节的纠缠，从而可能带来真正的投资成功。

熊市抄底？别抄错！

“贾人夏则资皮，冬则资絺，旱则资舟，水则资车，以待乏也。”（商人应该在夏天囤积皮料，冬天囤积薄布料，天旱造船，发大水造车，以等待周期的轮回。语出《国语·勾践灭吴》。）这段我非常喜欢的话，把做生意最核心的技巧讲了个通透。按现在大白话说，就是低买高卖，牛市甩货熊市抄底，财源自然滚滚而来。

但是，在熊市里抄底不等于在熊市里乱买东西。这就好比夏天趁着低价囤积御寒的皮料，但是也得看看皮料的货色，不能见皮子就买。现在，内地的A股和香港股票市场从整体估值来看，都可以算是熊市。从长期战略来说，这绝对是抄底的好时候。这里，就让我们来看看，在熊市里抄底需要注意什么，怎样才能防止抄错底。

首先，在任何时候，我认为投资者都不应该放弃买入资产的质量。在价值投资的信条中，“又好又便宜”才是正确的语序，而不是“又便宜又好”。

对于一项好的资产来说，长期的内在增长足以得到保障，而估值从便宜到贵，则能起到锦上添花的作用。反之，对于资产质量不好的投资来说，由于估值的变动是一次性的而且不知道什么时候才来，买了“便宜而不好”的资产的投资者，他们的盈利之路会非常艰难。

所以，即使是在熊市中抄底，投资者也需要首先考虑买入的股票是不是足够好，然后再思索估值的问题。好的企业有很多方面，而最重要的一条是需要有一个可以信任的大股东。所以，在考虑企业的其他基本面之前，投资者一定要对企业的大股东、实际控制人，在过去的所作所为，做足够的调查。

接下来的工作就是，分析企业所在的行业是否有前景，企业本身是否有足够的竞争优势，客户黏性如何，议价能力如何，竞争对手的战略怎样，是不是存在不可逆转的科技替换，等等。

其中，需要特别警惕的一点就是，投资者需要区分“一过性的企业盈利”和“长期的盈利”。对于有些企业来说，最近的财报比较好看，并不是因为企业有很强的长期竞争力，而是因为企业所在的行业在短期发生了巨大变化。

这种变化可能来自很多方面，比如原材料的一次性降价、行业产能在环保审查等因素下一次性的缩小、产成品由于供给跟不上导致的一次性价格上涨、行业周期性的繁荣（也意味着会有周期性的衰退），等等。这些一次性的因素会让企业的短期财报很好看，但是投资者不应当把这种短期现象误认为企业拥有长期优秀竞争力的表现。

不光是股票，投资基金也会碰到一样的问题。有些基金经理的优势是长期性的，他们有更完善的世界观和哲学体系，有更成熟、稳定的投资理念，更有经验，更多地依靠自己选择标的的手艺而不

是运气，可以给投资者带来长期超额回报而不是一过性的回报。这种状态非常好，也是投资者应该寻求的。

但是，有一些基金经理则是依靠一过性的、赌博式的投资方法，恰好在某个时点脱颖而出。比如，在熊市已经进入下半场的时候，有些基金经理仍然保持非常低的仓位，结果正好碰到市场大跌，亏损极少，甚至还有收益。

这时候，尽管这个基金的短期排名靠前，但是投资者应该把这种一过性的业绩当成可长期持续的吗？我们能指望一个基金经理在每个市场拐点都赌对方向吗？一般来说，这种基金经理有很大概率会在熊市之后的牛市中继续保持低仓位。毕竟，运气不会永远跟随一个人。

另外，投资者还需要注意，企业在将来是否面临残酷的竞争。对于一些行业来说，我们可以看到很长周期以后的情况。比如，人们会一直使用电梯、飞机、铁路，会越来越多地使用网络购物，越来越依赖手机、电脑等设备，消费更多的产品，等等。

但是，对于另外一些行业，它们的前途是渺茫的，甚至是暗淡的。比如，人们对逛街购物的依赖越来越小，相关行业能找对转型的方向吗？中国的基础设施建设和房地产市场能保持过去的发展速度吗？相关的上下游行业会不会产能过剩？电动汽车对传统汽车会有多大的冲击？对于这些行业，投资者需要仔细思考未来可能发生的变化。

此外，一个技术性的细节是，投资者在选择抄底标的时，一定要仔细甄别企业的各种细节，而不是大而化之地看一个估值数据就下手。比如，财报里有没有一次性的、不可持续的盈利？资产负债表足够扎实吗？企业税费和企业经营状态吻合吗？现金情况怎么样？存货和商誉有没有问题？应收账款账龄健康吗？人员成本和行业情况匹配吗？从现实中感知的企业真实经营情况和财报相符吗？检查了种种细节以后进行的抄底，才是扎实的抄底。

而熊市中最危险的抄底，恰恰是不看质量只看价格的方法。比较常见的有，“这个股票已经从最高点下跌了 80%，所以非常值得买入”“这个股票的估值已经是历史最低点了，它还能便宜到哪里去”。要知道，低廉的价格和很大的跌幅本身并不说明任何问题。好东西就应该贵一些，糟糕的东西本来就该便宜。期望仅仅通过价格降低这一个理由就能成功抄底，无疑是天真的。

总结来说，在熊市中抄底，一定要找准“又好又便宜”的东西，这样才能在利用熊市低估值的同时不放弃长期的盈利基础。反之，如果在熊市中抄底过于依赖“便宜”、放弃了对“好”的追求，则可能是镜花水月、空中楼阁，白忙活一场。

无所不备，则无所不寡：论投资中的集中与分散

《孙子兵法·虚实篇》中有这样一段千古名句：“备前则后寡，备后则前寡，备左则右寡，备右则左寡，无所不备，则无所不寡。”意思就是说，在作战的时候，对每一个方面的力量准备，都会导致其他方面的力量不足。如果指挥者想要做到对所有方面都有所准备，就会导致所有方面的力量都不足。

这段对战略选择的分析，和一般人的想法完全相反。一般人总是认为，准备这种东西是多多益善的。对于重要的事情，我们总是习惯于面面俱到，把所有方面都兼顾起来。但是，这样的做法会导致我们的力量分散，无法将全部精力集中在一点上，无法产生实质性的突破。正如毛泽东在《中国革命战争的战略问题》中指出的："伤其十指不如断其一指。"许多时候，分散会导致更多的问题，而集中精力会带来实质性的改善，在竞争中产生实质性的优势。

在投资中，事情也是一样。沃伦·巴菲特先生在给股东的信中，曾经不止一次指出，投资需要集中、集中、再集中。投资者需要集中地做出投资决策，"如果一生中只做能 20 个投资决定，那么绝大多数人的业绩会好得多"。（巴菲特称之为"卡片上只打 20 个洞理论"。）

由于金融市场在绝大多数时候仍然是保持稳定运行的，因此在绝大多数时候，我们也就不太容易在市场中找到非常优秀的投资机会。但是，由于市场有天生的不稳定性，短期的市场紊乱会给投资者带来非常难得的机会。在著名数学家贝努瓦·曼德尔布罗特和理查德·赫德森合著的《市场的（错误）行为：风险、破产与收益的分形观点》一书中，市场的这种长期有效与短期无效之间的关系，被描述得淋漓尽致。有兴趣的朋友不妨把这本书找来一读，它会改变你对市场的平静的印象。

同时，投资者也需要集中仓位。巴菲特在早期曾经修改自己和投资者的条款，允许他把基金资产最多 40%的仓位投放在一只股票上。要知道，真正好的投资机会并不太多，如果投资者遇到这样的机会时，只下很少的注，那么他的业绩自然很难脱颖而出。在英镑狙击战中，乔治·索罗斯对手下的那句告诫在投资界至今传为经典："如果你确定自己是对的，为什么只下这么少的注？"

另外，投资者需要集中自己的分析能力，对自己的持仓了如指掌，而不应该持有太多只股票，正如巴菲特曾经打的一个比方："国王的后宫要是有 70 个女人，他不会懂其中任何一个。"这种对分析能力的集中，来自每个人认知能力的局限：你不可能懂所有的东西，因此你不可能对所有东西有精准的判断。在自己的能力圈以内做少量但确定的投资，是优秀投资者必备的品质。

如果投资者要扩大自己的投资范围，那么他们不能盲目选择标的，而要不断努力扩大自己的能力圈，也就是认知范围。随着投资者不断学习新的知识、不断了解新的领域（注意这里说的是了解，而不是知道），他们可以自然而然地找到更多的投资标的。

举例来说，我一直认为，如果你不在某个国家和地区生活，那么你就不能了解当地公司的运行情况。而如果你想购买当地的股票，你就必须去当地住一段时间，和当地人一起生活、工作，打成一片。

在《浪潮之巅》一书中，吴军先生曾经指出，亚马逊公司（Amazon）的电子商务业务之所以没有做到像淘宝在中国这样在经济体中极度普及，一个重要的原因是美国的实体超市如沃尔玛、家得宝（Home Depot）已经十分便利。因此，新到来的电子商务公司就没有那么容易开展业务。那么，对于一个没有在美国生活过的中国投资者，他如何能了解这种情况呢？他会想当然地认为，既然

亚马逊公司的业务模式和淘宝类似，行业内的市场地位也类似，那么它的电子商务业务理应同样赚钱。

当然，这个世界上凡事都有例外，富达基金（Fidelity）的彼得·林奇和中欧基金的曹名长，都属于买了很多股票、长期业绩优秀的基金经理。但是，即使是他们，在股票仓位的配置上，集中度也非常高。

彼得·林奇在自己的书中不止一次表示，他的仓位一直很高，即使是在 1987 年美国市场大崩盘前后，他的仓位也很高。而在 2018 年底 A 股市场最黯淡的时候（2018 年 A 股市场的下跌幅度是历史第二大的，仅次于 2008 年），曹名长先生所管理的封闭式基金，其股票仓位高达 99.86%（参见中欧恒利基金 2018 年年报）。由于股票型资产在长期的表现远好于其他资产，因此即使这两位基金经理喜欢分散的选股方式，但是他们在股票的仓位控制上，仍然做到了高度集中。

如果说集中投资决策、集中仓位、集中选择是优秀投资的不二法门，那么分散投资在很多时候就是能力不足故“不得已而为之”的选择。

我记得巴菲特先生有一次接受采访时，聊到曾经错失的一个投资机会是这样的：当时有一个行业股票大跌，他知道这个行业的股票已经便宜了，也知道这个行业长期来看仍然是有前途的，但是由于他不了解这个行业的具体结构以及其中公司的情况，他选择了不投资。现在，回过头来，巴菲特说，当时如果他采取行业指数化的投资方法，也就是不管具体公司好坏，每家行业内的主流公司都买一点儿的方法，他本该从这个机会里赚到不少确定性很高的钱。

对于日新月异、变化多端的科技行业，很多投资者也是这样做的。由于投资者许多时候很难分辨两种科技哪种会成为未来的主流（比如20世纪90年代美国硅谷的精简指令集处理器与复杂指令集处理器之争），或者一个领域里哪家公司会成为行业未来的龙头（比如在早期微机时代，只卖软件的微软公司和软硬件一起卖且品质做得更好的苹果公司），而投资者同时又很看好这个行业的整体发展，那么在两边各下一点注，也不失为一个次优的选择。

有意思的是，即使是以上这种看起来很普通的指数化投资方法，在长期也能获得不错的收益：至少好过一大半投资者。

由于资本市场在不断的交易中会产生大量损耗，包括证券公司收取的各种费用（香港还有一种费用叫仓租费，就是不交易每年放着股票也要交钱）、政府收取的印花税、基金公司提走的管理费和业绩提成、托管银行收走的托管费、基金销售机构抽成的销售费用等，投资大众所获得的平均回报，一定少于市场的回报率。

一个更重要的、导致投资者平均收益低于市场的因素，来自普遍存在于社会的二八效应。在人类社会的几乎任何一个领域，少数人总是拿走了多数的利益、多数人总是拿到了少部分的利益。以工资来说，一家公司里工资最高的几个人拿的工资可能是平均水平的很多倍。而以个人财富来说，最有钱的一小部分人的财富也是平均水平的无数倍。即使是在战场上，情况也差不多，最优秀的尖端武器操纵者对战争的影响力远大于军队的平均水平：想想航空母舰战斗机飞行员的重要性，你就会明白我的意思。

二八效应的存在，导致以人均回报计算的投资者的平均回报水平，会比扣完费用的市场平均回报水平还要低不少。几个特别优秀的投资机构所赚的超额收益（机构投资者的水平往往比个人投资者高不少，管理的机构资产更是多出很多倍），往往需要几百乃至几千几万个小型投资者的亏损才能弥补。因此，如果按每个人的回报平均数来计算投资者的平均收益，而不是按简单的市场总收益除以投资者总人数，那么不做主观判断，按照指数化投资、只是尽量降低自己交易费用的投资者（就像美国的“指数基金之父”约翰·博格先生，一直在帮助指数基金投资者降低费用所做出的努力那样）在长期一定会获得超过市场平均水平的收益。

和指数化投资类似，基金定投（定期、定额对固定的基金进行投资，国内简称“定投”）也是一种“次优的分散化选择”。

从最好的投资策略来说，为什么要定期投入一定的资本而不是在最佳的时候下重注呢？在军事学上，对这种定期投入一定的小额资本的方式有一个不好的评语，叫“逐次投入不足兵力”，是为战场大忌。在1937年的淞沪会战中，中国军队限于运输能力不足，只能一个师一个师地往前线调动军队，结果每支小部队都遭到敌方优势火力打击，以致失败。

但是，对于市场经验不足、知识储备不够的投资者来说，定投可以让他们对市场保持一定的参与度，同时最大程度地降低投资所需要的心理素质和知识储备。从这个角度来说，定投仍然不失为一种“在资源和精力有限的情况下，次优的也是无奈的投资选择”。

所以，在投资市场上，有准备的集中永远是投资的圣杯。这种集中需要大量的长期积累、坚定的信念以及足够的耐心，以抓住最佳的机会。对于不能做到这些的投资者来说，盲目投资往往会带来相反的效果。一次致命的集中错误，足以给任何投资者带来灭顶之灾。在这种情况下，限于经验和知识的不足，分散化的投资方法就成为一个适合更多投资者的次优选择。

投资既然立了规矩，就不能破

在《马未都说收藏·家具篇》一书中，马先生提到了中国过去磨练性格的一种方法，就是用书法写一幅《九九消寒图》。

《九九消寒图》上一共九个字：亭前垂柳珍重待春风。用繁体字写，每个字正好九笔，每个字对应一个九，每天写一笔，正好九九八十一天，冬天的九个九就过完了，冬天也就过去了。马先生特地注明，每天写一笔，看起来不难，实际上真要执行，是件非常磨性子的事情，挺难完成的。

为什么一天写一笔、八十一天写九九八十一笔会是个难事儿呢？这不是因为写毛笔字难，每天写一笔，从铺纸到润笔，估计十分钟都用不了。难就难在把一个规矩坚持九九八十一天。

从这个例子我们可以看到，其实生活中很多事（投资尤其如此）其实本来并不难，甚至可以说一点都不难，难就难在能坚持一个准则，不破坏一个规矩。

就拿春节来说，大家都知道，春节期间不管是国内国外，交通

都很繁忙，结果我们在每年春节都能看到层出不穷的超载报道，以及由此引发的一些让人唏嘘不已的交通事故。

过年回家固然重要，但是为了过一个开心的年，难道就应该破坏交通规矩吗？经营者为了牟利姑且不论，乘客为什么也心甘情愿地去乘超载的交通工具呢？难道省一点钱、买一张便宜票就那么重要吗？难道遵守规矩、过一个平安的年，不是更重要的事情吗？

说到遵守规矩，西汉名将周亚夫的故事在中国流传了一两千年。当年匈奴进犯，汉文帝到各个营地检阅边军，各地的将军看到皇帝的使者都立即打开大门，让他们长驱直入，置军中规矩于不顾。

只有周亚夫的细柳营巍然不为帝使所动，即使皇帝亲自到来，军规也严整一如平时。结果，汉文帝大为赞赏，周亚夫也最终被证明是那个时代的名将。

回到投资领域，沃伦·巴菲特先生被全世界公认为极会投资的人，但是巴菲特的固执和坚持原则虽然人尽皆知，却很难被大多数人学会。殊不知，如果我们既想学股神做投资，又不愿意学股神的这个规矩那个规矩，那我们不是南辕北辙就是缘木求鱼，又怎么可能成功呢？

别的不说，在2000年科技股泡沫以前，美国科技股连涨多年，但是巴菲特多年如一日，坚持自己“看不懂的股票不买、太贵的股票不买”的风格，连续N年跑输市场，被全市场“赚钱的人们”所嘲笑。但是，老先生淡然不为所动。结果，历史最终证明了他的明智和那些不遵守规则者的短视。

而巴菲特的搭档查理·芒格先生在著作《穷查理宝典》中，一再强调了另一种规矩对职业生涯的重要性：一个人的信誉。芒格先生指出，如果一个人建立了能让人信任的信誉，那么他做事情就会很容易。但是话说回来，建立信誉需要几十年如一日地恪守自己的信用、不说假话、不做假事。这在今天的社会，却又是一件非常困难的事情。

那么，一个人的信誉能有价值到什么地步呢？让我们来看看一百多年前袁世凯的例子。尽管袁世凯复辟被世人唾弃，但在当时那个特定的历史时期，他在自己一手带出来的北洋军中的信誉，却敌过了腐朽的大清王朝的信誉。

在 1908 年底到 1909 年初，袁世凯在政治斗争中失败，黯然下野。1911 年武昌起义爆发，清政府诏令北洋军抵抗，结果北洋军大部听从袁世凯，清王朝根本指挥不动。

在那个特定的历史时期，对于北洋军来说，下野三年之久的袁世凯一人的信誉，抵过了一个封建王朝的信誉。将军和士兵们宁可信袁大帅，也不肯信朝廷。不过，“福兮祸之所伏”，一手遮天的袁世凯终于在人生最后的关头选错了路，最终落下一个千古骂名。

回到投资来说，如果我们问股票投资者怎样的投资才算是好投资，大多数人大概不会反对几个简单的规矩：估值要便宜，公司要优秀，行业要有前途，看不懂的公司不要买，等等。那么怎样的投资容易亏钱？恐怕不少人都知道，听消息、炒短线容易亏钱。

可是，真正投资的时候，有多少人能守住自己知道的这些规矩呢？又有多少人在跳动的股价显示器前、震动的手机消息里、遮遮掩掩耳语不休的交易氛围中，放弃了自己的规矩？最后，又有多少人在长期取得了优异的回报？

怎样学习巴菲特

我看书有个习惯，就是非常挑剔自己阅读的内容到底是谁写的。许多人都说，看书应该博采众长、兼听则明，我却觉得，看书本身并不是目的。我们看书，是为了吸取更优秀的智慧，学会更好的行事方法。所以，我们必须看那些真正有本事的人写的书，而且尽量只看那些真正有本事的人写的书。

我们这个社会的书，尤其是人文、经济、历史方面的书，太多是基于一种“不负责任”的态度写出来的（理工科的书相对好一些，毕竟物理规律很难篡改）。写书的人自己也没弄懂到底是怎么回事，为了写而写，结果书写得不甚详实精确，看书的人也一头雾水，甚至会产生南辕北辙的效果（看看那些教看股价图形做投机的书就知道）。

但是对于那些真正专业的书，我们不光应该看，还应该反复地看。一则这种书毕竟不多，在一个领域里能找到几个真正的专家，就是十分幸运的事情；二则这种书往往包含了作者一生的心血、经验，读一两遍不能深入理解；三则理解一本真正的好书需要我们自己的阅历和经验做配合，而随着我们的人生阅历、社会经验越来越丰富，反复读同一本书，往往会有历久弥新的感觉。

在投资领域，如果让我只选择三个作者的东西来看，那么沃伦·巴菲特一定会在这个名单上。这不光因为他是世界上最伟大的投资家之一，也因为他乐于把自己的东西毫无保留地分享给投资者。通过历年的股东信以及一些公开发表的言论，巴菲特先生把自己每年的思想一一写出来。而这些思想，甚至在六七十年以后看来，仍然是睿智而深刻的。

但是，巴菲特一生（到现在为止）没有专门写过书，因此一些整理他言论的书，就成为想要了解他的读者们一个便利的选择。不过，鉴于现代资讯市场鱼龙混杂，很多冒名巴菲特的文章也会充斥我们的信息世界。我曾经看过有说“巴菲特看好未来两年市场走势”的，什么时候这位老先生对这么短期的市场做出评价了？所以，如果读者想要了解巴菲特的思想，最好看那些严谨的文章。而巴菲特本人对书的推荐，自然就是这种严谨性最好的背书。

杰里米·米勒编写的《巴菲特致股东的信：投资原则篇》，就是一本得到了巴菲特亲自推荐的书。“米勒在研究和剖析巴菲特合伙有限公司的运营方面做得非常出色，并解释了伯克希尔-哈撒韦公司的文化，是如何从当初的合伙公司演变而来的。如果你对投资理论和实践着迷，你会喜欢这本书。”巴菲特这样推荐这本总结了他 1970 年代以前的股东信的书。

如果说后来的巴菲特其知名度主要来自庞大的资金规模，那么年轻时代的巴菲特，他的收益率更让人着迷。由于早期资金量更小因此更灵活，市场更混乱因此可以捕捉的机会更多，巴菲特在他投

资生涯的早期，取得了高于他之后业绩的投资回报。而由于规模的膨胀，巴菲特后来放弃了一些大资金无法参与的投资机会，而对于资金规模不大的一般投资者来说，这些机会恰恰是提高收益率的最佳方法。

如果归纳巴菲特一生中价值投资的精髓，归根结底只有一句话：买得又好又便宜。但是，正如老子所说，“道生一，一生二，二生三，三生万物”，简单的原则可以演化出千变万化的纷纭世界。

什么企业是好？一家生产燕麦片的本地公司，资本回报率可以很好，一家掌握最新潮科技的公司，资本回报率也可以让人们大跌眼镜。什么企业便宜？一家市值和净资产的比值高达 10 倍的公司，可能因为经营的业务有极高的壁垒，因此并不算贵，但是一家账上现金比市值还要多的公司，也可能因为毁灭价值的行为（而不是把现金分给股东）不断而在几年以后变得不那么便宜。如何判断“又好又便宜”的投资机会，是值得每个价值投资者一生揣摩的技巧。

正所谓“学我者生，似我者亡”，我们学习巴菲特的理论，是要学习他思考的精髓，是那种实事求是、放弃一切主观臆断、细致入微的思维方式，而不是“巴菲特在 20 世纪 70 年代买了这种股票所以今天我们也要做这种投资”“巴菲特通过这种方式获利所以我们也要通过这种方式获利”。毕竟，我们学习《孙子兵法》的战争理论时，不会想到今天的战争还要用弓箭打赢，而经常阅读《群书治要》的管理者，也必然不会让自己的下属像当年唐王朝的臣子般下跪（《群书治要》由魏征等人编写，是唐太宗李世民的枕边书，我认为是中国历史典籍中讲管理讲得最好的一本）。

中国投资者对西方理论的生搬硬套，最好的一个例子，是在2010—2015年的A股小盘股牛市发生的。当时，A股市场的小公司股票估值持续高估，最高峰时创业板综合指数在2015年6月的估值超过了150倍PE（市盈率，市值和盈利的比例，一种简单的股票估值方法）。但是，许多投资者却抱着著名投资者彼得·林奇倡导的小公司购买术，或者抱着菲利普·费雪的《怎样选择成长股》，说自己投资昂贵的小盘股是跟随这两位美国价值投资前辈的脚步。

实际上，林奇和费雪两位价值投资大师天生并没有“一定更喜欢小盘股”或“一定更喜欢成长股”这样的偏好。他们所喜欢的，只不过是确定性最大的盈利。而在当时环境下的美国，通过实事求是的分析，他们发现小盘股和成长股是最好的投资标的。但是，当小盘股的估值变成150倍PE时，当成长股的成长并不坚实、现金流并不充分时，他们很可能不喜欢这两种投资，而会选择在当时市场环境下最有利的投资。

价值投资之路道阻且长，而在我们这个不断变化、不断发展的社会里，没有人能说自己已经穷尽了价值投资之道。而跟随大师们真正的、清晰的脚步，理解他们思想的精髓，无疑是投资者最为便捷和正确的方法。有了最好的投资哲学和理念，加之以实事求是、诚实细致的分析，相信中国的价值投资者一定能找到自己的价值发现之路。

资产的质量和价格同样重要

在价值投资中，投资者需要同时关注自己购买的标的是否又好又便宜。在这两者之中，投资者过于偏向任何一点，都是有失偏颇的。

但有意思的是，在资本市场中，常常有人宣称自己只在乎其中的一点而不管另外一点。有些购买指数基金的投资者宣称，自己只在乎购买的价格。但是，也有些投资者在投资一些增长很高的企业以后，比如一些迅速成长起来、垄断了整个行业的科技股，宣称自己只要买得好，永远不用在意价格。房地产市场的投资者往往也是这样：只要买的房子好，谁还管租金回报率是多少。

实际上，这两者都是不对的。有趣的是，很多时候，我们在市场上听到哪种声音更多，并不是因为这种只在意便宜或者只在意好的投资方法是真正正确的，而是因为在这段时间里，这种投资方法比较容易赚钱，因此在这段时间里赚了钱的投资者就更容易受到媒体的采访，向社会宣称自己的投资方法是特别有效的。（谁在没怎么赚钱或者亏钱的时候还愿意见媒体呢?）在这种宣传的作用下，听众也就容易相信，这种方法才是价值投资的真谛。

举例来说，在2019年的A股市场行情中，一些好公司的股票估值一路上扬，重仓这些股票的投资者赚了很多钱。这时候，一些投资者开始宣称，企业的估值并不重要，企业质量的好坏才是唯一需要关心的事情。在媒体的渲染下，这些价格大幅上涨的好公司被整体称为“核心资产”，似乎不买这些资产就不是投资的核心。

其实，价值投资何曾不需要看估值呢？只不过在 2019 年短暂的行情中，这些企业的估值并没有成为阻碍价格上涨的因素罢了。但是，从长远来看，企业的资产质量是不会或者很少因为投资者的买入而改变的，也就是说对于投资而言，企业的资产质量是大致恒定的，而估值则会随着市场的改变而发生巨大的变动。仅仅因为在一年的市场行情中，估值所起的作用不大，就认为估值对投资没用、只要买了好公司就是投资正道，显然是有失偏颇的。

其实，“好”和“便宜”两个因素，永远是价值投资的唯二核心。但是，由于种种原因，我们经常看到投资者更加看重其中的一个：或者执着于好，或者执着于便宜。很多投资者在执着的时候还振振有词：历史上一些投资大师就是执着于好（或者便宜）的呀！其实，事情还真没有这么简单。这里，就让我们来看两个例子。

出生于 1894 年的价值投资大师本杰明·格雷厄姆，他的思想所形成的年代是 20 世纪 30 年代前后。在那个年代，资本市场并没有出现如今天这样巨大的增长，1929 年大萧条的冲击让许多人绝望。在这样一个增长并不是非常大的时代里，寻找便宜的资产自然比寻找好的资产更容易赚钱。于是，格雷厄姆的思想中也就充斥了大量寻找低估值的逻辑。

但是，1957 年出生于日本的孙正义则不同。当 34 岁的孙正义 1981 年创办软银集团以后，正好赶上 1980 年代以后几十年的科技

股大爆发。在这种巨幅的行业崛起和大量明星公司面前，买得便宜变得无关紧要，能买到最好的资产才是最重要的事情。所以，当我们研究孙正义的理论时会发现，他极少谈到买入资产的价格，而对买入的公司是否有大幅的发展十分在意。

其实，格雷厄姆的寻找便宜和孙正义的寻找最优品质，这两者都没有错。这两位投资大师都是在自己所处的时代和市场环境下，找到了当时最适合自己的投资方法。但是，正所谓“学我者生，似我者亡”，后来的投资者往往只看到了前人的只言片语，就以为只寻找好的公司不管估值，或者只寻找便宜的估值不管资产质量，就能做成好的投资。

不过话说回来，中国武术有云：“千招会不如一招熟。”投资者往往在寻找便宜的资产或者好的资产上，有自己的优势。对其中一种方法比较擅长的投资者，往往对其他方法就没有那么熟悉。这种时候，投资者需要做的不是抛弃自己现有的投资方法，转而寻找所有全面的价值投资方法，而是在坚守自己方法的基础上，缓慢而坚定地扩大自己的能力圈，慢慢拓展到其他的投资方法上去。

沃伦·巴菲特在其个人发展史上，曾经很明确地执着于资产的便宜。很长时间以后，他才开始逐渐引入对“好”的追求。这种转变是缓慢、渐进、非常自然的，而不是跳跃性的。道理很简单：对于一个投资者来说，当他理解价值投资需要寻找“又好又便宜”的东西时，他应该先从哪个点入手呢？显然，便宜的资产比好的资产更容易判断。

对于便宜的资产来说，简单地理解企业或者资产的估值方法，简单地理解市场的情绪波动，就可以完成。对于一个有一定文化基础的投资者来说，完成一次粗略的培训可能只需要几个月的时间。

但是，如何鉴别资产呢？正所谓“见胜不过众人之所知，非善之善者也”，看到一个好资产，尤其是别人没有看明白的好资产，发现沙子中的黄金，才是看好资产最重要的点。否则，大家都知道好，价格也一定会涨到天上去。这时候再知道这个资产好，几乎没有任何意义。因此，对于鉴别“好资产”来说，充足的社会阅历和对商业社会足够的理解，是必备的素质。而想要培养这些素质，非一朝一夕之功，可能要穷尽一生的时间去慢慢揣摩、慢慢提高。

所以，当我们看到八九十岁的巴菲特仍然在学习新的商业模式、了解新的企业和社会状况，就不会感到奇怪。对于股神来说，如何利用市场情绪的波动找到便宜的资产，可能在他三十岁的时候就已经学会了。但是，如何选择好资产，却是他一生不断钻研的追求。不过，既然在价值投资中，“好”和“便宜”同样重要，那么今天我们新一代的、阅历尚有待丰富的投资者们为什么不先从简单的“便宜”入手，站稳脚跟以后，再慢慢研究什么是真正的好资产呢？

新市场环境下价值投资要做出改变

最近几年，内地资本市场正在发生一些变化（注：本文成文于

2019年初）。这些变化看似十分宏观，却会对市场基本的运行规律带来巨大改变。对此，价值投资者需要调整自己的应对策略，以更好地适应市场、获得超额收益。

最主要的变化有两个。首先，市场可投资的产品正在逐渐增加。过去十几年，内地资本市场越变越复杂，基金、债券、期货、衍生品、股票的数量和种类都在不断增加，投资者可以选择的范围越来越大。

其次，内地资本市场的审批在慢慢减少。尽管相对于国际市场，这种审批仍然有很大的减少空间，但不可否认的是，相对于十几年前的市场，产品发行和交易所需要的行政许可，其数量正在变少，审批速度正在变快。

这两个变化会导致内地资本市场的可投资产品不再稀缺，产品在越来越顺畅的交易制度下，定价越来越受实体经济影响，金融牌照和审批产生的溢价越变越小。尽管这个过程不会一蹴而就，我们也很难期望内地市场会在短时间内变得和成熟市场完全一样，但是这个过程会在未来十几年慢慢改变市场的运行。

过去，由于内地市场产品少、产品审核时间长，许多产品稀缺性比较高，定价也都较其实际市场和商业价值有比较大的溢价。对于一些早期的投资者来说，在20世纪90年代甚至2010年以前的很长一段时间里，如果他们严格按照西方成熟市场中价值投资者的定价思维来寻找便宜的资产，那么他们可能十几年都无法找到足够多、足够好的便宜资产。

举例来说，2015年以前，A股市场对“破净”的概念非常执着。所谓“破净”，就是股票价格跌破每股净资产。在海外市场，“破净”很难成为一个足够有吸引力的投资指标，因为会计因素会导致一家公司的净资产有很多水分（当然有时候也会导致净资产被低估），有些净资产虽然还存在但完全没有当年的盈利能力。因此仅仅依靠“破净”来判断企业的投资价值，无疑是靠不住的。

而在过去的A股市场，由于股票数量太少，和实体经济衔接不够紧密，因此2015年以前，投资者经常对“破净”非常感兴趣。历史数据也证明，在之前的市场中，投资者不断买入“破净”的股票，确实容易取得不错的投资回报。

不光看股票是否“破净”，在过去的A股市场，投资者甚至很难要求在一家公司的PE（市盈率）到20倍以下才开始买入。而由于内地在过去很多年里保持了经济高速发展，因此即使一些投资者对估值的要求没有那么高，在很高的价位买入，也能取得很不错的投资回报。这些历史导致很多内地投资者（即使是那些很成功的投资者）在过去几十年中，慢慢养成了“对投资机会要求不高”“差不多就行，先买再说”的习惯。

但是，随着内地经济开始从高速发展向可持续发展转变，随着金融产品不断增多、定价和实体经济不断接近、金融产品由于特殊许可导致的稀缺性不断下降，内地市场的估值将不会一直保持高位。这不是说市场的估值会一直保持低位，而是说，之前那种十几年一直高估的状态将不复存在。

由于内地市场仍然是一个不成熟的市场，个人投资者的交易占比极高，机构投资者的专业素质大多数也和国际一流投资者有很大

差距，因此我们很难指望这样的一个市场在将来会完全平稳地围绕估值中枢运行。很大概率上，内地资本市场将频繁呈现两个极端状态：极端的冷却与低估和极端的高估。而资产的价格会围绕高估、正常估值和低估三个状态来回变化。

同时，大量的金融资产类别也让投资者在这些变化中找到低估的优质资产的概率变得更大。

过去，内地市场产品单一，往往出现“荣则俱荣、损则俱损”的状态。在牛市中，投资者很难找到任何低估的资产，因此有时候被迫去买一些高估的资产。反过来，在熊市中，投资者就算能找到低估的资产，但由于整个市场的熊市状态持续时间很长、资产数量太少、相互之间关联性太大，又会导致“损则俱损”：虽然能找到一些低估的资产，但是投资者往往会被整体市场拖累很长时间，最后无法承受来自资金提供者的巨大压力。

而随着市场产品增多、产品之间关联性相对弱化，投资者可以更加频繁地找到低估的优质标的。而这种低估标的之间的关联性的弱化，也就使得投资者更容易保持更加平稳的整体业绩，更容易找到分散的投资方向。

所以说，随着内地资本市场产品越来越多、产品的复杂性越来越高、产品之间的关联性越来越小，以及资本市场和实体经济的接近，市场将从之前那个“产品很少，估值一直很高，牛市就一起涨熊市就一起跌”的环境，慢慢过渡到一个“产品数量很多，估值有高有低，各个产品之间关联性下降”的环境。

在新的环境里，价值投资者需要从之前的“只看质量不看价格，买了就只能死扛，等到牛市来再解放”的投资方法，逐步过渡到“既看质量也看价格，通过合理分散尽量提高业绩稳定性”的方法上来。当然，这可能是一个漫长的以十年为单位的市场生态变动，但提前思考这些变动的投资者无疑会在新的时代中取得更好更稳定的投资回报。

第二章

如何做好研究：论身体状态对证券研究的影响

用你的常识做研究

对于绝大多数投资者来说，投资分析确实是一件非常困难的事情。但是，如果我们在研究中多应用一些常识，就会发现投资研究其实也没有那么难。也就是说，我们需要用自己的直觉去感知、发现一些“必然发生的事情”。

尽管听起来有点不可思议，这么简单的、应用常识的事情怎么会是投资研究中的秘诀呢？但是，市场大众恰恰很多时候不按常识思考，他们或是陷入自己的执着，或是被别人的狂热所影响，最终放弃了看起来最简单的常识。

这里，先让我们来看一些例子。

2017 年的前 8 个月，表现最优秀的行业大概就是银行板块，年初至 8 月的上证银行全收益指数累计上涨了 17%。而早在 2011 年，市场对中国银行业的担忧就持续不断，认为中国经济必然下行，坏账率必然拖垮银行业。事实上，从 2012 年 6 月至 2017 年 8 月，上

证银行全收益指数从大约 500 点上涨到了 1 200 点，远超同期大盘的表现，甚至与同期的中小板、创业板指数相比，也不遑多让：后者在此期间是一个典型的泡沫化状态。

如果我们仔细观察一下银行系统对中国经济的重要性，以及中国政府维护金融安全和稳定的决心，就会在 2011 年发现，中国的银行系统不能崩溃也不会崩溃。如果我们对比当时中国银行系统的报表和美国 2008 年崩溃的金融系统的报表，对比它们的衍生品和杠杆率情况，对比它们所在经济体的健康程度和发展潜力，我们也会发现中国银行业和美国银行体系完全不是一种概念。

在这种情况下，如果有投资者再细心地审视一下 1990 年代初上市的平安银行（前身为深圳发展银行）在上一个坏账周期中的财报情况，就会发现这家银行在整个 1990 年代末的银行坏账周期中，没有一年 ROE（净资产收益率）为负。而 2011 年以后的中国银行坏账周期，其严峻程度远远低于 1990 年代末的坏账周期。这又是一个简单的常识。

从当前一线城市的房地产价格来说，高昂的房价似乎已经成为一个神话（注：本文成文于 2017 年 9 月 2 日）。但是，如果我们观察一下一线城市的房屋出租回报率和房价收入比例，就会发现绝大多数的民众几乎不可能轻松地负担起房子。而如果一种商品的价格是绝大多数人难以负担的，那么这种商品又怎么可能成为一个好的长期投资品种呢？

股票投资中的估值因素也常常能够通过简单的常识来判断。2014 年年中，我们看到大量蓝筹股的估值极其低廉，5～6 倍 PE 的股票比比皆是。这种估值的股票是什么概念呢？意味着未来的年均收益率在18%以上。而18%的收益率又会出现多少次？简单地用常识判断，这难道不是一种优质的资产吗？

2015年的小盘股则构成了另一个极端，创业板的一些指数在2015年6月份甚至达到了150倍左右PE的估值，而这意味着150年才能收回投资回报。这样的估值水平对应着每年不到1%的收益，难道还需要什么专业的估值方法才能知道这个市场太贵了吗？

再看2017年大大流行的虚拟货币，当时许多人认为它有价值、不可替代、供应量有限。（在之后的2018年，虚拟货币泡沫崩盘了。）问题是，一串没有国家政权背书、没有实际应用意义的代码，怎么可能有哪怕一点的价值。据媒体报道，2017年，全球已经有900多种不同的虚拟货币，其总数仍然在不断增长中，这又怎么可能是“供应量有限”？但是，狂热的投资者可管不了这么多，他们打着“拥抱科技”的名义，冲进这个他们自己其实一知半解的新兴行业，而将常识远远地丢在一边。

常识的判断不仅可以用于投资，也可以用于方方面面的分析。这里，再让我们来看一个历史上经典的例子。

两千多年前，在中原大国——晋国，智伯率领韩、魏两家攻打赵家。赵家都城被困，战局指日可定。韩、魏的君主到智伯的营帐议事，出帐以后，遇到智伯的谋臣絺疵，双方点头寒暄。絺疵随即进帐对智伯说，韩魏必反。

智伯问为何，絺疵说：“我们三家围赵，约定胜利后三分赵家，现在赵家都城指日可下，城中‘人马相食，城降有日’，而这两个

人见到我却并无喜色。这种应该高兴的时候而不高兴，那么他们必定打算谋反。”结果，智伯不听，韩魏果叛，约赵攻智，史载“遂杀智伯，尽灭智氏之族”。

所以说，许多时候，投资研究中的事情并没有我们想象得那么难，其逻辑也没有那么复杂。真说出来，许多人都能轻易地搞明白。问题的关键只是在于，我们有没有仔细地观察，有没有客观地思考。毕竟，功夫最高深者，也只在平常处而已。

专业投资者应该学会“不贴标签”

“在香港，我经常问投资者，为什么消费股就得30倍PE，金融股就得几倍PE。难道金融股赚的钱就不是钱吗?”好几年前张化桥先生曾经对我这样说。那时候，金融股人气低迷，不管在A股还是在港股，也不管基本面如何，大都是估值很低、不受待见的股票。时过境迁，最近金融股竟然又变成大家追逐的对象，让人颇为感慨。(注：本文成文于2018年1月。)

回想张先生当年的评论，“难道金融股赚的钱就不是钱吗”正显示了专业投资者需要具有的一种素质：不贴标签。也就是说，在分析投资对象时，不应该给某类资产贴上一个标签，然后从此对其标签化、不再仔细思考，而是需要实事求是，放弃成见，永远具体事情具体分析。

回想我们的投资历史，我们看过多少“标签化的投资方法”?前几年蓝筹股被喊成“烂臭股”，投资小股票说“有人一直不在乎风险所以一直能赚钱”，债券市场大涨就说“10 年期国债收益率 2%必破”，量化投资时髦就说人类投资经理都要被取代，2017 年虚拟货币价格涨到顶点的时候，又把虚拟货币说成“全球货币体系的救星”。

其实，不光国内市场如此，海外市场也一样。当年美国的大公司股票被称作“漂亮 50”，全然不顾估值已经“不漂亮”的事实，2007 年以前又认为美国房地产永远涨。对了，现在国内还有一个标签，叫“北上深房地产永远涨”，其实不说远的，房地产市场 2008 年就跌过一次，当时北京二环内的每平方米价格，许多都跌到 2 万元上下。

结果，以上这些标签，大多最后被证明是贴错了的。计然所著的道家经典《文子》一书中有这样一段话：“言之而是，虽在匹夫刍荛，不可弃也。言之而非，虽在人君卿相，不可用也。”意指研究观点提得有道理，哪怕是实习生讲的，也要认真对待；提得没有道理，哪怕是首席分析师、总监讲的，也得放弃。也就是说，不能贴标签，不能因为这话是某某说的就一定怎样，而一定要仔细客观、实事求是。

再举个例子，有些投资者喜欢把股票分成“成长股”和“价值股”，似乎投资者就一定得有个风格偏好，喜欢成长的就不能买价值，买价值就是落后保守（在中国市场这种观点尤其流行）。

其实，投资就是以最大的概率赚最多的钱，为什么要贴一大堆标签呢？在最近的演讲中，陈光明先生指出：“真正意义上的价值投资，根本就不会说成长股不能买，价值股能买，或者说成长股和价值股是冲突的。”两家公司，一家估值占优、业绩较差，另一家估值较高、业绩更好，为什么投资者就得给自己贴个标签，一定买其中一种而放弃另一种呢？难道不是应该不断考核两家公司之间的性价比，再来仔细权衡吗？

投资如此，历史也一样。在中国历史上的南北朝时期，北方军队以骑兵为主，南下侵略，往往困于水网阻碍，因此聪明的将领常常等“秋高马肥、河冰既合”的秋冬季节大举入侵：这时候马也壮，路也好走。而南方军队以步兵、水军为主，因此宋朝的开国皇帝刘裕北伐时常挑春夏，依赖水步两军配合取胜，还在中国历史上留下一个有名的以步制骑的阵法：却月阵。

纵观刘裕几次北伐，挑选水流丰沛、水运保障完善、水步两军配合适当的季节进兵，因此大破北方骑兵集团，前后灭南燕、破北魏、亡后秦，留下中国历史上收复失地的一段佳话。而北方的骑兵南下，在北魏太武帝拓跋焘等人的指挥下，充分借助河冰冻结、道路通畅的优势，依靠骑兵集团的速度和冲击力，也把南方的敌人打得束手无策。由此看来，正所谓“法无定法，契机者妙”，合适的方法就是最好的方法，适合自己军队的季节就是最美的季节，预期盈利和概率匹配最优的投资就是最好的投资，又哪里有什么标签式的“某某就是最好或者就是最坏”呢？

“天地之间，善即吾畜也，不善即吾仇也。”《文子》一书里，作者计然这样记载了他的老师——老子的一段论述。千万年来，从茹毛饮血到刀耕火种再到工业革命和信息时代，我们一直不断选择对自己更有利的材料、技术、科学、社会架构，等等，一路前进，从不拘泥。那么，今天我们的投资者在选择投资标的的时候，又为什么要给投资标的贴上固化的标签、与市场的多样性擦肩而过呢？

论身体状态对证券研究的影响

大家都知道，一个证券研究者的教育背景、工作态度和强度、人际关系等，会对他的证券研究能力产生影响。可是，难道一个人的身体状态也会对他的证券研究能力产生影响吗？且听我慢慢道来。

清朝末年，北京有一个著名的武术家王正谊，字子斌。因为他善用大刀，所以人们尊称他为“大刀王五”。大刀王五和谭嗣同关系匪浅，因此在中国近代史上，王子斌已经脱离了单纯武术家的身份，在后代留下了爱国志士的名声。

许多人不知道的是，大刀王五早年并不用大刀，而是用双钩。说到双钩这种兵器，现代居住在城市的人估计很少见到，我只在江南的一些文化名城偶尔看到有人习练。

双钩这种兵器左右手各一只，每只大概一米长，上面可不是只有一个钩子，而是有四五个尖和钩，外加八九个刃边（不同流派略有不同）。两手一合，就是八九个尖儿、十几个刃，形制非常奇怪，有兴趣的读者可以自己搜一下图片。

双钩长得奇怪，用起来也奇怪。因为尖和刃数量太多，方向也多，又是双手兵器，所以与刀的一尖一刃和剑的一尖两刃且大都朝向一个方向相比，复杂了许多。而双钩用起来的招数也因此变得十分巧妙和古怪。与刀剑的招式明显不同，练双钩的人手腕一翻，身子一抖，就能用兵器上的一两个尖和刃使出一个奇妙的招数来。

我每每看到人练双钩，但凡练得好的，都有一种九转回旋、变化莫测、妙不可言的感觉。看惯一般传统武术器械的人，第一次看到双钩，常常会生出“这世界上居然有这么古怪、精巧的武术”之感。

据平江不肖生（本名向恺然，民国时期著名的武侠小说家。和后代的武侠小说家不同，他的武术根底十分深厚，曾经在湖南创办国术馆。著有《拳术见闻录》《拳术传薪录》《拳师言行录》《拳经讲义》等，他的书往往体现了真实的武术世界）所著的《大刀王五霍元甲侠义英雄传》一书所载，大刀王五刚在武林立足时，据说用的就是双钩。当时王五的武术已经很高明，自称“双钩王”。结果树大招风，一天有人慕名而来，当场把王子斌揍了一顿。

王子斌爱武成痴，要拜这人为师，这人就说：“你跟我学武术可以，但你得换兵器。你看古来著名的英雄，有谁用双钩这种精巧的兵器？你要跟我学，你就练大刀吧。”从此王五丢了双钩，专练大刀，又积极参与清末那个混乱年代的政治活动，终于成为一代著名的武术家。

为什么王五的师父说，历史上的大英雄没有几个专用双钩呢？因为双钩这种兵器过于精巧。用的时候，固然得益于精致细腻，手腕一翻、身子一抖就能出招变化，单纯就武术格斗来说，双钩确实是一种精妙的器械。但是练得久了，天天拿它当吃饭的本事，恰恰是这种复杂的变化导致人处处留心，不能专心凝神、精于一处。最后，武术上固然可以有所成就，但是心性、事业上的修为，就差了一些。

这种“不同的运动对人产生不同影响”的事情，不光在古代有，现代也一样。如果你仔细观察，就会发现，现代不同项目的运动员，性格大不相同。

乒乓球运动员往往果断干脆，“不懂球的胖子”刘国梁和“大魔王”张怡宁经常让人看到真性情的一面；足球和篮球运动员往往让人感到热情奔放；而射击运动员和射箭运动员，你去看，他们就算拿了世界冠军，领奖的时候甚至都不太笑的。

究其原因，乒乓球是一种速度非常快的运动，甚至被称为“需要最快反应的运动”，运动员难以思考太多东西，往往是迅速判断，本能反应，久而久之，就养成了干脆利落的性格；足球和篮球是需要队友之间密切配合的运动，同时这种运动讲究全身的速度和力量，由此养成了运动员热情奔放的性格；而射箭和射击是需要在一瞬间控制好自己心跳和呼吸的运动，心跳和呼吸都控制好了，那情绪几乎就控制没了，所以就算拿到冠军，人家都不怎么笑的。

再拿武术里最常见的刀和剑来说，刀的动作往往是大开大合，碰到阻挡就一刀砍断，以力量取胜。练刀练久了，性格就容易变得直爽干脆，遇事不绕弯儿，直截了当。剑则不然，剑这种兵器前轻后重（中国剑的重心往往在手柄前一寸以内），利于调整角度，同时剑尖锋利，攻击时主要以寻找对方的弱点、造成穿刺伤害为主。剑练得久了，人会机智灵活，碰到事情不钻牛角尖，见可而进、见

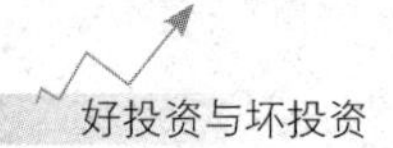

不可而止。

从提高武术水平的角度说，最好的做法是性格直爽干脆的人学刀，机灵巧妙的人学剑。所以中国武术有句话，叫“君子用剑，猛士用刀”。但是，从修身养性的角度来说，恰恰应该反其道而行之：性格干脆的学剑，收一收性格太过干脆的莽撞；性格灵巧的学刀，增加一点直爽的气质。正所谓：“西门豹之性急，故佩韦以自缓；董安于之性缓，故佩弦以自急。故以有余补不足，以长续短之谓明主。”（语出《韩非子·观行》，意思就是西门豹这个人性子急，就在身上佩戴一块熟牛皮，提醒自己要像熟牛皮那样软韧；董安于性格温吞，就在身上佩戴弓弦，提醒自己要像弓弦那样绷紧。所以人要补足自己的短处，这样才算聪明的人。）

以上说的这些例子充分告诉我们，一个人的身体状态、日常从事的运动会对心态产生巨大影响。不同的运动导致不同的身体状态与心态，最终会影响人的行为方式。在证券研究领域，事情也是一样。

对于证券研究来说，最好的状态是我们通过科学细致的研究和分析，能够不偏不倚地观察到事情的真相。但事实上，很难有人能做到不偏不倚。我们只要看看在机构投资者的会议上和个人投资者的营业部大厅里，有多少情绪在来回碰撞，又有多少理性在细致交流，就可以知道，想要“客观、公正、理性”地分析这个市场，是非常非常难以做到的事情。人类的情绪啊，实在是太强大了。

既然难以做到公正客观，人们就开始朝两个方向分化：过于悲观和过于乐观。而这两个方向都是不理性的，也都容易犯错。过于悲观的人往往错误地放大了负面事件，不敢投资，结果错失赚钱的机会。过于乐观的人，则容易被胜利冲昏头脑，看不到风险，从而在重仓下注甚至借杠杆下注以后，亏损惨重。

所以，三国时代魏国的刘劭在讲如何看人的著作《人物志》里这样评价不偏不倚的能力："凡人之质量，中和最贵矣。中和之质，必平淡无味，故能调成五材，变化应节。是故观人察质，必先察其平淡，而后求其聪明。"人的品质里，最重要的是平静、中和、不偏不倚。尤其在证券研究领域，过于悲观和过于乐观都容易偏离最佳的投资决策。

我曾经和几位资深的机构投资者交流，他们在工作中都曾经遇到过各种对市场进行分析的人，大家的一个共同感受是，身材特别瘦弱、身体特别不好的研究者，观点往往偏于悲观。而身材特别魁梧、中气十足的研究者，往往又过于狂热和乐观。当然，这种关联性并不是百分之百的，但身体状态的好坏确实对人们的研究偏向产生了巨大影响。

认识到身体状况和证券研究之间的这种关联性，对提高投资者对市场的认识有莫大帮助。通常，人们总是认为证券研究就是堆砌文字和数据、分析资料，所以很多人为了做好研究工作废寝忘食，以为只要做了足够的文字和数据工作，就一定能做好研究。但是，我们却忘记了，保持良好的身体状态，维持一种中立不倚的心情，对做好证券研究也大有裨益：这可能比每天加班加点、早起晚睡来得更有效率。

从年均回报率想到的一些细节

在分析资本市场时，我们经常会遇到一些细节。这些细节看似不太重要，但是如果投资者不重视它们，往往会在分析时造成偏差，最终得出与事实相去甚远的结论。举例来说，“年均回报率”就是其中一个比较常见的细节。

在许多分析文章中，我们经常会看到这样的描述：某某产品过去10年上涨200%，年均回报率20%。乍一看，200%除以10年正好是年均20%，但事实上，这个简单表述的“年均回报率20%”意思并不是投资者每年都得到20%。描述投资者在这10年中，每年平均都会得到的回报率应该是“复合年均增长率”，也就是CAGR（Compound Annual Growth Rate）。

按照复合年均增长率的概念，投资者在10年中应该平均每年得到11.6%的回报，这样总回报才是200%。而如果一个投资者每年得到20%的回报，那么1.2的10次方应该是519%，比200%多了不止1.5倍。

所以，从投资者的真实回报来说，把一个在10年中总计取得200%回报的产品描述成年均回报20%，无疑是不准确的，或者说只是符合了“程序上的准确”，却没有照顾到阅读者的思维习惯。因为如果一个产品每年给投资者带来的回报真的都是20%的话，那么这个投资者在10年的投资周期中就会得到519%的回报。

类似年均回报率这样可能在分析中带来误解的细节，还真有不少。让我们再拿计算股票估值中的市净率（PB）来看，在不少公司的财务报表里，所有者权益会包含一些优先股、永续债之类的权益科目。这些科目虽然都算在公司的所有者权益中，但是，它们的所有权其实并不是普通股股东。

举例来说，一家公司二级市场市值是 100 亿元，所有者权益共有 50 亿元，其中优先股 10 亿元，那么，按传统方法计算得到的 PB 估值就是 100/50＝2 倍。但是，这 50 亿元的净资产应当扣除优先股的 10 亿元，得到的 PB 应是 100/40＝2.5 倍。

在公司的财务报表中，可能被忽视的细节远不止股东权益中的"其他权益工具"这么简单。其他经营收益、资产处置收益、商誉、应收账款等细分科目，如果深入挖掘，都可能让一个看起来还算不错的财务结果露出马脚。

再举个例子，在对指数估值的时候，有些投资者会简单地把成分股的市值作为权重，计算出指数的估值。但是，许多指数不是以成分股的市值作为权重的。我曾经见过一个市值占指数总市值大约 9%的股票在指数中只有大概 2%的权重。这时候，如果简单地使用指数成分股的市值作为权重计算指数的估值，就会和真正的指数估值产生偏差。

在以上这些例子中，细节带来的影响还都只是产生一些偏差。而在一些极端的例子中我们会看到，如果对细节不够重视、不反复从多个角度进行核查，甚至会碰到彻底的骗局。

2014 年，南京警方曾经破获一起耸人听闻的假银行事件。犯罪分子开了一家没有任何资质的"农村经济专业合作社"，内部装修

和正规国有银行一模一样，叫号机、大堂经理、LED显示器、保安人员一应俱全，加之以高额贴息揽存，短短一年时间，有近200人上当，涉案金额近2亿元。

其实，假银行并非没有破绽，它也不可能篡改真银行的网银系统或者监管机构的备案系统。如果从官方渠道简单核实，或者从网银端登录校对，再或者从其他已知网点核实一遍，很容易发现假银行的马脚。那么，为什么还是有这么多人受骗上当呢？

由是想到，《孔子家语·在厄》中有这么一则故事，说明了孔子看待事情的细致。有一次弟子颜回和仲由一起烧饭，别的弟子看见颜回从锅里掏了一点出来自己吃掉，就向孔子打小报告。孔子说等一下，他先调查调查。结果发现，是因为有灰尘掉到锅里，颜回觉得拿来给大家吃吧，不干净，扔掉又可惜，就自己掏出来吃了一点（大概一起烧饭的仲由也可以作证）。孔子的细致帮助他发现了事情的真相，他并没有被表面的简单情报所迷惑。

所以说，资本市场这个巨大的有机体是由无数细节组成的，当我们在面对市场时，就需要对各种事情详加考察、仔细分析、认真求证，这样才能有更高的正确率。指望听一个简单的故事、看一点简单的文字和数据、做一点简单的逻辑思考，就能在不重视细节的情况下轻松地做出准确判断，无疑是不太现实的。

我们是在起哄，还是在思考

多年以来，我发现一个现象，那就是在面对宏观事件时，尤其是一些突发的宏观事件，比如最近中美之间的贸易摩擦（注：本文成文于 2018 年 4 月），许多平时不太关心宏观分析的投资者会突然激动起来。他们头头是道地分析最新的要闻，然后演绎出无数的结果（往往是悲观的），从而为他们加入恐慌的市场找到理由。

也许不能否认，这些投资者中有一小部分真的对所有的信息和事件做了仔细的分析。但是，当你问他们一些关于投资的更基本更具体的问题时，比如某个他们买了的股票估值到底是多少、护城河究竟在哪里、行业的发展格局如何，某个基金的基金经理究竟是何种风格、过去的决策怎样、历史上的仓位调整是否准确，他们却常常答不上来。

这些投资者可以称为“起哄的投资者”，而不是“思考的投资者”。他们并没有独立的材料收集、思维分析能力，而是在新闻的刺激下，条件反射般地跟风附和，最后得出他们希望得出的结论，而不是事实指向的结论。鉴别他们的方法其实很简单，只要问他们一些更加细致、不为人注意但对投资却更重要的细节，就可以看出他们对投资到底思考了多少，跟风了多少。

在这种思考方式下，每一次小规模的宏观经济事件都会被认为是世界末日的到来，导致市场大幅波动。正如彼得·林奇在几十年前所说的那样：“经济学家成功预测了过去 3 次经济崩溃中的 10 次。”今天，随着传媒手段的日益丰富，这种现象愈演愈烈。这些跟风起哄的投资者，每年都可以预测好几次经济大崩溃。

可是别忘了，真正的经济崩溃，绝不是那么容易预测的。就拿

2008年的次贷危机来说，就在2006年，美国主流社会对经济的前景还是一片乐观。而在1989年以前的日本，也没有多少人预测到未来失落的二三十年。经济预测是一件非常复杂的事情，充满了无数的理论、变量和巧合，绝非一般人所能做到。

对于过度关注宏观现象的投资者有一个恰当的比喻：他们好比走在路上，时刻抬头看天、关注天气的行人一样。诚然，早上出门前关注一下天气是可以的（现在不少人其实不关注天气，过得也挺好），但是如果走在路上不看交通灯、不看过往的汽车和行人、不看台阶，只是时刻抬头看天有没有下雨，无疑是不妥当的。同理，在资本市场上，不关心各种投资的技术细节、不关心估值、不关心企业经营情况，只是天天关注宏观事件气氛如何，无疑也是错误的。

而之所以有些投资者会对当前的宏观事件更感兴趣，而不是对真正影响投资回报的技术细节更感兴趣，说到底还是因为谈论当前的宏观事件更加让人轻松愉快。在媒体报道的包围下，谈资随手可得，同时宏观事件又更容易随意地演绎和发挥，加上满市场弥漫的谈论同一事件的氛围，导致这种所谓的研究分析其实更像起哄，而不是思考。

不过，这种起哄式的宏观研究，往往也是价值投资者长期收益的重要来源。当整个市场都开始起哄时，本来并不差的基本面会遇到非常糟糕的价格，从而给长期价值投资者一个捡便宜货的机会。尽管这种机会也伴随一些心理压力，但是买到的低价格却是实打实的。

举例来说，1987年美国的黑色星期一导致香港的恒生指数在1987年10月19日下跌11.1%，10月26日又下跌33.3%，两个交易日合计下跌44.4%。要说宏观大事件，这算不算大事件？如果放在今天发生这样的事情，投资者又要起哄多久？我们又能在今天的媒体上看到多少分析、多少崩溃预测？

但是后来，香港恒生指数在1989年10月26日至1992年10月26日的5年中，上涨了整整170%，这还不包括股息的回报。以2.5%股息回报率计算，其间回报会达到206%，年均回报达到25%。而这，就不是那些在1987年10月26日跟风卖出的投资者所能享有的了。

所以，当我们分析一个宏观事件时，一定要分清楚自己究竟是受了外界刺激开始起哄，还是在认真思考。起哄往往导致冲动的决策，这对长期回报没有什么好处。而真正缜密的思考会带来智慧，从而增强投资者的长期盈利能力。

用多重确认原则进行精确判断

在进行各种判断时，我们经常会讲，要找好的东西。比如，投资者要买好公司不要买坏公司，和人交往要找好人不要找坏人，乃至于逛商店要去好店，出去吃饭要找好餐厅，等等。

问题是：什么是好公司？怎么判断一家公司是好还是不好？怎么判断一个人是不是靠谱？怎么判断一个商家到底好不好？要知道，这个世界上的信息错综复杂，而几乎所有对象都宣称自己是好

的（直接说自己是坏的少之又少，真说自己坏的，又还不一定坏）。由于得到的信息往往不完整、不真实、不全面，因此判断一个对象到底好不好，也就变得非常困难。

这时候，利用多重确认原则就非常有益。

所谓“多重确认原则”，就是在面对一个需要判断的对象时，如果我们得到一个大概率的证据，并不能立即下结论。但是，如果我们得到几个大概率的证据都指向同一个方向，那么我们几乎可以肯定它存在这个方面的特质。

举例来说，我们分析公司的财务报表时，如果发现一家公司销售收入下降，这确实不是一件好事，却不一定证明这家公司从此一蹶不振，也有可能是管理层主动调整了经营策略。

但是，如果我们同时发现这家公司现金流恶化、员工流失、管理层频频发表不切实际的媒体声明，甚至我们自己都开始感觉到公司产品不合潮流、性能又差价格又贵，那么这家公司陷入困境的概率就会非常大。

再比如说，我们看一只基金，如果一两年里业绩持续跑输市场，那么有可能是这个基金的管理者水平差，但也有可能是市场的风向正好不合适。要知道，“天有不测风云”，不要说一两年，有时候连续三四年跑输市场也不一定就是基金管理者水平差，也可能是市场持续偏离的时间特别长。

但是，如果我们同时看到，这个基金持续大幅度调仓，市场热点在哪里就慢半拍追进去，再慢半拍亏钱出来，投资风格很不稳定，基金经理频繁更换，基金定期报告对市场的判断人云亦云，基金售后人员对投资者的问题无法作出有效回答，那么这几个大概率的事件往往就指向一个水平欠佳的基金。

再以中国古人传下来的相人智慧而言，看一个人的方法有三个笼统的方面：听他讲话、看他做事、考察他的朋友。

如果一个人言辞不当，那他不一定是个坏人，可能只是不会讲话而已。如果一个人做事不行，也许只是手笨、行动能力差，甚至最近运气特别背。如果一个人周围的朋友不上档次，那也可能是他不善交朋友或者恰巧缘分不对而已。但是，如果一个人谈吐乱七八糟、做事不靠谱、朋友圈里也没几个好人，那么这个人是一个优秀人才的概率就非常小了。

就算我们找个餐厅吃饭，也可以使用这种多重确认原则。比如，客人少的餐厅不一定差，可能是市口不佳；服务员态度一般，可能是老字号比较傲气；摆设陈旧，可能是年头老了，陈设自然有所破损。但是，如果一家餐厅客人少、服务员又爱答不理、摆设又破旧，那么这家餐厅是一家好餐厅的概率也就微乎其微。

不过话说回来，应用这种多重确认原则毕竟只是从概率上进行大致推算，偶尔也有失手的时候。

这里最好的例子就是春秋时代的管仲，他成名后曾经叹道："吾始困时，尝与鲍叔贾，分财利多自与，鲍叔不以我为贪，知我贫也。吾尝为鲍叔谋事而更穷困，鲍叔不以我为愚，知时有利不利也。吾尝三仕三见逐于君，鲍叔不以我为不肖，知我不遇时。吾尝三战三走，鲍叔不以我怯，知我有老母也。公子纠败，召忽死之，吾幽囚受辱，鲍叔不以我为无耻，知我不羞小节而耻功名不显于天

下也。”

就是说，管仲早年和鲍叔牙交往，曾经多占金钱、做砸事情、三次被老板赶走，又三次打仗逃跑，还不守气节投降受辱，结果鲍叔牙仍然认为管仲是天下难得的人才，举荐给齐桓公姜小白，终使齐国成为天下霸主。这要按多重确认原则，管仲早被认为是烂人一个。怪不得管仲得志后感叹：“生我者父母，知我者鲍子也。”

只不过，天下优秀如管仲者，没有几个。在绝大多数时候，多重确认原则仍然是一种从大概率上来说高效的判断工具。正所谓“运用之妙，存乎一心”，任何方法，不论是判断的原则还是规律的挖掘，乃至大数据分析，毕竟都只是一种工具。判断的至高境界，仍然需要依靠最优秀的人才才能达到。

证券研究的功夫在诗外

我大学本科学的是经济学。当时，很多同学觉得，经济学就是搬弄数字、做模型。而且，只要把模型做得足够漂亮，期末考试就能拿到不错的分数。我毕业以后，加入了证券投资行业。在这个行业，许多人觉得投资就是讲各种逻辑、算财务数据，而写满了上万字逻辑、编制了繁杂数据图表的研究报告，也往往能获得客户的好评。曾经一个大证券公司研究所的同行自豪地对我说：“我们出具的报告很少有少于一万字的。”说这句话的时候，他的得意之情溢于言表。

但是事实上，数据、逻辑、模型看似高端大气上档次，实则只是研究的一部分。毕竟一个投资者可以找到的模型和数据，其他投资者也不会太难搞定。要想把证券研究真正做扎实、做透彻，研究者一定要理解这个社会。正如中国古代文人所说的那样，功夫在诗外。想要学写诗，那么学文字、格律就行。但是想要把诗写好，写出最好的诗，就一定要到诗的外面去找。说白了，就是到生活中去找。

我曾经和一个同事聊企业，聊到在企业里发生的跑冒滴漏对企业可能会有怎样的影响。我自己说得眉飞色舞，结果一看，同事一副呆若木鸡的样子听我讲，完全没理解我在说什么。

我一下子想起来，自己的大学生活是在英国勤工俭学过来的，前后在大概二十家小公司打过工，见到过太多乱象，包括各种跑冒滴漏。我能很轻松地理解为什么一家企业老板制定的高瞻远瞩的计划，在下面执行的时候会完全走样。我也能很轻松地理解为什么下面的员工会为了自己的利益而不是考核的指标来做事情，除非考核指标和他们的利益一致。

但是，我那位同事是从北京市最好的中学考到了最好的大学，在最好的大学里闭门读了七年本科和研究生以后，直接进到了我工作的央企。她完全没法理解社会上的这些现象，因为她完全没有相关的生活经历。这些会对企业经营状况带来影响的社会现象，对她来说是一个抽象的概念。

记得查理·芒格曾经说过，他在出行的时候，如果不是为了赶时间坐自己的私人飞机，就往往会选择普通客机的经济舱而不是头等舱。尽管头等舱的票价对芒格来说完全没有压力，而且他年纪已

经不小了，按理说坐头等舱更舒服一些，但是芒格说，只有坐经济舱才能贴近普通人的生活，才能知道普通美国人在想什么、喜欢什么、消费什么、过什么样的日子。而正是普通美国人，不是坐头等舱的少数几个人，才是构成美国经济的中流砥柱。

按我们中国的老话说，芒格是在努力避免做出“何不食肉糜”的分析。“何不食肉糜”语出西晋昏君晋惠帝司马衷，也就是晋武帝司马炎的儿子、西晋的第二个皇帝。当时天下荒乱，百姓没有饭吃，大多饿死。晋惠帝有一次就问：“何不食肉糜？”没有饭吃，吃肉做的羹不就行了吗？后来，中国人就用“何不食肉糜”来表示对实际情况的极度不了解。

在《台湾股市大泡沫》一书中，作者江平也写了一个他自己“何不食肉糜”的故事。江平这个名字看起来像个华人，但他其实来自美国，是负责在台湾市场投资的投资经理，对台湾社会并不了解。在20世纪80年代末期的台湾股市大泡沫中，有一次他觉得市场太贵，想让手下立即卖出自己的投资。手下交易员说：“先生你不能这么快地卖出，这样大家会知道我们想卖，市场会被严重打击，对我们的声誉不好。”江平感到纳闷：“按照交易规则，股票市场的交易不都是匿名的吗？别人怎么会知道呢？”结果，江平写道，他手下土生土长的台湾交易员，就像看傻子一样看着他。

很多人经常问我，怎样才算看懂一家公司。这时候我最反对的就是只看财报、只看公司的宣传资料。就像清代诗人王昙的诗“谁删本纪翻迁史”那样，《汉书》把《史记》里的《项羽本纪》给删了，又把历史改动了一部分，结果只看《汉书》不看《史记》的人没法全面了解楚汉争霸时代的情况。而只看公司自己的宣传和财务报表，也很难真正了解一家企业。投资者需要做的，是真正了解、懂得一家企业所有的情况，包括表面上能看到的和看不到的。

因为工作的关系，我经常走访基金公司。因此如果问我最懂什么行业，恐怕最懂的是基金行业。我看一家基金公司的时候，不会只看它的宣传文案，不会只看它的规模和品牌，甚至不会完全依赖这家基金公司过往业绩的好坏。宣传文案可能言过其实，或者只说好坏不说坏话；规模和品牌越大的公司，越可能产生官僚文化，染上大企业病；过往业绩好不一定代表将来可以持续：好的历史业绩可能来自一次大型的泡沫以及足够好的、正好赶上泡沫的运气，也可能来自一个正要辞职的明星基金经理。

要挑选好的基金公司，一定要切实了解这家公司的方方面面。如果说能看到的数据和文字材料就是基金的“诗”，那么“功夫在诗外”，投资者一定要寻找这首诗“外面”的东西。这家基金公司的管理是否协调？基金经理的投资理念是否正确？基金经理和基金公司是不是一条心？是真心想做出长久的业绩，还是打算赌一把、搏一下年终奖就走人？所有这些因素都不会写在材料里，需要我们自己去寻找和感受。

说到这里，不得不再聊聊彼得·林奇“从身边发现股票”的选股方法。所谓“从身边发现股票”，指的是彼得·林奇在自己几本著作里经常提的一种寻找股票的方法。说白了，就是观察身边哪些企业做得好，哪些企业的商品受欢迎，然后再回到市场上研究它们的股票。当然，这里说的是“从身边发现股票”，而不是“从身边买股票”。通过这种方法发现的股票，仍然需要研究才能决定买还是不买。

对于这种选股方法，很多人觉得彼得·林奇太土了，这种方法一点都不高端。这里没有西装笔挺的投资银行，没有灯光炫目的五星级酒店，也没有装潢得漂漂亮亮的财务报表，或者是安排周到、对方对接级别很高的企业调研。但是，这种选股方法之所以成功、之所以塑造了彼得·林奇这样一位伟大的共同基金经理（共同基金也就是我们所说的公募基金），很大程度上是因为通过观察身边的生活，林奇看到了“诗外”的东西，在诗外做足了功夫。当别的基金经理满足于阅读财务报表、搭建模型、和公司管理层及投资者关系部门通话了解情况的时候，林奇从产品第一线得到了自己真实的感受，把自己放在企业终端客户的角度，直接看问题的核心。而这种感受，是再华丽的材料都不能提供的。

由此想到不久以前我和一位基金经理的对话。当时我们正在聊国企的股票，很快我和这位基金经理就发现，他很难接受我对国企的理解。然后我们仔细分析，发现这位基金经理听懂了我讲的每一个意思，但是他没法“感知”到我说的这种意思。这有点类似于我告诉一个从来没有吃过香蕉的因纽特人香蕉究竟是什么味道，这个因纽特人能听懂我说的“软”“甜”“香”等每一个字，但就是不理解香蕉到底是什么味道。

仔细考虑以后，我们一致同意这种表述者和倾听者之间的差异来自一个简单的事实：我有许多亲戚朋友在政府部门、军队和国企工作，我从小就知道国有企业是怎样的一种状态。我能看到国有企业的弊病，也能看到国有企业的优势，因此我能比较客观地、从全盘的角度理解一家国有企业可能面临的方方面面。但是，那位基金经理却没有这样的成长环境。他成长于纯粹的民营企业环境，对国企的了解仅仅来自新闻和评论，而许多评论都在片面批评国企的低效，因此形成了他对国企比较糟糕的一边倒的认知。

所以说，功夫在诗外。只有行万里路者，方能读透万卷书。证券研究的表象是分析文字和数据材料，但其真正的内涵却是全然理解我们这个社会和其中的企业。只有把握了诗外的世界、材料外的真实，才能做出正确的判断，找到真正优秀的投资标的。

更快、更高、更强

最近重读霍华德·马克斯先生的《投资最重要的事》，读到他对有效市场理论的批判，由是感叹，投资者毕生追逐的梦想就是击败这个假设的“有效市场”，取得超过市场平均水平的回报。而击败有效市场的法宝，恰恰藏在这个“有效市场假说”之中。

概括来说，有效市场假说的核心观点是：市场参与者获取了同样的信息，进行了同样细致的分析，由此做出了同样的决策。故而，市场是无法被打败的。

有效市场假说在实践中被证明荒诞不经，因为几乎没有一个市场如此有效。乔尔·格林布拉特在最近几年的一个访谈中就认为，美国市场也并不那么有效。

但是，不得不承认，这个理论至少在框架上是很完美的。的

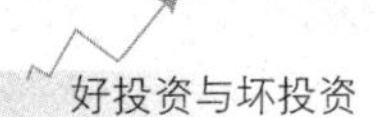

确，如果一个市场能做到获取的信息相同、信息分析能力相同、之后的投资决策相同，那么，投资者的确无法取得超额收益。

那么，怎么打败市场呢？很简单，反其道而行之：获取更好的信息，进行更好的分析，做出更好的决策。这样，投资者就能创造一个有利于自己的“非有效市场”，取得超额收益。

下面，我们就此三点逐一分析。

如何获取更好的信息？当然，这不是说去获取内幕信息。触犯法律法规的投资方式，几乎肯定是最糟糕的选择。但是，不是说除了内幕信息以外，投资者得到的信息就是相同的。通过以下两个途径，投资者往往可以获得更多的信息。

一是获取尽可能多的公开信息。公开信息虽然公开，但绝不是人人都会看。许多投资者喜欢看宏观经济，却不喜欢看统计局数据的细分项；经常看传统行业，就不看新兴行业；覆盖了 A 股，就不覆盖 H 股；覆盖了股票，就不看债券；买了房子，就不关心基金投资。而如果一个投资者能够做到什么都看、什么都学，那么他在信息获取上已经前进了一步。

二是多关心生活中的信息。不是所有的事情都会在公告中体现出来。一个产品的使用体验如何？客户对一家公司的议价能力强吗？公司管理团队是踏实勤奋还是夸夸其谈？品牌效应到底是强是弱？客户的转换成本有多高？这些信息大多不会写在公开资料里。

如何更好地分析信息？即使你给两个投资者一模一样的信息，他们也常常不会做出一样的分析。这种差距往往不是一句简单的

“聪明”或“智商高”就能解释的。从两个方面来说，投资者之间往往存在差距。

一是对投资的理解。对于不喜欢学习投资知识、喜欢赌博和短炒的投资者，他的分析能力自然比喜欢追随大师脚步学习分析方法、理性客观分析事物的投资者要逊色。

二是对社会和生活的理解。投资离不开生活，而是否有足够的社会生活经验、是否能准确判断社会的发展动向，就是决定分析对错的关键。举例来说，几年前市场上就一直流传中国银行业要被坏账拖垮的流言，结果几年过去了，银行的报表仍然正常，这就是典型的没能正确分析中国的社会经济形态导致的错误。

得到信息、分析信息之后，投资者做出的投资决策也并不相同。这一点往往被个人投资者忽视，因为他们管理自己的钱，彼此之间没有什么不同。但是，对于机构投资者来说，看到正确的决策方案和能够做出正确的决策，两者并不等同。

对于一个投资者来说，他管理的钱越浮躁、背负的债越多，他的投资就越要求稳定，而这往往意味着投资决策更加短视化，更难以承受较大的波动，更难以获取较高的回报。

所以，对任何伟大的将军来说，一盘散沙的军队是无法打胜仗的。许多战役到了最关键的时候，比拼的并不是将军的智慧，而是士兵的意志。要取得更高的投资回报，就要吸引更有意志的钱，或者培训投资者管理的钱，增强他们的意志。

人类在奥运会口号“更快、更高、更强”的鼓舞下，不断突破自己的生理极限。而从有效市场理论推导出的“更多信息、更好分

析、更明智决策”也会带来与众不同的投资能力，带领投资者不断突破自己的财富极限。

警惕“眼见为实”中的判断偏差

中国人常说，“耳听为虚，眼见为实”。但是，听来的东西固然不可靠，自己看见的东西也未必就可靠。人们往往过于相信自己眼睛看见的东西，却没有想到，“眼见为实”中也经常存在巨大的统计偏差。在投资研究中，这种现象尤其需要警惕，因为如果不能认识事物的真相，仅仅把自己“眼见为实”的东西当作真相，就很可能做出错误的判断。

说个身边的例子，我有个朋友在投资公司做助理，年薪有二三十万。他天天接触的不是基金经理就是高净值客户，个个都比他有钱。结果，他有一天很难过地跟我说，自己赚钱赚得太少了，觉得自己很失败。

我被他的这个想法吓到，于是翻统计数据给他看（注：本文成文于 2019 年夏天）。根据社保局的统计，上海市 2018 年的平均工资水平是 8 万～9 万元。考虑到平均工资和工资中位数不是一个概念（由于一些超高薪工作的存在，后者往往比前者更低，而后者在统计学上更能反映出全体工作人员享受的平均待遇水平），估计上海的工资中位数也就在 7 万元上下。再看英国的统计数据，人均工资也就在 3 万英镑左右，约合 20 万元人民币。所以，我这个朋友的薪酬水平其实已经远超上海市的平均水平，甚至达到了英国的平均收入水平。

但是，为什么我的这位朋友会觉得自己赚得很少呢？因为他采用了“眼见为实”的比较方法。他在工作中所接触的人不是基金经理，就是很有钱的客户。跟这些人一比，自然觉得自己的收入很低。遗憾的是，尽管我给这位朋友看了很多次统计数据，他仍然不认为自己的判断有错误，而是倔强地认为“统计数据肯定错了”。

我这位朋友对事实的错误把握，可以说来自一种叫“别墅效应”的错误判断。简单来说，别墅效应指的就是，住进别墅的人理论上会更开心，但是由于周围邻居非富即贵，因此这些人往往得到错误的比较对象，结果因为和“更有钱的人”比起来相对比较穷，幸福感反而下降。

这种“眼见为实”带来的偏差往往是由于做出判断的人没能看到所有的情况，而只看到了一小部分情况所导致的。在投资中，这种现象并不罕见。

举例来说，以前证券公司营业部有现场交易大厅的时候（现在这种大厅已经很少见到了），我们去营业部和投资者聊天，能听到很多赚钱甚至赚大钱的故事，似乎股票市场就是一个免费捞钱的池子。但事实上，投资者赚钱并没有在营业部交易现场大厅听到的那么容易。其中的原因，很重要的一点就是赚钱的投资者喜欢出来吹嘘，而亏钱的投资者往往闷不作声。同时，投资者也更容易记住和炫耀自己赚钱的交易，而努力遗忘自己亏钱的交易，以免给自己带来心理上的压力。这些因素的存在，导致在营业部现场听到的投资者的吹嘘并不能代表整体的回报水平。

另外一个例子，则是反过来的“眼见为实”：眼见的东西不好，但是往往结果很好。在工作中，我接触过不少企业的高管，以及帮助企业做各种顾问服务的中介机构的工作人员。这些人有一个特点，就是对自己服务的企业非常了解。但是，这种了解往往带来“灯下黑”的效果：看自己服务的企业，因为看得太细致，总能看到很多问题。尽管这些问题在投资中其实影响并不大，这家企业也许仍然是一个很优秀的投资标的，但是“眼见为实”导致的对小问题的过度关注，经常使这些和企业接触最紧密的人反而看不到企业的核心投资价值。

如果我们到税务局了解企业，会发现前来报税的企业都说自己经营得很困难。原因很简单，经营不困难的企业利润就多，利润多报税就多。所以，到税务局报税的企业，很少有说自己利润很好的。但是，如果我们到中关村的融资现场去看，事情又完全不同。在那里，企业往往努力吹嘘自己伟大的前景，生怕 PE 和 VC 基金的投资者不肯投钱。

这种“看到细节，看不到整体”的“眼见为实”的分析方法，曾经导致日本人错误地发动了太平洋战争。太平洋战争以前，日本人不是没有看到美国巨大的经济潜力，以及这种经济潜力用于战争时的可怕后果。但是，当时有一种理论认为，日本军队的训练水平远高于美军，炮兵、轰炸机的命中率是美军的几十倍，因此只要几十分之一的工业产量就可以赢得战争。这种看似正确、依据当前事实数据做出的荒谬决定，导致日本人惨痛地输掉了战争。

而德国对苏联发动的战争，部分原因和日本人的错误非常相似。在1939—1940年的苏芬战争中，芬兰军队的出色表现让目睹了苏芬战争全过程的德国人相信自己的亲眼所见，轻视了苏联红军的战斗力。于是，部分因为受到苏芬战争的鼓舞，阿道夫·希特勒在1941年发动了巴巴罗萨行动，闪击苏联。结果，苏联红军的战斗意志在祖国受到侵略时突然爆发出来，加上苏联广大的战略纵深和强大的工业生产能力，终于让德国人倒在了莫斯科城下。

再以通货膨胀的数据为例，很多金融圈的朋友跟我说："通货膨胀数据不准确！我生活中感觉到的根本不是这样啊！"这种把"生活中感受到的数据"当成"真实准确的数据"的工作方法，就是犯了"眼见为实"的错误。

简单来说，通货膨胀数据指的是全国范围内，三十几个省份14亿人口的平均购买力所遇到的物价变化。但是，对于金融圈的白领来说，他们的消费构成和全国平均水平的消费构成是有巨大不同的。简单来说，他们消费中包含的人工成本和核心区房租成本更高(他们会购买更多的各种服务，比如到餐厅用餐)，包含的原材料成本更低（比如更少上菜市场买菜）。这就导致在劳动力增长速度比GDP增长速度慢得多、核心区租金价格增长远高于整体租金价格增长的现在，消费更多的人工、更多的核心地区地产租赁面积、更少的原材料，必然会遇到更高的通货膨胀。这种"眼见为实"的通货膨胀速度，并不是全国平均的通胀水平。

东汉末年的军阀董卓甚至利用这种"眼见为实"的心态，帮助自己的军事行动。汉中平六年，在带领几千人马控制洛阳以后，董卓怕自己的军队人数太少、不足以服众，在谋士李儒的建议下，让

军队白天进城，晚上悄悄出城，白天再从另一个城门进城。这样，城中的官员和百姓“亲眼见到”董卓的军队源源不断，根本不知道究竟有多少人马，也就不敢反抗董卓的统治。

由于信奉“眼见为实”造成的理解偏差其实还有很多，在此不再一一列举。不过，日常生活中的观察仍然是非常有必要的，这种观察能给投资者带来在其他渠道找不到的信息。只是我们需要对这种信息加以甄别才能利用，而不能简单地相信“眼见为实”，否则会带来更大的问题。就像马克·吐温说过的那样：“让我们陷入困境的不是无知，而是看似正确的谬误论断。”

要以史为鉴，不要刻舟求剑

战国时代，秦国在长平之战大败中原老牌强国赵国，坑杀赵卒四十余万。隔壁的燕国看在眼里，觉得赵国不过如此，现在战败了更弱，就趁机从背后进攻赵国，结果被赵国大败。而希特勒在第二次世界大战中悍然进攻超级大国苏联，其中的导火线之一就是苏军在之前的苏芬战争中表现非常糟糕。于是，希特勒看在眼里，过低地估计了苏军的实力，把赌注押在一场战争上，最终身败名裂。

学习历史的时候，我们都知道要“以史为鉴”。但是，“以史为鉴”并不等于“刻舟求剑”，而不假思索的人常常把这两个状态搞混。在以上案例中，决策者的失败都是错误地把“刻舟求剑”当作“以史为鉴”导致的。

人们简单地认为，历史上发生过的就一定会线性地再发生下去。因此，一支在上一场战争中丢了脸的军队，就一定会在下一场战争中再次战败。但是，战争的胜利是由双方决定的，之前战败的一方会痛定思痛，往往变得比以前要强，而新加入的一方不一定有之前胜利一方那么强大的军事实力。实际上，正如马克·吐温所说："历史不会重演，却自有其韵律。"刻舟求剑的人以为历史会重演，以史为鉴的人摸到的却是历史的韵律。

以下这些分析你是不是经常听到？在我看来，这些都是比较典型的"刻舟求剑"。

"这几只股票当年有100多倍市盈率，现在只有30倍了，好便宜，赶快买！"

"那个小区的房子价格已经从最高点下降了20%，机会不容错过哦！"

"今年以来这个板块价格大涨，现在是市场焦点，正是追入的好时机。"

"这个投资经理去年业绩排名第一，赶快买他的新产品，不要错过。"

"这家公司最近产品销量很好，因此我们预测它后年的动态市盈率是15倍，现在可以买入。"

在以上几个例子里，分析的思路都是"过去已经发生的，未来仍然会发生"，而不是对历史规律的总结，比如"根据历史经验得出的规律和未来具有的条件，未来这件事情可能怎样"。

这里，让我们再对上面几种情况做一番不同的分析，看看"以史为鉴"和"刻舟求剑"有什么不同。

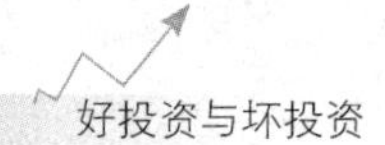

“这几只股票当年有100多倍市盈率，现在只有30倍了，但30倍仍然不是一个便宜的价格。尽管当年市场有100多倍，但那个价格是一个泡沫的极端状态，而以后市场是否能回到极端的泡沫状态，仍然有待商榷。”

“那个小区的房子价格已经从最高点下降了20%，但是租金回报率仍然不到2%，现在是贷款买入的好时机吗？”

“今年以来这个板块价格大涨，现在正是市场焦点，但是股票的价格已经很贵，市场的焦点到底能持续多久不得而知，我们仍然要仔细地分析基本面。”

“这个投资经理去年业绩排名第一，但是去年他之所以业绩排名第一，并不是因为他非常善于分析企业的价值，而是因为他的运气特别好。这种运气在未来能持续吗？”

“这家公司最近产品销量很好，有人预测它后年的动态市盈率是15倍，但是产品销量好很可能引来巨量的竞争，这家公司有没有在之后竞争中继续胜出的能力呢？”

话说回来，这几年许多人仍然喜欢买房子，不喜欢买股票。也难怪，在从2000年到现在的2018年中，一线城市的房地产价格上涨了大概20来倍，而上证综合指数却只涨了一点点。要按“刻舟求剑”的思维，未来肯定是房地产比股票强。（注：本文成文于2018年底。）

但是，如果按“以史为鉴”的思维，过去18年的房地产价格上涨、股票价格不怎么涨，背后的重要推手分别是房地产的租金回报率下降、估值大涨，以及股票的估值大降。那么，未来二十年，又是谁的估值更容易上涨、谁更容易下降呢？不要忘了，如果按照“刻舟求剑”的理念，2000 年的时候，人们可是应该买股票、不买房子的呀！要知道，在整个 90 年代，上证综合指数上涨了大概 20 倍，而房地产的价格大概也就涨了一倍上下。

所以，到底是“刻舟求剑”还是“以史为鉴”，你想明白了吗？

工之侨献琴：你看的是外在还是内在

明朝开国元勋刘基所作《郁离子》一书中有一篇寓言，叫《工之侨献琴》。故事大意为，有一个叫工之侨的人，做了一张音色非常好的琴，自认为琴的音色甲于天下，就把琴献给主管音乐的太常寺。结果，太常寺看了以后直接说，这琴不古老，不名贵，看着新，是现代版的次品，没什么意思。

于是工之侨把这张琴拿回家，好好雕琢加工了一番，还刻意做旧，过了一两年又拿去市场上卖，卖了一个大价钱。买到的人把琴拿到宫中，给一众主管音乐的乐官看，大家都说，真是“稀世之珍”啊！工之侨闻之叹曰，这不都是一张琴吗？可是大家怎么这么糊涂呢？

不光琴如此，世间许许多多的事情都是如此。人们随着自己的情绪摇摆，在情绪、从众心理而不是理智的作用下，做出各种奇怪的决策。正如《红楼梦》中甄士隐为那首著名的《好了歌》所作的注解：“昨怜破袄寒，今嫌紫蟒长。乱哄哄你方唱罢我登场，反认他乡是故乡。”

时下房地产话题火热，我就举个房地产的例子。最近几年，我在南京看到，一些新开发的区域，房子价格昂贵，动辄四五万元一平方米。但是，老城区里的二手住宅楼一平方米却往往只有两三万元。(注：本文成文于2017年3月。)

那么，是南京的新区比老区好吗？说实话，从各方面看，除了房子新一点，其他都谈不上。新区人少，环境有些荒凉，各类生活配套设施差，学校少，距离工作区域远，离医院也远，等等。但是，为什么新区的房子价格比老区高了将近一倍呢？除了人多思考少和从众心理强以外，恐怕很难找出什么让人信服的答案。

还记得在2015年夏天，恒生AH股溢价指数飙升到最高154点，这意味着当时以市值加权计算的A股价格比同一公司的H股价格贵了54%。考虑到当时A股市值更小的小股票估值更贵，实际上对许多公司来说，A股的价格比H股贵了不止54%，许多达到100%甚至更高。

同一家公司的股票，几乎相同的业绩，为什么A股就要比H股贵那么多呢？这不合理啊！(2015年A股的股票还不能用于获得申购新股的额度，这个2016年才出现的制度后来在一定程度上改变了A股股票的内含价值。)但是，当时认为A股就该比H股贵的理论到处都是。

结果，今天这个指数已经跌到了114点。今天我们已经很难再听到两年前的“A股就该比H股贵”的理论，类似于“港股大牛市已经到来”的理论却甚嚣尘上。当然，我不是说香港一定不会有牛市，而是说作为一个成熟市场，直接在香港市场套用A股的“情绪来了就有牛市”理论是欠妥当的，尤其是在港股已经上涨不少的情况下。（注：本文成文于2017年3月，数据、市场情绪、我的观点均取于当时。）

说到大众奇怪的认知，不得不提一下当前几个一线城市的房价。在今天的北京、上海、深圳等城市，尤其是最近的北京，动辄八九万元一平方米的房价已经很常见。这样的房价和本地居民的收入水平已经拉开了巨大的差距，甚至网络上出现了“既然北大清华毕业都买不起学区房，那么买了学区房读到北大清华毕业有什么用”的段子。

按理说，贵的容易跌、便宜的有价值容易涨，是非常浅显的道理，大家每天去菜市场都会把这个道理念叨两遍。但是，如果我们现在和别人讨论房价，继续看空八九万一平方米的房子，无疑非常容易被人嘲笑（不信你试试）。可是，如果一线城市的房子真的会一直这么让人满意，比如真的按每年30%的增速上涨，10年以后9万元一平方米的房子得多少钱呢？124万元一平方米。20年呢？1 710万元一平方米。

不过，说归说，真能把道理想明白、在喧嚷的市场里坐得住的，古往今来，从来就不是太多。不信？看个故事就知道了。

现在大家都知道，刘邦是个厉害的人，张良也是。不过，这俩大叔刚起来闹事的时候是怎样的光景呢？恐怕没有多少人留意过。《史记》里的《留侯世家》中说到刘邦刚起兵不久时，有这么一段描述：“良数以太公兵法说沛公，沛公善之，常用其策。良为他人言，皆不省。”张良的兵法只有刘邦肯听，其他人听了都不当个菜。

这也许就是千秋之下，君臣知遇如此之少的原因吧。

附：工之侨献琴

工之侨得良桐焉，斫而为琴，弦而鼓之，金声而玉应。自以为天下之美也，献之太常。使国工视之，曰："弗古。"还之。

工之侨以归，谋诸漆工，作断纹焉。又谋诸篆工，作古窾焉。匣而埋诸土，期年出之，抱以适市。贵人过而见之，易之以百金，献诸朝。乐官传视，皆曰："稀世之珍也。"

工之侨闻之，叹曰："悲哉世也！岂独一琴哉？莫不然矣！而不早图之，其与亡矣。"遂去，入于宕冥之山，不知其所终。

第三章

关于投机：如何识别偏见周期

如何识别偏见周期

你知道吗？你所选择坚信的，也许只是偏见的一部分，是偏见的一个周期。当这个周期结束的时候，你的知识会被证伪、你的信仰会破灭、你的财富会消失。而你除了深深的遗憾以外，并没有留下任何东西。这就是投资中最可怕的一种错误：偏见周期。

“偏见周期”的概念，我最早是在霍华德·马克斯先生的《投资最重要的事》一书中看到的。这个概念的意思是，许多时候，投资者选择相信的东西，并不是事物的本质，而是偏见周期。

正如价格周期、经济周期一样，思维上的偏见周期，有形成期、持续期、衰亡期。而其周期持续的时间可能如此之长，以至于置身其中的投资者以为这个偏见就是真理。

但是，偏见终究是偏见，最终会被事实打破。于是，在周期中拥有坚定信念的人们，在周期衰退之后，会受到严重的打击。

乔治·索罗斯先生其实也发现了这样的周期，并且认识到其中价格的涨跌和偏见的诞生、消亡会形成正反馈和负反馈，于是两者相辅相成，形成巨大的不可抗拒的价格趋势。索罗斯就是依靠这个趋势，搏击金融市场，罕逢敌手。

让我们来看一些实际的例子。

从2005年到2009年，A股市场对小盘股、大盘股其实并没有特别大的偏好。当时，研究二八现象还是八二现象，也不是大家关注的一个重点（你甚至很少看到这方面的研究报告）。但是，2009年以后，小盘股的偏见周期逐渐产生。这个周期在2011—2013年和2014年底受到两次打击，但在2015年再次活跃。

不过，进入2016年以后，小盘股的偏见周期开始消退，取而代之的是蓝筹股的偏见周期开始增长。现在，市场上出现了大量“漂亮50”的呼声，投资者也开始追捧蓝筹股，其中一些公司的估值已经不便宜（虽然也谈不上特别贵）。（注：本文成文于2017年7月。）

那么现在，我们能因为许多投资者开始追逐价值股，就认为他们在进行了二十多年的投机以后，突然开始转向价值投资了吗？抑或我们应当意识到市场只是开始一个新的偏见周期，只不过这次偏见的对象正好是价值股呢？（注：在之后的2018年，这种“我们现在都是价值投资者”的口号被事实证伪。当价值类股票价格下跌之后，之前所谓的“价值投资者”立即抛弃了它们。）

2000年之前，甚至2003年到2004年之前，国内投资者对房地产市场并没有什么偏好。当时，尽管商品房已经推出一段时间，城市化的进程也远比今天要快，但人们似乎不太热衷于买房子。

但是，2004 年以后，商品房突然成为内地投资者的偏好对象。这个周期在今天特别在北上广地区，已经演绎到极致，房屋的出租回报率已经下降到只有 1% 多一点。我们真的能认为，这种只持续了十几年的资产偏好能永远持续下去吗？

在索罗斯的著作中，他曾经提到美国的一个著名偏见周期——里根大循环。里根总统开始放松市场管制以后，美国从 1980 年代开始进入一个长达数十年的市场上涨周期。这个时期的市场如此稳定上扬，以至于有效市场理论、现代组合理论等建立在市场均衡有效假设上的理论，在美国大行其道。

可惜，偏见永远只是偏见。即使它当时在美国已经登堂入室，成为金融教科书中的理论，也不能改变这个残酷的事实。2000 年科技股泡沫以后，这个周期开始陷入一定的衰退，而在 2008 年受到了严重的打击。现在，整整一代的美国投资者必须重新审视他们曾经笃信的市场均衡理念。

如果我们仔细琢磨一个偏见周期中的理论，就会发现这些理论本身的瑕疵所在。简单来说，最经常能够观察到这种瑕疵的方法就是进行对比，而不是简单地推论。

举例来说，城市化进程导致房地产泡沫，听起来似乎没有问题，对吧？可是对比一下，为什么 2000 年前后大城市的城市化进程比后来更快但房地产却全无泡沫呢？

在 2016 年开始（后来在 2017 年下半年结束）的 A 股蓝筹股偏见周期中，蓝筹股更稳定、市场份额更大、更被价值投资者喜欢、对国家经济的系统重要性更高，所以估值一定继续上扬，听起来没

有问题吧？可是为什么在2012年、2015年夏天的时候，蓝筹股的估值比小盘股低那么多呢？难道那些时候这些因素都不存在吗？

在里根大循环中，美国投资者越来越聪明、计算机开始普及、市场信息流动充分，所以股票市场稳步上扬，这没有什么错误吧？可是，为什么这种上扬是以估值不断抬升为代价的呢？难道估值不断抬升不正意味着风险偏好不断加大吗？不断加大的风险偏好又怎么能对应“绝对稳定均衡”的市场呢？即使这些都太过细微无法察觉，那么投资者们究竟得有多迷茫，才会对1995—2000年的科技股大泡沫视而不见、继续相信市场均衡理论呢？

所以说，要想识别偏见周期，光靠分析周期中的逻辑本身是比较费周章的，这往往需要细致的哲学思辨，而过于细致的东西就很容易出错。反之，通过简单的情境对比和简单的对照分析，往往就能发现一种思想和理论，其实只是靠不住的偏见周期，而不是什么可以传世的金科玉律。

一颗魔法石的故事

有一个故事说，有个人听说，在一个巨大的海滩上有一颗魔法石，捡到这颗石头的人可以拥有无尽的财富。这颗石头看起来和海滩上的其他石头没有任何区别，但是如果摸上去，就会觉得温度不一样。于是，他没有告诉别人这个秘密，独自来到海滩上寻找这颗石头。

每捡到一颗普通的石头，这个人一看不是魔法石，就随手一扬，把石头扔进茫茫大海。这样过去了十年，日复一日，他扔掉了无数的石头，始终没有找到那块温度不一样的石头。终于有一天，他摸到一块石头，它的温度不一样！但是，还没等反应过来，这人习惯性地随手一扬，又把这块石头扔进茫茫大海。

在证券市场，许多人的投资风格就和这个捡石头的人一样。在每天的涨涨跌跌中，我经常听到投资者说："最近市场形势那么差，幸好我卖掉了一点！""最近某某经济数据上行，得赶快买一点！""中国和美国的贸易形势吃紧，赶快卖股票！"几乎所有的投资者都被每天交易市场的一点点波动所影响，赚到 8%就很开心，亏了 5%就不高兴。仔细想想，这和那个每天捡到一块石头就随手一丢的人又有什么区别？

很多人会问："那你说不要关心市场每天的波动，但是我今天买明天卖，赚到的那 10%难道不是钱吗？"这里有两个问题，第一个问题是今天赚了 10%，明天说不定亏了 12%，一种没有正确理念的投资很难在长期赚到钱，这点我们姑且不论。第二个问题是，即使一些小的交易会让投资者赚到一点小钱，但是，一旦这种频繁交易的习惯养成了，那么当投资者有一天突然遇到那种十年不遇的超级大机会的时候，他就会像随手扔出那颗魔法石一样，在大机会的开端就把自己的仓位扔掉，或者在一场大牛市中买买卖卖，最后赚不到多少钱。

具体来说，如果一个投资者养成了频繁交易、高买低卖的习惯，那么他一定会在市场走高的时候卖掉自己的仓位。那么，多高算是高呢？10%？20%？盈利 50%肯定算是很高了吧？但是，历史

上那些巨大的投资机会又会给投资者带来多少收益呢？

2005—2007年，A股市场的主要指数在3年里上涨了6倍，如果算上当时股权分置改革的送股，投资者大概会在这轮牛市中赚到10倍。1980—2000年，标普500指数在20年里上涨了大约15倍，算上股息会更多（标普500指数不包含股息）。1975—1981年，恒生指数在6年里上涨了大约10倍。2002—2007年，恒生国企指数也在短短5年里上涨了10倍。而在1975—1989年的14年里，日经225指数也上涨了大概10倍，算上股息会更多。

对于那些频繁交易的投资者，在上面的这些大牛市里，他们如何能做到持有不动呢？如果一个投资者习惯了一会儿抓一个5%的机会，一会儿逃避一个10%的下跌，那么他能忍受多少上涨而不卖出？20%？30%？还是50%？可以肯定的是，他一定会错失那些最大的市场行情，一定会把那颗温度不同的魔法石顺手扔到海里。

股票指数如此，好公司的股票更是这样。看看历史上的好公司股票，比如A股的茅台、平安，港股的腾讯，哪一个不是涨幅巨大？对于那些今天买明天卖的投资者，他们又如何按捺自己交易的冲动，持有足够长的时间来获利呢？

今天的投资市场需要冷静和耐心的交易，古代聪明的商人们也意识到了同样的问题。据《战国策·秦策》记载，商人吕不韦在邯郸做生意的时候，遇到秦国公子异人。吕不韦觉得异人奇货可居，就回去问自己的父亲："我种田可以赚多少倍利润？"父亲说："十倍。""卖珠宝呢？"吕父说："百倍。"

吕不韦又问："那么我如果能拥立国家的君主，能赚多少倍？"

吕不韦的父亲说："无数倍。"（"立国家之主赢几倍？"曰："无数。"）于是，吕不韦决定帮助异人成为秦国的国君。异人后来成为秦国的庄襄王，也就是秦始皇的父亲（有传说秦始皇的生父其实是吕不韦）。而吕不韦也如愿以偿成为秦相，赚取了无数倍的回报。试想，如果吕不韦当年只是满足于耕田、卖珠宝，又怎么能在中国历史上写下如此精彩的一笔呢？

有耐心的人才能赚大钱，这个道理不只吕不韦懂，战国的大兵法家吴起同样明白。

据《吴起兵法·论将》记载，魏武侯曾经问吴起："两军列阵相对的时候，不知道对方主将是谁，我如何才能探知他的水平如何呢？"吴起说："你派一支小部队进攻对方，打不赢就丢盔弃甲地跑，看对方如何应对这小小的战果。如果对方好像没有看到一样，小战果就不追了（'其追北佯为不及，其见利佯为不知'），那么这种'不频繁交易'的将领是有智慧的、水平高的，你得小心。如果对方看到小的战果非常激动（'其追北恐不及，见利恐不得'），生怕抓不住机会、全力追击你派出的小部队，那么这个将领很蠢，就算手下人再多，也没有什么用处（'此为愚将，虽众可获'）。"

"见小利不动，见小患不避。小利小患，不足以辱吾技也，夫然后有以支大利大患。"一千年前，北宋文学家苏洵在《心术》里写下这样一句精辟的论断。今天，在证券市场中沉浮的投资者，有多少是通过追逐小利益、小波动成功的呢？又有多少是通过分析每天的财经新闻、做出相应的交易成功的呢？我们难道不应该把眼光放得更长远一些吗？

价值投资者应该远离做空

所谓做空，就是投资者卖空某种资产，比如股票、债券、基金，然后在这种资产下跌而不是上涨中获利。对于做空这种投资模式，许多投资者抱有浓厚的兴趣。毕竟，相对于单边做多的投资，做空给投资者打开了一条新的投资路径，在许多时候增加了盈利的可能性，尤其是当市场没有良好的做多机会的时候。更重要的是，当做空和其他交易手段结合起来时，可以衍生出不少新的交易模式。

但是，对于价值投资者来说，做空是一件应该警惕的事情，甚至是一件应该远离的事情。尽管从表面上看，做空和价值投资的理念非常接近，都是利用价格向价值的回归来获利：价值投资利用低估的价格向更高的价值回归，做空利用虚高的价格向更低的估值回归，但是，从本质上来说，做空违反了价值投资的基本理念。

在著名投资大师沃伦·巴菲特和查理·芒格的各种言论中，我们经常可以看到两位老先生对做空这种交易的反对意见。

做空面临的一个问题是，做空的最大盈利是100%，而亏损从理论上来说，可能接近于无限。当投资者在100元做空一个资产的时候，他需要付出100元的资金成本。当这种资产价格跌到0的时候，他的获利也只不过是100/100，就是100%而已。但是，如果这种资产的价格上涨到1 000，那么投资者的亏损就是10倍。潜在的亏损和潜在的盈利趋近于无穷大，这种交易绝对不是价值投资的理想标的。

而这种潜在风险无穷大、潜在收益最高只有100%的特质，导致投资者很难对一笔做空下一个重注。从反面的例子来说，指数基金的潜在最大收益很高，香港恒生指数、标普500指数等指数从一开始到现在都有几百倍乃至更多的涨幅。即使是成立时间较晚的上证综合指数，从基期的100点到现在也有几十倍的涨幅。只是由于早期涨幅太大，导致后来很长一段时间涨幅不大而已。但是，指数基金的潜在最大风险是很小的，绝对小于100%，在估值低廉的熊市中更是如此。

因此，即使一个投资者重仓乃至满仓指数基金，只要基金公司不出问题，指数基金的投资方法本身并不会给投资者带来破产那样的巨大风险，充其量产生一些跟踪误差、没完全跟上指数而已。但是，做空不一样，其风险可能远远大于收益。因此，对于一个做空的标的，投资者很难集中仓位进行投资。而价值投资的精髓之一就是，对看好的标的下重注。

做空并不只在算数理论上会带来损失远大于收益的结果，在实际市场中，这种算数理论经常会变成现实。被做空的资产，其价格高于价值的原因，往往出于一种谬误，包括投资者定价的谬误、资产本身的谬误，等等。一种谬误一旦产生，往往会变得巨大，即使这种巨大的谬误已经远远超过市场本身的内在价值。看看2000年纳斯达克的泡沫和1980年代日本房地产市场的泡沫，你就会明白。

一旦做空一个标的失败，投资者往往会面临巨大的而不是小规模的失败。巴菲特曾说，他和芒格在过去多年中，曾经看空过大概

100个公司。假如他们对看空过的公司都进行交易的话，那么他们恐怕早就破产了，尽管他们几乎每次都看对了。“泡沫是人性的一部分，没有人知道一个泡沫什么时候会爆破，或者涨了多少以后会爆破。”巴菲特这样描述自己对做空和泡沫的看法。

由于一个谬误往往能持续非常长的时间，长到足够让做空它的人破产，因此对于做空的投资者来说，时间并不是他们的朋友，而是他们的敌人。反之，对于长期价值投资者来说，时间是他们的朋友。在做出了正确的交易决定以后，他们只要安静地等待投资兑现即可。但是，对于做空的投资者来说，时间拖得越久，对他们越不利。因此，做空的投资者既要看对长期的价值和价格之间的错配，又要在短期内有足够好的运气，这无疑是非常困难的。

巴菲特说，他在1954年（也就是他24岁的时候，那时候他的投资理念尚未成型）曾经有过一次非常糟糕的做空交易。“我在10年的时间维度里基本不会犯错，但当时我在10周的时间里错得离谱，而对于做空来说，10周是更关键的时间段：我的钱蒸发了很大一部分。”

做空还会面临的一个问题是持续攀升的成本。对于做多的投资者来说，他们的持仓是没有成本或者几乎没有成本的（香港市场需要收取一定的仓租费等持有费用，内地市场不收。不过，香港的费用其实非常低廉）。但是，做空的投资者却需要每年都交一笔钱，往往在几个百分点。这样，随着时间的拉长，做空就会变得越来越不划算。

话说回来，如果做空能够有一个很长的期限（比如30年，但是基本不可能），在亏损的时候不需要追加投资（绝对不可能），不用付出任何做空的时间成本（实际上也不可能），那么做空可以成为一个很好的价值投资选项。毕竟，许多时候精明的价值投资者几乎可以100%地否定一个资产的内在价值，找到那些必然落后于同行业竞争对手的企业，但是没有谁能对短期的价格波动有100%的把握。

由于做空存在种种问题，包括需要短期视角、潜在亏损远大于潜在收益、不能重仓等，做空交易并不是价值投资者应该喜爱的一种交易手段，即使它和价值投资一样，都以价格向价值的回归为出发点。而对于一些包含了做空的复杂交易，典型的像多空组合（同时做多和做空等量的两种资产），也很难仅仅因为把做空打包在一个交易中，就能完全规避做空的风险。

多空配套交易的问题包含了几个方面。首先，这种交易仍然包含做空，所以从原理上来说，做空可能导致的“亏损无限、盈利有限、无法坚持长期投资”的问题仍然在很大程度上存在。其次，这种交易需要同时买多和卖空，因此所使用的资金往往是单纯做多交易的2倍，也就导致其潜在回报率更低。再次，很多投资者为了增加多空交易的潜在回报率，就用杠杆来解决这个问题。但是，杠杆会带来更多的新问题，最典型的就是无法承受巨大的波动。如果我们看看当年美国长期资本管理公司的例子，就会更好地理解以上几个问题。1994年成立的这家“含着金汤匙”出生的公司，仅仅4年以后，就倒在了多空组合的交易上。

做空更糟糕的地方还在于：由谬误导致的资产价格上涨往往会

形成正反馈，使原本没有价值或者价值非常低的资产，仅仅由于其价格上涨就拥有了一定的价值。这种“由于价格上涨导致的价值增加”，其增加额不会超过价格本身（否则我们就得到发掘价值的永动机了），但也会大到足够让在低位做空的投资者亏光自己的赌注。

在巴菲特和乔治·索罗斯的理论中，我们不止一次看到这样的例子。在《金融炼金术》一书中，索罗斯曾经指出，20 世纪美国市场曾经存在的联合企业泡沫就产生了正反馈。企业发现通过收购可以得到更高的股票价格，因此就通过许多毁灭价值的方式（1+1<2 的企业收购）收购大量的企业。尽管这种收购不会增加整体的企业价值，但是对于收购方来说，由于是通过发行虚高的股票来进行收购，因此公司本身的内在价值会因为这种收购而增长（尽管增长的幅度小于收购付出的代价）。

巴菲特也曾指出，当一家内在价值只有 10 的企业，股票价格上涨到 100 的时候，它可以通过发行股票收购资产，把自己的价值做到 50。对于那些在 20 就做空的投资者来说，这无疑是最坏的消息：仅仅是由于价格的上涨，而不是投资者判断的失误，现在他们持有的空单对应的是一个价值远超原始做空价格的资产标的。

最后，还有一个原因使价值投资者不应该考虑把做空作为自己的投资手段。查理·芒格曾用半调侃的语气说：“做空是一件让人烦恼的事情，当你因为正确的理由（看到了价格和价值的错配）亏钱的时候，却会看到那些不在乎投资价值的人一路赚钱。你的人生不需要这样的烦恼。”从心态来说，做空会导致投资者因为正确的理由失败，而且是永远的失败。但是，对于价值投资来说，长期做多最多只会导致短期、暂时的失败，却不会导致永久的失败。从投资的心理健康角度来说，做空也并不算一个太好的选择。

所以，尽管我非常喜欢电影《大空头》（The Big Short），它非常真实地还原了一些最优秀的美国基金经理在 2008 年金融危机中的优秀表现，但是《大空头》所代表的投资方法却是危机重重的。我个人以为，这部电影虽然非常优秀，值得每个投资者仔细看五遍以上，但其中的投资方法却不应该简单地模仿。正如霍华德·马克斯先生曾经说过的那样，一项传奇的交易看似成功，但它是如此传奇这个事实本身就说明这项交易是非常难以做成的。

当然，做空机制是资本市场的一项重要制度。正是由于做空机制的存在，资本市场才有了双边博弈的力量，价格在整体上来说也更容易向价值回归，资本市场的定价也更加有效。而且，做空确实使得一些投资者可以采用更新的交易手段，构建出与传统价值投资并不相同的投资方法，从而给投资者带来更多的选择。但是，当价值投资者进行做空的时候，需要考虑这种交易手段和价值投资原理之间的相悖之处，从而谨慎制定自己的投资方案。

三个例子告诉你，投机者付出了多少代价

在投机的历史中，无数人相信自己的选择是正确的，他们相信自己的命运就在每次投机的选择中跳动。如果上一次投机失败，那么是自己的心态不好、下手不够精准、决心不够坚定，或者只是运气不好。（有趣的是，人们经常把自己投机失败归咎于一些性格上

的问题，似乎心态好的人就可以投机成功，而不是检讨这个方法的根本性问题。）在下一次投机中，他们必然可以下手更精准、运气更好。

投机者们频繁试错，不讲究细节，不在乎一城一地的得失，毕竟真正的投机大师只要做对几次就可以获得高额回报，为什么还要在乎那些细枝末节的成本呢？又有哪个叱咤风云的大将军会管几毛钱的小事？

但是，投机者们不知道的是，在频繁的交易中，在对投机所付出代价的“不在乎”中，他们不知不觉付出了巨大的代价。这种代价在每次交易中是非常小的，小到让不仔细的人感觉不到，小到和成功投机所可能获得的巨额回报相比几乎不值一提。但是，正是这“小小的”投机代价，日复一日地吃掉投机者潜在的利润，让他们离成功的投资回报越来越远。这里，就让我们看几个例子。

由于工作性质，我经常要走访各地的证券分公司和营业部。在交谈中，我经常为内地投机者们极高的换手率所震惊。在国际市场，大部分投资者信奉价值投资的理念，他们的股票仓位换手率每年很少超过 50%，很多甚至在 20%～30%。但是，内地个人投资者的年换手率在牛市中经常达到 50 倍乃至更高，很多以私募基金为主的机构投资者也经常达到几十倍的换手率。（注：本文成文于 2019 年 3 月。投资者的换手率在以十年为单位的长期里应该呈现一种逐渐下降的趋势，这里的数据代表当时的一般情况。）

50 倍的换手率会给投资者造成什么损失？让我们假设每次换手的手续费是万分之三，印花税按当前的行情是千分之一收取单边

（卖出收取，买入不收），那么每次交易是万分之五。绝大多数投机者经常采取市价成交而非限价成交，那么以一个 10 元的股票为例（10 元是目前 A 股股票价格的大致中位数），每次换手的摩擦成本就是万分之十（1 分钱除以 10 元）。三个费率加起来，投资者每次换手都会损失大概万分之十八的费用。就算我们把最后一项摩擦成本打个对折，每次交易也会给投机者带来大概万分之十三的损失。

万分之十三看起来很小，但是当我们把这个数字重复 50 遍时，在复利机制下，投资者每年会亏损 6.3%。而如果投资者每年的换手达到 100 倍（也就是每周全仓买卖各一次），复利亏损的数字就会达到 12.2%。要知道，上证综合指数目前的净资产收益率也只有大约 11.3%，而净资产收益率也是股票市场长期回报的近似值。这就意味着，投资者的频繁交易（对短期回报的赌博）从整体上来说，亏光了他们绝大部分的长期回报。而又有多少投资者能真正超越整体市场呢？

手续费带来的损失只是一个例子，让我们来看另外两个例子中透露出来的投机者为了交易付出的巨大代价。2019 年 3 月 21 日，上证 50ETF 基金收盘 2.784 元，行权价为 2.80 元，交易价格是 0.106 1。这个期权的到期日是 2019 年 4 月 24 日，即 34 个自然日以后。也就是说，投机者为了赌 34 个自然日（0.093 年）以后的上证 50ETF 会继续上涨（我们姑且忽略 2.80 元的行权价和 2.784 元的现价之间的差别），付出了 0.106 1 元的代价。

问题是，以当时财报计算的上证 50 指数，净资产收益率大约是 13.5%。这也就意味着，每 0.093 年以后，上证 50ETF 的理论平均上涨幅度应该是 1.18%（1.135 的 0.093 次方减去 1，就是按复利计算的每月上涨幅度）。而投机者付出的代价 0.106 1 相当于上证 50ETF 现价的大概 3.7%。为了 1.18%的平均涨幅，赌上 3 倍的价格，只是为了要赌某个月的涨幅可能大幅超过平均水平，这就是投机者所付出的代价。

让我们再来看看投机者们在分级基金 B 端上曾经付出的高昂代价。历史上，分级基金 B 端一度是投机者的宠儿。一个典型的分级基金会把一个净值为 2 的分级母基金平均拆成两个，1 作为 A 端，1 作为 B 端。A 端每年收取固定收益（通常在 5%左右）同时本金受到保障，剩下赚到的钱全部归 B 端所有，如果发生亏损也由 B 端承担，整个基金的管理费用也由 B 端投资者出，这笔费用大概相当于母基金净值的 1.5%。

对于 B 端投机者来说，这笔交易一开始看起来没有什么问题，B 端投机者用 5%的利率向 A 端投机者借钱，外加承担所有管理费用于投资股票。但是，当市场发生波动时，分级基金 B 端的价格有时会下跌很多（比如市场单边下跌，或者上涨以后导致分级基金不定期折算以后再行下跌）。更糟糕的是，投机者的投机导致 B 端的价格大幅溢价。最后，在 2015 年市场最狂热时，我们可以看到的一个经典的分级基金的结构是：A 端仍然是 1 的净值，有 0.75 的交易价格；B 端只有 0.5 的净值，却也有 0.75 的交易价格。

以 0.75 的交易价格买入 0.5 净值的分级基金 B 端，意味着什么？首先，投机者相当于以 0.5 的价格买入 1.5 的资产波动权利。但是代价则包含了几个方面：A 端投资者 5%的借贷利息每年会产生 0.05 的成本；而总净值为 1.5 的分级基金包含的管理费用，按 1.5%算，每年是 0.022 5，也由 B 端投资者出；这还不算什么，更糟糕的是，B 端投资者付出的溢价 0.25，如果按 3 年期算，每年还要折算 0.083。

三个成本加起来，每年 B 端投资者需要付出 0.156 的代价来取得净值 1.5 的分级基金的收益：这个代价相当于基金净值的 10%。我们知道，一般股票指数的长期增长约等于它的净资产收益率，绝大多数股票指数的净资产收益率也只在 10%左右。这就意味着，分级基金 B 端的投机者付出溢价以后，在长期的潜在回报几乎是 0。

更糟糕的问题在于，绝大多数分级基金包含保护 A 端投资者的"到点折算"条款。简单来说，这个条款意味着 B 端投资者取得的杠杆并不是永久的，会随着基金净值的大幅下跌被收回。最糟糕的是，在 2015 年的 A 股结构化牛市行情中（当时中小公司的股价表现非常优异，估值也被抬得极高。不过，很多优质蓝筹公司的估值并不算高），许多投资者是随着市场的火热才冲入分级基金 B 端中的，这就意味着他们的投资所对应的基础资产在经历了大幅上涨以后，估值已经相当高昂。结果，许多投机者在这次长期注定没什么赚头的投机中，在很短的时间里就赔了很大一笔钱。

以上的三个例子充分向我们说明了投机者们为了投机，付出了从长期投资来看多么高昂的代价。这种代价在价值投资者看来几乎高到不可想象，但是却在投机者们追求暴富的心理驱使下，一再被浪费。人们都说，投机像山岳一样古老，但永远不可能像山岳一般屹立。留下来的，只是由幻想与执着交织成的亏损的斑斑历史。

从日内波动率看情绪的变迁

从理论上讲，如果一个市场的参与者都100%理性，那么股票的价格波动应当只受基本面波动的影响。但实际上，市场情绪、涨跌趋势等因素也严重影响市场的价格走势。使用股票指数的日内波动率，可以很好地衡量一个市场的价格波动受到情绪因素的影响有多大。

简单来讲，股票市场开盘的时间只有几小时，而且绝大多数上市公司的公告都在收盘时间发布，许多有影响力的机构，比如中央银行、监管机构、统计机构，也选择在收盘时间公布政策和新闻。因此，如果一个股票市场的价格主要受基本面的影响，它的日内波动率也就是（盘中最高价－盘中最低价）/当日收盘价，应该非常小。

也就是说，理性的市场应该在开盘的时候，其价格就一跃到位，反映收盘时段的所有基本面变动，然后盘中由于没有新消息影响，波动应该不大。反之，市场在新消息很少的日内交易阶段大幅波动，就显示其受情绪影响更大。

以上证综合指数为例，1993—1994年草创阶段的两年中，其日内波动率的60个交易日异动平均数一度达到惊人的7.5%。2008年，这个数字最高达到4%，2015年年中则达到大约4.8%。

反观标普 500 指数，在 1982 年至今的数据中，其同一指标超过 4%只有 1 次，即在 2008 年曾经达到 5.6%。余下时间里，最大值仅在 1987 年达到过 3.4%（受到当年著名的日内大崩盘影响），以及 2002 年一度触及 3%。

而在比较平静的市场中，上证综合指数的日内波动率也远高于标普 500 指数。在 1998—2005 年、2010—2014 年这两个日内波动率比较平稳的、长期的时间段里，上证综合指数的日内波动率 60 日移动平均数的区间基本维持在 1%～2%。

作为对比，标普 500 指数日内波动率比较平静的时间则为 1991—1997 年、2003—2007 年、2012 年至今，其同口径波动率的区间基本维持在 0.7%～1.1%，比上证综合指数低了大概 40%。

也就是说，对于一个美国股票市场的投资者来说，他所面对的市场日内热点、领涨领跌板块、龙头个股这些现象，比 A 股投资者所面对的要少得多。他在开盘所看到的价格，在盘中更少波动、更容易维持到收盘。反之，A 股投资者看到的开盘价，常常在一日之中还会变来变去，给投资者带来无尽的遐想。

而从香港市场的历史来看，日内波动率会随着市场的成熟不断下降。从量化投资的角度分析，香港市场是一个趋势投资有效性不断降低的市场，其市场在过去几十年中越来越成熟，同时散户参与比例越来越小，机构投资者参与比例越来越大。而从日内波动率来看，恒生指数在 1980 年代到 1990 年代，日内波动率的 60 日移动平均值在市场平静时的波动区间在 1%～2%，与 A 股市场大致相当，而在 2000 年以后，恒生指数在平静时期的同一指标则下降到

0.8%～1.2%。

而从A股和美股的盘中波动率高低来看，在情绪化的牛市和熊市中，日内波动率往往更高。1992—1994年、2007年和2015年，A股日内波动率的60日移动平均值都达到一个非常高的水平。而在美国，1987年、1998—2002年、2008年、2011年也都达到日内波动率的阶段性最大值，这些时段无一不是价格剧烈涨跌、情绪大起大落的时刻。

也就是说，在这些情绪达到高潮的时刻，相对于平时来说，投资者不再满足于关注收盘后基本面的变动并在开盘的时候就一锤定音地下单，而是开始跟随市场的波动趋势操作，从而不管在A股还是美股都带来了相对自身更高水平的日内波动。在这种狂躁的日内波动下，投资者做出的投资决定往往在日后被证明是错误的，但是身处其中，没有多少人能忍得住。

而在这种情绪化的市场中，量化投资手段往往能赚到平时无法想象的钱。这主要是因为市场的癫狂导致日内大幅波动，因此价格和价值错配、不同产品之间的价格错配也都变得特别明显，没有人类情感的数量化投资手段就更容易找到投资机会。

值得指出的是，当前（2017年11月11日）上证综合指数的日内波动率60日均值达到了自身的历史低谷。目前上证综合指数的这一指标为0.7%，低于1992年以来的任何一个数值。尽管这一波动率指标不能直接预测指数涨跌，但它起码向我们表明，当前整体市场离狂热状态还差得很远很远。（注：本文成文于2017年11月11日，在之后的2018年，上证综合指数大跌24.6%，创下有史以来仅次于2008年的第二大跌幅。由此可见，日内波动率尽管是一个有趣的指标，能够反映市场在长期的逐渐变化，但这毕竟是一个短期的情绪化指标。直接依据一个短期情绪指标进行投资，显然是不可取的。）

为什么你不该预测市场的波动

如果有个人想学开车，到了驾校，负责教他的老司机告诉他应该怎么开，这人不听，一定要用自己的方法开，我们一定会觉得他太自信，自信到有点笨，驾校最后大概也不会发驾照给他。

如果有个人到医学院学给病人做手术，负责授课的老医生说手术要这样做，这学生说“不行，我自己有自己的想法，我不要学你那么做”，我们一定会觉得这个学生异想天开。让这样的人给病人动手术，换谁都得害怕。

到了股票市场，那些被历史证明是世界上最好的投资者，沃伦·巴菲特、查理·芒格、彼得·林奇、霍华德·马克斯，告诉我们，不要预测市场，你只要找到最有价值的投资标的，时间自然会带给你财富。其中，霍华德·马克斯先生的那句“不要预测，只要准备”（Don’t predict，prepare.）我最为信奉。但是，我们许多投资者仍然乐此不疲地试图预测市场，尽管这往往预示着一次又一次的失败。

举例来说，2018年，A股市场大跌，上证综合指数创下了有史以来的第二大跌幅（第一大是2008年）。在2018年底的时候，市场情绪极度悲观，几乎所有对短期行情有兴趣的投资者都认为市场很难有什么表现。

但是，2019 年头两个月的行情一下又点燃了投资者们预测市场的热情（注：本文成文于 2019 年 3 月 16 日）。经过了两个多月的市场大涨，只要我们稍稍留心一下当时身边的声音就知道，绝大多数投资者预测这种行情可以持续，不过，也有少部分投资者觉得市场涨了太多，肯定要回调。

但是，即使我们问再多的人他们对市场的看法，也很少能碰到一个人说："对不起，我承认并且接受我的无能，我不知道市场会怎么走。"每个人都突然变成了预测市场的行家里手，即使那些最伟大的投资者一再警告人们，不要试图预测市场的波动。

问题是，即使是三个月之前 2018 年底的短暂历史都足以向我们证明，99%的人（如果不是 100%的话）都没有预测市场的能力。如果我们真的有什么能力能够准确预测市场的话，那么 2018 年底也就是 2019 年开年的行情开始之前的那几个月，人们都在做什么呢？那时候有多少人肯定地说，2019 年开年市场会大涨一波？如果告诉我们一台手术只有 1%的成功率，我们一定选择不做。那么为什么在被事实教育无数次以后，投资者们还要选择去预测市场呢？

2018 年底，由于市场已经下跌了大约一年，投资者的情绪已经降到了冰点。那个时候，绝大多数人预测熊市还是会持续或者至少市场会维持"弱势震荡"，没有几个人嗅到上涨的气息，即使市场上涨其实就在眼前。如果投资者在 2018 年底的预测如此失败，那么为什么 2019 年 3 月也就是仅仅几个月以后，他们的预测就能变得准确起来呢？

其实，那些真正倾听自己内心的声音、作出真正科学预测的投资者应该承认这样一个事实：预测市场的波动是一件难比登天的事情，用什么理论都不行。市场涨得太多不一定是马上就要下跌的理由，但也许就会带来下跌。之前很好的趋势不一定会持续，但是它也不一定不持续。经济低迷的时候，说不定投资者会卖出股票。但是有时候经济太过低迷，投资者手上的钱没地方可去，他们也会炒一波股票。

就算你预测到了所有的事情，你也总不能预测老天爷的想法，就像巴林银行的尼克·里森没法预测日本神户大地震一样。在 20 世纪 80 年代那场摧毁了百年老店巴林银行的金融大投机中，压垮骆驼的最后一根稻草是神户大地震。而如果真的有人能准确预测地震的话，我建议他去做专业的地震预测师，那可比预测股市赚钱得多，对人类的贡献也大得多。

事实上，股市的短期波动受到太多因素的影响，想要罗列出这些因素，本身就不是一件容易的事情。糟糕的是，这些因素的大小很难像物理实验那样精准度量，你没法让人类社会从头再走一遍、让时间倒流，直到准确测量出你想测量的东西。但是，物理实验你可以重复无数遍，直至得到确定的结果为止。

更糟糕的是，每个因素对市场的影响也时大时小。想象一下女生在情人节的时候和体重刚上升了两公斤的时候收到一盒巧克力所表现出来的不同情绪，你就能理解我的意思。中央银行放宽货币政

策既可以理解为会导致流动性宽裕从而利好股票市场，也可以理解为经济足够糟糕的信号从而给市场带来利空。

最糟糕的是，这些影响市场的因素，它们之间还会互相影响：流动性多了货币政策就会收紧，货币政策收紧了消费就会下降，消费下降了贷款就会减少，贷款减少了流动性就会降低，流动性降低了货币政策就会放松。想要把以上四个糟糕的点都摆平，绝对是一件最有挑战意义（几乎不可能）的事情。

但是，人类似乎天生就喜欢挑战几乎不可能的事情，却不愿意从最简单的事情做起。古代帝王们一直努力寻找长生不老药，而对自古以来就没有一个人成功过的事实视而不见：如果真有长生不老药的话，世界上就一定有些人已经上千岁了。现代人吃各种保健品和补品，却对最科学的养生手段嗤之以鼻，比如少抽烟喝酒、多运动等。那些往脸上贴面膜、手臂上涂护肤霜的人，也常常忽视窗外的雾霾，不愿意改装一套新风系统（尽管新风系统便宜得多、对皮肤的效果也好得多）。人们热衷于寻找工资最高的工作，却往往对提高自己的工作能力不怎么上心。

在股票市场，事情也是一样。尽管那些最伟大的投资者经常劝告今天的人“不要预测市场，你只要找到最有价值的投资标的就可以了”，但是人们仍然热衷于预测市场的波动，对寻找有价值的投资标的这样的事情几乎没有丝毫兴趣。

打开报纸、网站、手机 APP，大量的文章告诉你，市场为什么又上涨了几个百分点，下一只会上涨的股票是哪个，热门板块是哪些。但是，你很少能看到有分析说，现在市场上价值最高的标的是什么、估值情况怎样。打开数据终端，我们看到大量的数据分析精力用在分析股票的价格数据上，软件经常提供多达数百个技术分析指标让人们选择。但是，如果你想分析一下哪些公司的盈利能力最强、哪些估值最低，你就得下很大的功夫：这些数据没有什么人看，也就很难找到，你得自己花大力气把它们整理出来。

作为一个整体，如果人类社会在过去几千几万年中把互相争斗、抢夺、发动战争的精力都投入到对科学和技术的研究中，就像工业革命以来那些科学家所做的一样，人类的命运早就改变了。如果投资者肯听从那些被历史证明了的投资大师的话，把放在研究股票市场价格波动上的精力放在对投资标的价值的研究上，说不定早就成为有钱的投资者了：就像那些大师一样。我亲爱的读者，你现在还觉得你应该去预测市场的波动吗？

善战者无名：两组算式告诉你，在牛市里超越市场并不重要

有经验的投资者都知道，每次在牛市里，市场情绪亢奋，各种意想不到的股票一路大涨，涨的理由也奇奇怪怪，很多根本超出人们的想象：正所谓只有想不到，没有不敢炒。结果在牛市里，投资者跑赢市场非常困难。而人们的贪欲总比理智要多，在牛市里许多人的理想偏偏就是跑赢市场。

我曾经听到在保险公司投资部门工作的人，抱怨公司对自己的考核不公正，还编了个段子，叫“牛市考核相对收益，熊市考核绝

对收益”。所谓相对收益，就是牛市的时候，虽然大家都赚钱，但是考核部门却要求必须相对指数赚得更多才行。绝对收益则是指到了熊市，大家都赔钱，你只比指数好一些考核部门就不高兴了，得要你不赔钱也就是有绝对收益才行。当然，段子毕竟只是段子，几乎不可能有人做到牛市取得相对收益、熊市取得绝对收益，然后考核部门也就据此理直气壮地不给投资部门开奖金。

其实，对于那些长期业绩超越市场的投资者来说，在牛市中跑赢市场根本不是必不可少的。相比在牛市中取得超额收益，熊市中的超额收益也就是比市场少亏一些，是更加重要的。不信，让我们来看两个简单的数学算式。

假设一个市场第一年跌了20%，第二年涨了40%，这时候一个和市场投资水平一样的投资者得到的回报是（1－20%）×(1＋40%)－100%＝12%。

而我们假设一个投资者在熊市的时候比市场多赔20%，在牛市比市场多赚20%，这就意味着他在熊市赔了40%，但是在牛市赚到惊人的60%。那么，这个投资者的回报是（1－40%）×(1＋60%)－100%＝－4%，居然还赔了4%，跑输市场整整16个百分点。

但是，如果一个投资者在熊市少赔20%，在牛市又少赚20%，那么他会在第一年里不赔钱，第二年里赚20%。这看似平淡无奇的业绩加总得到的总业绩是20%，比市场好8%，比第一个投资者好24%。

而如果我们让第一个投资者更激进一些，在熊市比市场多赔

60%、牛市多赚60%，那么他第一年会赔80%、第二年则会资产翻倍。但是，这位投资者最终的整体收益是-60%，本金都赔掉一多半，遑论盈利。

这个算式看似简单，却揭露了一个真理：投资者想要在长期跑赢市场，根本不需要在牛市的时候跑赢市场。他只要保证在熊市的时候亏得比市场少，那么牛市的时候哪怕跟不上市场，也没有问题：他会在长期取得超额收益。

这个简单的算式和人们的直观感受往往是相反的。不少投资者觉得，做投资就是赌，熊市里多赔一点有什么关系？只要抓住牛市就可以了！（就像上面例子中那个牛市里资产翻倍的投资者一样。）结果，许多人虽然在牛市赚了不少钱，甚至抓住了无厘头上涨的大牛股，赚的比市场还多得多，但是因为买入的资产没有基本面支撑，在熊市里亏得太惨，结果长期一算，业绩就像第二个算式计算的那样，严重跑输市场。

既然牛市的超额收益远不如熊市的超额收益那么重要，那么大众为什么会形成“熊市亏钱不要紧，牛市赚得多才是王道”这种错误的印象呢？在这种错误观念的形成过程中，传媒和情绪的力量不可忽视。

绝大多数投资者并没有持续学习投资知识的习惯，而是传媒和市场情绪给他们什么，他们就学什么，并且多给就多学、少给就少学，市场有什么热点就学什么，股市整体热就关注股票，楼市热就看房子，而到了熊市很多就干脆不关注。就像最近一个段子说的：“今天我认真学习了网络切片、异构计算、数字孪生三个黑科技概

念，昨天刚理解了泛在电力物联网，上周的边缘计算已经轻车熟路，4K 高清什么的就更不用提了。”（注：本文成文于 2019 年 4 月，此处所列都是当时的市场热点。）

结果，尽管在牛市中赚取超额收益远不如熊市中赚取超额收益来得重要，但是很多投资者对市场的印象都是在牛市中形成的：他们在熊市中根本不理会市场，有的连账户密码都忘记了。结果，错误的传媒宣传时点和错误的情绪感知导致这些投资者错误地以为牛市是更重要的时刻，在牛市中赚钱远比在熊市中少赔更重要，尽管这种印象是和数学算式完全相反的。

对于这种“牛市赚吆喝，熊市见真章”的现象，中国古代有句话讲得很好，“善战者之胜也，无智名，无勇功，故其战胜不忒”。这句话出自《孙子兵法·军形篇》，意思就是说，真正会打仗的人，打的胜仗听起来不是很高明，也没有什么大的功劳，但正是这样的人，战辄必胜。

“善战者无名”的优秀历史案例之一，莫过于太平天国末期湘军与太平军的交战史。研究过太平天国战争史的人都知道，在太平天国末期，太平军仍然打了不少漂亮仗，其中屡破清军江南大营和江北大营更是运动战中的典范。相反，曾国藩率领的湘军却很少有可圈可点的大胜仗。但正是屡屡大胜的太平军，在盛名之下却输给了步步为营、小胜不断的湘军。盛名之下却无实效在这个例子中可见一斑。

在我们的资本市场上，事情也和一百多年前的战场一样。每当市场走高时，投资者的情绪就开始亢奋，人们对那些收益率远超市场的人赞叹不已，对赚钱比市场少的人则嗤之以鼻。当一些久负盛名的投资者在牛市中的业绩劣于市场时，人们就以为他们遭遇了滑铁卢，没有跟上市场上涨的步伐：就像《巴伦周刊》曾经在科技股泡沫中嘲笑沃伦·巴菲特连续几年都跑输市场那样。殊不知，牛市中的超额收益远远不如熊市中的超额收益或者说更少的亏损更重要，而这些久负盛名的价值投资者之所以成名，恰恰是因为他们在熊市中亏损得更少，而不是在牛市中赚取得更多。

第四章

宏观的视角：人类经济进步史

人类经济进步史：投资者保持长期乐观的最重要原因

在这个星球已知的几十亿年历史上，没有任何一个时代创造了像我们这个时代一样繁荣发展的文明。从猿猴一路走来，人类社会的发展从无到有、由慢到快，终于进入飞速发展的阶段。现在我们的世界在每一年里取得的经济进步，放在以前要几十年乃至几百年才能取得。

这中间到底发生了什么？我们的经济和社会为什么突然能够取得突飞猛进的发展？我们这一代人凭什么过上了我们的祖先想都不敢想的日子？这一切，都被马特·里德利（Matt Ridley）先生写进一本精致的小书里：《理性乐观派：一部人类经济进步史》（*The Rational Optimist*：*How Prosperity Evolves*，中文版由闾佳翻译，机械工业出版社 2015 年出版）。

你过着古代贵族才能企望的生活

今天的许多人对我们祖先的历史并不了解。我们天真地以为，今天人类的生活就该如此。尤其当我们看一些不负责任的古装电视剧时，由于这些电视剧没有准确还原人类在几百几千年前的生活，我们以为古代的生活是那么美妙：那个时代的人似乎都穿着华贵的衣服，没有我们今天的污染、噪声，像今天的便利生活却似乎应有尽有。

实际上，今天我们视为理所当然的生活是建立在人类几十万年不懈努力之上的。我们今天视为理所当然的几乎任何一样东西、任何一种制度都不是天然形成的。在《理性乐观派：一部人类经济进步史》里，里德利对此打了这样一个比方：今天在世界成熟经济体里，任何一个普通人过的日子，放在古代都是贵族乃至君主才会有的生活，是“路易十四太阳王才会有的生活”。

你早上起来，打开灯，用电水壶烧一壶热水，只要花 1 分钟的时间按两个按钮就行。而在古代，这么点事情就得忙上半个小时，还得闻一堆油烟。如果你不想忙，就得有个仆人帮你做。

然后你打开手机，看到千里之外的母亲昨晚发来的语音留言，觉得很头疼，你妈又在管你。但是在古代，你可能一年都听不到母亲一句话，思乡之情会替代现在头疼的感觉：比现在短得多的人类平均寿命会让你甚至不知道亲人此刻是生是死。

早上你出门，吃到了一顿可口的早饭，可能是鸡蛋加火腿，可能是小笼包，也可能是新鲜的沙拉，这在古代都是平民没法天天吃到的食材。上午你在公司工作，感到很辛苦，抱怨生活为什么这样折磨人，但是你得知道，今天的工作比几百年前的工作要轻松得多。你不必一辈子面朝黄土背朝天种地，或者在塞外边疆用刀砍死你的敌人，再把敌人的耳朵割下来拿回去计算你的工分。

实际上，即使是士兵的工作，在今天也比古代轻松得多：现代战争中的死亡率大大低于古代，对士兵体力的要求也比古代低得多。今天的人们只要工作没有晋升空间，就会哼哼唧唧，但是在古代，一份工作如果不对你造成永久性的身体损伤，就已经很仁慈了。

中午你和客户一起午餐，你脸上堆着笑容，心里却一百个不开心。不过，要是放在原始时代，一个原始人怎么能和隔壁部落的原始人一起午餐呢？他们只要碰面，就会龇牙咧嘴、一千个提防：只求对方不要把自己杀掉。“没有一种其他的猿类，碰到陌生人（猿）之后，会不试着杀死他们。”里德利写道。今天我们走在街上、商场里，感到安全，不需要东张西望保护自己的身体，时刻提防野兽和隔壁部落的人把我们拿去当晚餐，这些都不是大自然给我们的。

下午上班的时候，你的牙突然开始疼，于是请假去看了一趟牙医。虽然排了个长队，还花了不少钱，但是牙医很快就帮你做了根管治疗，还帮你预约了之后的疗程，包括镶嵌一个人造牙冠。而如果在拿破仑时代，你可不一定能买到这么好的牙冠。那时候的假牙都是纯天然的，其实也就是从死人嘴里撬出来的，不但没有今天的假牙好用，而且买不买得到还得看运气：得看有没有人死掉，而且死的时候还得有一嘴好牙（这就意味着正常死亡的人，往往因为年纪大而不能作为很好的供体）。所以拿破仑战争时期，伦敦的牙医很是发了一笔财，战场上战死的可怜的年轻士兵们提供了很好的假牙来源。

晚上你拖着疲惫的身体回到家，塞上耳机听了一会儿在中世纪只有贵族才能偶尔听到的交响乐（虽然数字信号的音质比现场效果稍微差一点）。然后你饿了，又打开手机叫了个外卖：这在古代是有不少仆人的人才能享受的奢侈生活，但是现代科技和专业分工让这一切轻而易举。最后，你吃饱了上床睡觉，不用担心野兽把你从被窝里拖走，不用担心强盗破门而入，不用担心你的被子里有跳蚤：那可是一种折磨了人类几万年的小动物，只在这一百来年才基本绝迹，而它们能让你整夜都睡不着。

啰啰嗦嗦说了这么一大堆，那么，今天一个普通人的生活放在古代到底要什么人才能享受得到？里德利做了测算，今天普通工薪上班族的生活，如果完全以古代的条件来满足，大概要 400 个仆人才能提供。姑且不论这种测算到底是不是完全准确，我们可以十分确定的是，古代几乎没有多少人能享受今天人们的生活。

不信，看看中国历代皇帝的平均寿命就知道了。在柏杨先生所著的《中国帝王皇后亲王公主世系录》中，统计的 302 个皇帝的平均寿命只有 41.07 岁，大大低于今天人们的平均寿命。而在联合国 2015 年统计的 201 个国家和地区中，男性预期寿命最短（考虑到皇帝几乎都是男性）的国家是中非共和国，预期寿命为 47.83 岁，比中国历史上皇帝们的平均寿命长了将近 7 年。

人类天生的悲观情绪

不过，即使我们的社会取得了如此巨大的进步，大多数人仍然对今天的生活感到失望，对古代更加向往的大有人在。君不见，今天一个流行的词叫“穿越”，似乎穿越回古代就能解决今天的一切烦恼，全然忘记了孕产妇死亡率历史上曾高达百分之几十，而今天在上海已经下降到 1.15/10 万的巨大变革（2018 年数据，由上海市卫生健康委员会发布，这个比例即使在全世界也是一流甚至超一流的水平）。

“到底是基于什么样的原理，我们明明看到身后除了进步别无他物，却仍以为眼前只有堕落，再没有别的呢？”里德利引用英国历史学家、政治家托马斯·麦考莱（Thomas B. Macaulay）在《论骚塞的〈社会谈论〉》（*Review of Southey's Colloquies on Society*）里的这句话，作为对这种悲观情绪的注解。

这种悲观的情绪不光出现在我们对今天生活的抱怨上，实际上它弥漫在人们生活的任何一个角落。在短短一百多年的时间里，道琼斯指数已经从最早的几十点涨到 2019 年的两三万点，香港恒生指数则从 20 世纪 60 年代的 100 点涨到了今天的 30 000 点，上证综合指数也在不到 30 年的时间里从 100 点涨到 3 000 点，而且这些上涨都没有包含股息。但是，今天在市场上试图卖出股票以逃避短暂下跌的仍大有人在。即使是在估值低廉的时候，贩卖市场焦虑的分析文章也经常能获得巨量的点击。

市场和专业分工：经济发展的源动力

那么，究竟是什么导致了今天的人类社会如此发达呢？最重要的因素之一就是专业分工与市场。很久很久以前，远远早于亚当·斯密提出市场与专业分工理论，人类就发现每个人只制作某种东西，然后大家进行交换，效率远比自己生产所有东西来得高。

这种专业分工出现之早，经常令历史学家咂舌。在奥兹冰人

（Ötzi the Iceman，一具 1991 年在阿尔卑斯山上发现的有大约 5 300 年历史的冰冻木乃伊）身上，历史学家们发现了一个极其复杂的史前人类文明的缩影。奥兹冰人随身携带的铜斧、弓箭及复杂的衣服和鞋子，不会是只来自一个人甚至几个人的工作结果。

专业化的分工使得人们可以开始缓慢积累各个方面的专业知识，而市场的出现使得人们可以更加专业化。人类慢慢从一小撮一小撮单独的群体，演变成了一个互通有无的巨大的创新网络。一个人的发明，无论是对石斧和弓箭的小小改进、发明了一种新的编织方法，还是挑选出更好一些的种子，都会通过这个网络传递给别人。"现代人的大脑没有什么特殊的地方，造就不同的是他们的交换网络——也就是他们的集体大脑。"里德利这样分析。

里德利引用了一项对澳大利亚周围居住着土著居民的小岛的研究。这项研究里，在澳大利亚最南端一个叫塔斯马尼亚的小岛上，曾经生活着 9 个部落 5 000 多名靠狩猎采集为生的土著人。由于巴斯海峡把这一小部分人和澳大利亚本土的土著人隔绝开来，他们也就天然地被隔离在了澳大利亚本地土著人曾经组成过的巨大市场之外。

由于太少的人口不足以支持足够的专业分工，塔斯马尼亚人陷入了隔绝状态。当欧洲人第一次接触岛上的土著人时，这些人"不光没有掌握大陆亲戚的许多技能和工具，还丧失了自己祖先曾经拥有的不少技术。他们没有任何类型的骨质工具，比如针和钻，没有御寒的衣物，没有鱼钩，没有把手类工具，没有刺矛，没有渔网，没有投矛器，没有回旋镖"。

今天，当那些真正了解历史的人惊叹于人类社会的繁荣时，他们一定不会忽视这个世界的贸易之繁荣。今天的世界贸易是人类文明在几千几万年以来都不曾有过的繁荣。人类社会第一次在全球的概念上被穿梭的商船、飞机、互联网等连成了一个巨大的网络。中国人使用硅谷研发的新技术，美国人则享用中国制造的产品，欧洲人生产的机器和高级食品卖到全世界。人类的专业分工达到了一个前所未有的高度，而我们的繁荣也创下了历史纪录。

技术进步永远改变了世界

李光耀先生曾经说过："人通过技术征服自然，技术永久性地改变了世界，其影响力远远超过了政治领域、意识形态领域的变革。对你们这一代人的生活影响最大的因素就是科技变革的速度不断加快。"在这个世界上，技术对人类文明的发展起到了极端重要的作用。

要知道，每当一项新技术被发明出来，人类社会就不会再把它丢弃（除非出现上文中提到的小部分人被隔绝开来的情况）。发明了钢铁的人不会回去再用青铜器，发明了互联网的人不会再回到写越洋信件的年代，发明了太阳能光伏板的人也不会忘记怎么利用太阳能。尽管我们的社会在经济繁荣和萧条之间来回摇摆，但技术的累积几乎是单向的。

从人类社会的发展历史来说，我们基本经历了几个阶段。这些阶段由原始到现代，由落后到繁荣，基本伴随着技术发现和学习能力的不断提升。在第一个阶段，人类和动物没有太大的区别，他们没有什么市场，也没有太多市场和专业分工带来的技术积累。在第

二个阶段，人类开始有意识地积累一些技术，原始的市场开始出现。但是，一些落后的观念阻碍了人们全力以赴追求这种技术的积累，提出日心说的人会被烧死，这个阶段跨越了几千几万年的时间。

到了第三个阶段，基本也就是以工业革命开始为标志的这个时代，人类更加有意识地开发、累积新技术。对发明家的产权保护上升到前所未有的高度，而宗教也不能再像烧死日心说的拥护者那样残酷对待发现新东西的人，火车也不再以“破坏风水”的名义被人们拒之门外。人类社会对待科技的态度发生了一百八十度的大转弯，由此开始，经济的发展一日千里。

至于第四个阶段，则是伴随着互联网的诞生，人和人之间的交流成本迅速下降到几乎为零。在清朝，皇帝派出一个视察边陲省份的官员，需要几个月的时间才能得到回复。今天，身在中国和身在地球另一边的人，开个视频会议也不过是点几下鼠标的事情。人类社会比第三个阶段更加紧密地联系起来，而和许多人担心的不同，这种联系是不可逆的：因为支持这种联系的技术发明不会被遗忘。

仓廪实而知礼节

也许有人会问，难道不是人类的道德和文明推动了社会进步吗？技术难道真的比道德文明更重要吗？实际上，秉持这种观点的大有人在。但是，春秋时代的管仲就用两句话对这个“先有道德文明还是先有物质技术”的问题下了结论：“仓廪实而知礼节，衣食足而知荣辱。”

当社会充满贫困的时候，我们如何能够指望政府廉洁而有效率？当人们连饭都吃不饱、冬天要挨冻的时候，我们如何能够指望他们能对身边的事情生出正义之心？如何能够指望他们能遵守法律？如果把全世界的社会发展指数和富裕程度做一个对比，你会发现越是富裕的国家，道德水平往往越高。

在《理性乐观派：一部人类经济进步史》一书中，里德利先生对“人类如何逃脱了马尔萨斯陷阱”这个问题做了客观的分析。所谓“马尔萨斯陷阱”，指的是人口学上一个著名的定律：物质发展之后，人口发展一定会爆炸，最后抹去物质发展带来的人均物质拥有水平，让大众的生活再次回到贫困中。

历史上，马尔萨斯陷阱曾经无数次地应验。而在动物世界里，这简直就是一个逃不开的魔咒：某个森林里，一年的果实大丰收，吃果实的松鼠就会繁衍更多，最后“松鼠均”的果实数量还是差不多。亿万年以来，无节制的繁殖导致动物的生存条件并没有明显的改善。

但是，工业革命以后，人类的物质文明第一次跳出了马尔萨斯陷阱。现在，在几乎任何一个发达国家，人口的生育率都降到很低的水平，其中很多甚至不足以维持社会的正常更替。为什么人们突然不愿意生育了？千万年来“多子多福”的传统突然跑去哪里了？

实际上，正是物质文明的高度发达导致我们的社会开始变成一个巨大的整体。过去，社会很多时候是以小家庭为边界的。这就意味着，当一个人年老或生病的时候，关心他的只有子女。社会既没有什么养老机构，也没有银行：他不能把钱放心地存在另一个地

方。个人的力量基本完全依附于家族人数的多少，而不是个人被社会赋予和保证的地位和财富。

但是，今天的社会则完全不同。人们可以放心地把哪怕再多的钱存在银行，而不用让自己的儿子看守银库。可以在生病的时候坦然去医院，而不用担心被趁火打劫：抢劫一个哪怕癌症晚期的人所背负的刑事责任，也不会因为被抢劫对象的衰弱而有一丝一毫的减轻。人类之间的互相协助在物质文明的繁荣下达到了空前的高度。而血缘的关系，开始变得不像比往那样至关重要。人类由此放弃了"越多越好"的生育传统，我们这个物种也就在这个星球上第一次跳出了马尔萨斯陷阱，个人的物质水平终于得到了永久的提高。

展望未来：资源与技术的博弈

也许有人会说："《理性乐观派：一部人类经济进步史》说的都对，但是人类正在耗尽世界的资源呀，那么等到资源用完的时候怎么办？"对这种理论，最好的反驳就是："石器时代的结束可不是因为石头用完了。"人类永远在发明新的能源和材料，而这种速度随着社会的高度发达和对科学研究的空前重视正变得越来越快。几乎可以肯定的是，石油时代的结束也不会是因为石油耗尽，我们肯定能找到更好的能源，比如更高效利用的太阳能、可控核聚变之类。

另一种悲观的理论来自现代社会对地球环境的破坏。但是，如果我们看看发达国家和欠发达国家的环境对比就会发现，经济进步其实最终会反馈给环境，而其对环境的破坏往往是暂时的。想想看，如果世界上每个地方的环境都保持得和瑞士一样，我们还会担心经济发展破坏环境吗？

事实上，里德利先生在书的最后精辟地指出，假设我们回到几十年或一百年前，试图预测今天的生活，我们几乎不可能成功。一个清朝末年的人会相信今天的上海市居住了2 000万人口，而且人们的生活不但没有因为拥挤变得糟糕，反而比清朝时期的紫禁城更加便利和舒适吗？（比如几乎每个公寓单元里都有洗手间，绝大多数人有空调，人均寿命比皇帝还要长得多——清朝的12个皇帝平均年龄只有53.2岁，现在上海人均寿命则超过了83岁。）一个1850年在加利福尼亚从沙子里淘金的人会想到150年以后，这片土地上最值钱的行业居然不是以光灿灿的黄金命名，而是以他手中流逝的沙子中包含的硅命名的吗？

掌握了市场和技术这两大法宝以后，人类文明的发展就进入了快车道，而且车速越来越快，完全看不到停下来的迹象。几乎可以肯定的是，我们现在的发展正处在加速而非减速阶段。我们的子孙后代会过上比我们好得多的生活，正像小诗《美丽新世界》（What a Wonderful World）里描述的那样："我聆听婴儿啼哭，我凝视孩童成长。他们所学必将远超我所知。我自忖道：好个美丽新世界。"而这，就是真实的人类经济进步史，也是投资者在长期保持乐观的最重要的依据。

被忽视的关联性：经济发展和人文变化的交互影响

在对经济和社会的研究中，很多人容易犯的一个错误是认为人文的东西就是人文，物质的东西就是物质，而忽视了两者之间的

关联性。

这种错误的出发点，会使人忽视科技和经济发展对人文发展的影响，把一些实际上是由科技与经济发展导致的人文变化误认为是某些特有的不变的人文特征，从而无法预见人文因为科技和经济发展而发生的变化。

举例来说，很长时间以来，不少人认为中国人就是没素质、爱占小便宜。的确，在很多细节上，刚刚富裕起来或者还没有富裕起来的中国人，平均来说是比发达社会的人更爱占小便宜。但是，这并不是中国社会人文方面所特有的不可改变的因素，而是中国社会过去没有得到足以和西方发达经济体匹敌的发展而造成的几代人的人文特征。

随着经济的发展，这种特征不会一成不变。一代代中国人变得越来越有钱以后，他们的心理模式和行为方式会逐渐发生改变。这种"中国人特别爱占小便宜"的人文特征正在逐步变化。举例来说，今天许多公共场所（如商场、高铁）的卫生间常常配有充足的卫生纸，而很少看到有人把卫生纸整卷拿走。而在 20 世纪 80 和 90 年代，如果公共场所这么做，不少卫生纸就会消失。

一卷小小的卫生纸所体现出来的细节，恰恰就是经济进步导致的人文改变。而经济进步，很大程度上来自科技进步。李光耀曾经说过，对人类社会改变最大的就是科技进步。在从古埃及时代到清朝的漫长的几千年时间里，人类社会并没有本质的改变，但是自工业革命以来，一个个社会却发生了巨大的变化。这种变化的体现形式是经济，而变化的根源是科技。

对这种经济环境导致人文特征变化的观察最经典的总结，莫过于春秋时代管仲所说的那句话："仓廪实而知礼节，衣食足而知荣辱。"一个社会中的人们并不是天生就知道礼节和荣辱的，而是在有了大量财富以后，自然而然就会开始重视更高层次的追求。

在《天朝的崩溃：鸦片战争再研究》一书中，茅海建先生曾经说到一个历史现象。19 世纪，清朝有一个时期叫同治中兴。一些资料夸张地记载，当时江浙一带能达到"夜不闭户"，就是大家太有钱了以至于没有小偷和强盗，晚上睡觉都不用关门。但是，茅海建指出，这种"夜不闭户"现象的来源并不是清朝整体社会的大发展，而是在江浙一带，由于太平天国战争造成人口大量减少，人均财富得到迅速提升，从而快速改变了人文社会的表现形式。

当然，这种经济发展导致的人文变革，在绝大多数时候，并不会像太平天国战争造成的社会财富改变那样，在一朝一夕发生。物质社会的发展往往是缓慢的，而由此带来的人文改变往往更慢。一个人的心理状态，往往在他年轻的时候，因为周遭的物质基础和人文环境而定型，而后就很难在他的一生中发生改变。

这也是为什么今天我们可以看到，很多中国的老年人虽然没有房贷、退休金也不低，但是依然非常节俭：他们年轻时候贫穷的物质基础决定了他们一生的心理状态。而他们的下一代由于经历了改革开放带来的迅速的财富积累，心理状态和老一代人之间差距如此之大，因此也就很难理解他们父辈的那种勤俭节约。

所以，这种物质社会改变对人文环境带来的改变，往往要经过几十年、几代人的时间，才能慢慢体现。这种改变的速度如此之

慢，以至于仅仅靠日常生活中的观察，我们几乎不可能感受到这种改变。但是，这种改变又是真实发生的。

记得2001年我刚到英国的时候，觉得我能从人们脸上读到的友善远比我在当时的中国社会读到的多。人们走在街上更加友好，也没有那么容易计较。但是，在今天的中国社会，我从日常生活中接触到的快递员、服务员的脸上所读到的友善也比2001年多了许多。而今天的中国人均GDP也已经比2001年增加了许多倍。

但是，有一次我阅读一本英文版的《美国经济史》时，里面19世纪美国工人的照片震撼了我。在那张照片上，我仔细端详每个人的面部表情，看不到曾经在21世纪初的英国社会所看到的那种友善，我看到的只有冷酷和算计。显然，一个世纪的经济发展改变了英美社会的人文构成，而改革开放带来的巨大社会财富积累也正在快速改变我们这个社会。

这种经济发展带来的社会人文变化，有些时候甚至能在城市里的动物身上看到。如果你仔细观察会发现，今天中国城市里的鸟和猫已经没有二三十年前那样害怕人，有的还会主动亲近人，要一点吃的。由于城市里的人越来越有钱，也就越来越容易对小动物表现出爱心。追逐欺负小动物的人在变少，时不时给一口吃的东西的人在变多。长此以往，连城市里动物和人的关系都在不断改变。

回到资本市场来说，资本市场里的“人文环境”，如上市公司的治理、投资者的素质、监管的成熟度等，也一样会随着社会经济水平的提高而改变。事实上，20世纪早期，美国股票市场的治理结构之差很难为今天的中国投资者所想象。但是，经过一个世纪的发展，今天的美国市场成为全球治理的典范之一。随着中国经济发展水平的不断提高，中国资本市场的软实力和市场治理也会逐渐改善。

对于理性的投资者来说，这种改变需要得到高度重视。和经济进步带来的缓慢的人文发展一样，这种改变的速度往往比较慢，至少比股票价格行情所反映出来的改变速度要慢得多。但是，这种改变又是确实发生且长期利好资本市场的。如果没有注意到这种变化，投资者无疑会错失投资机会。

更有意思的是，许多投资者不仅忽略了这种持续而缓慢的改变，更把当前的市场治理问题作为在熊市中不投资的借口。实际上，熊市中许多投资者不投资根本不是因为真正对市场的治理结构没有信心，而是因为股票价格低迷、心情沮丧，需要找一个情绪的发泄点：市场治理结构中一些不尽如人意的地方恰恰就成为替罪羊。

而等市场情绪一旦改变、股票价格一旦大涨，这种当时看似理性客观的对治理结构的批评也就烟消云散，不再被牛市中狂热的投资者所记起了。所以，分清投资中的理智和借口是一个至关重要的问题，恰如理解经济发展和人文变化的关系一样。

别猜什么时候是牛市

在资本市场上，非常多的投资者最喜欢讨论的话题之一就是什么时候有牛市。打开电视、报纸和手机 APP，你会发现这样的话题铺天盖地，而且往往都有不错的关注度。

许多人都说："知道牛市什么时候来多好啊，我现在不投资，等牛市来了再投资。而且呢，等牛市来了，我就可以不用只简单地买股票这样做投资，还可以加杠杆，可以买高弹性的券商股票，可以买结构化产品的劣后端（劣后端一般指收益优先、风险劣后，这样赚钱多，但是风险也大），等等。"看看，猜牛市什么时候来是多么美好的一件事情！正所谓："泽及宗族，利兼乡党，况子孙乎？"（语出《列子・杨朱》，意思是恩泽和好处可以帮助到哪怕是自己宗族和同乡的人，何况是帮助自己的子孙呢？）

但是，发财是一小部分人的事情，资本市场上人多的地方往往都不怎么赚钱。问"牛市什么时候来"，恰恰就是这样一个看似能赚大钱实际上赚不到钱的话题。的确，如果能知道牛市什么时候来，那么即使是三岁的孩子，点下鼠标也能赚到钱，何况知道那么多投资窍门的投资者呢？但是，问题的关键就在这里：谁又能准确地知道什么时候有牛市？

别猜什么时候是牛市，因为你永远猜不到。这个朴素的道理用理论不一定能讲清楚，让我们来看几个例子。

记得 2014 年秋天，人民银行曾经进行了一次不对称降息。所谓不对称降息，指的就是存款基准利率下降的少、贷款基准利率下降的多。而在这次不对称降息之前，银行股的走势并不太让人满意。糟糕的股价走势加上不对称降息导致的净息差缩窄，要说之后银行的股价能起来，简直没有几个人会相信。

所以，我清楚地记得央行调整利率的那个傍晚。我从昆明一家电影院出来，第一眼在手机上看到的消息就是一位看有色金属行业的资深同事的调侃：“你看你们策略组天天推银行板块，说是低估，现在怎么样？不对称降息了吧！”结果呢，就在那次不对称降息以后，银行股票的价格开始大涨，不少银行股的股价甚至在短短几个月里翻了两三倍。

早在2011年，当时分级基金A端的价格曾经在8月到9月之间展开过一次暴跌。这次暴跌非常无厘头，直到今天，我也没想明白当时价格下跌的理由是什么。但是，下跌的结果导致了投资者可以用极度低廉的价格买到分级基金的A端。当时，一个典型的交易是，投资者可以用6毛钱的价格买到一个净值为1块钱、每年分红6分钱的分级基金A端产品。无论从哪个角度来看，这个价格都约等于白送。

但是，即使对于一个白送的价格，这种资产到底什么时候会涨仍然是一个无解的问题。记得在2011年的国庆假期，有人曾经问我这种分级基金A端产品什么时候会涨，我的答案是不知道，正如我不知道它为什么会下跌一样。我唯一知道的是，用6折的价格买入一个资产，而且这个资产每年还会返还买入价格10%的分红，简直是一件天大的划算事。

结果，2011年的国庆节一过完，当时市场上的分级基金A端价格就开始大涨。但是这种大涨的理由是什么，没有人知道，正如没有人知道它为什么下跌一样。而人们既然没有预料到基金价格的下跌，很显然地，也就没几个人预料到它的上涨。

对于证券公司和基金公司的研究员来说，客户最喜欢的一个问题就是：虽然这个东西很有价值，但是价格的催化剂在哪里？每次

别人问到这个问题，我的答案往往是：我不知道催化剂在哪里，但是我知道这个资产有价值，上涨是早晚的事情。不过，这种答案往往不受人待见。大家希望得到的是一个确定性的答案：这个资产的价格什么时候会涨，牛市到底什么时候会来。

在2016年2月和2019年8月的香港，股票市场就清楚显示了这种由极高价值带来的上涨，往往是不需要催化剂或者说不依赖于催化剂的。在这两个月，香港股票市场显示出了极低的估值。不论相对自身历史还是全球横向比较，这两个时点上的估值都便宜到无与伦比。而之后的价格上涨，也并没有明显看到催化剂的作用。这正如霍华德·马克斯先生在《投资最重要的事》一书中曾经说过的："有时候价格下跌本身，就是未来价格上涨的催化剂。"这种时候，投资者徒劳地探寻牛市什么时候会来、会因为什么来，是没有意义的。

"贾人夏则资皮，冬则资絺，旱则资舟，水则资车，以待乏也。"在投资研究中，我经常想起《国语·勾践灭吴》中的这段千古名言。商人夏天要买皮衣，冬天要囤薄料，天旱要造船，发大水要造车，就是为了等待趋势反转的时候。对于投资来说，"牛市什么时候来"其实并不是一个重要的问题。真正重要的问题是，牛市是不是终究会来，以及牛市来之前投资者要做好哪些准备。

技术封锁有助于中国长期产业升级

在传统经济理论中，国际贸易被描述成一种发达经济体和新兴经济体之间的等价交换。发达经济体生产自己更擅长的、技术和资本附加值更高的产品，新兴经济体利用自己较低工资的比较优势（说白了就是劳动力不值钱）生产技术和资本附加值更低、劳动密集度更高的产品。两者交换彼此的产品，大家都利用自己最好的比较优势，于是世界经济达到最优分工状态。

在这个理论框架下，中国生产一些劳动密集型产品去交换美国生产的芯片、电子设备、软件和高端工业品，是世界分工的理想状态。问题是，这个理论框架忽略了一个问题：全球发达经济体的数量很少，而新兴经济体的数量很多。这就意味着新兴经济体的定价能力很弱，发达经济体的定价能力很强。

熟悉市场经济规律的人都知道，一个产品的生产者越少，这些生产者的定价能力就越强。比如，为什么生产个人电脑芯片的英特尔公司能常年保持高达百分之几十的利润率？就是因为它几乎垄断了整个个人电脑芯片市场，即使同是美国公司、排在行业第二的AMD 公司都根本不是它的对手。事实上，如果不是因为反垄断法的存在，英特尔公司可能早已独霸整个个人电脑芯片行业，获得超高的垄断利润率了。当全世界只有一个生产者的时候，它自然是想给自己的产品如何定价就如何定价。

这种定价权的区别意味着，发达经济体在和新兴经济体合作时分配到的利润，是高于发达经济体产品的资本和技术附加值的。发达经济体可以利用它的产品供给更少的优势，定到高得离谱的价格。反过来，新兴经济体由于供应者众多，几乎没有抬升自己价格的能力，新兴经济体初级产品的利润率也就长期局限于成本线以上

一点点。

长期以来，大量的中国出口企业互相竞争，只能获得一两个百分点的利润率，就是上述理论最好的论据。这些低端产品出口企业在残酷的竞争中把利润率压到几乎为0的水平。而这种竞争的状况之激烈、效率之高，甚至出现国家刚给某个出口行业退税补贴，海外采购商马上就跑来要求企业降价，生生把国家补贴拿走的例子：你不降价可以，我从你隔壁的供货商那里拿货。

糟糕的问题在于，在两个因素的作用下，随着时间的推移，新兴国家想要在产业链上提高自己，变得越来越困难。

一方面，随着一些高端行业的技术不断累积，新兴经济体复制高端行业的难度越来越大。以个人电脑操作系统为例，1980年代苹果公司推出第一代基于图形界面系统的麦金托什电脑时，以及微软公司推出第一代Windows系统时，代码都非常简单，程序也很原始。但是现在一个Windows 7系统的代码就有5 000万行，算上设计时精简掉的代码，总设计代码量可能在1亿行以上（Windows 10系统更多）。而Google网络系统的代码据说有几十亿行之多。随着这些行业的不断发展，新兴经济体想在一个成熟的商业赛道上与发达经济体比肩，就变得越来越难。

另一方面，自由化的国际市场竞争导致新兴经济体几乎不可能用商业的方式追上成熟经济体。越是高科技、高资本附加值的行业（比如高端工业品、医药、半导体、软件和航空航天，等等），运输成本一般就越低，同时规模效应也越强，在软件应用等领域还会形成网络效应。低运输成本使一个发达经济体的产品，可以以相对产品价值极低的运输成本运送到世界各个市场。而强大的规模效应使先发者能够占据整个市场，并且通过不断将收入转投入研发来提高产品质量，拉大和竞争对手之间的差距。部分行业中存在的网络效应更使得后来者几乎不可能追上领先者。

在这种自由贸易的状态下，尽管新兴经济体获得了一定的利用自身比较优势换取的发展空间，但是在高端产品方面却和发达经济体越拉越远。由于发达经济体的高端产品质量领先、运输成本极低，新兴经济体在这些行业的竞争对手几乎无法从发达经济体的竞争对手那里获得市场份额。对于新兴经济体的消费者来说，既然海外产品的质量那么好，为什么要掏钱买本国的产品呢？过去几十年，中国市场的一些行业（如大飞机、计算机软硬件和高端医药），无不出现这个问题：本国消费者可以从发达经济体购买技术和资本附加值高的产品时，没有人愿意购买本国的产品，而本国的相应产业链也就无从发展。

但是，伴随着贸易战等事件所带来的技术封锁，却可能从根本上改变这一困境。在技术封锁的情况下，新兴经济体无法从发达经济体购买高端产品，消费能力只能涌向本国质量差一些的类似产品。当本国相关产业获得大量收入以后，它们就有足够的能力进行研发，而持续的研发投入会带来技术上的改进。这种正向循环会打破自由贸易下新兴经济体的高端产业困境，从而在长周期里培养发达经济体高端产业有力的竞争对手。

说白了，技术封锁在短期会造成新兴经济体的技术困境，带来短周期上的经济增长放缓，但是在长周期里会帮助新兴经济体进行

产业升级，增加新兴经济体的产业技术和资本附加值，为新兴经济体的高端产业人为地排除竞争对手。当前的中美贸易摩擦就是这种技术封锁的一个典型案例。

需要指出的一点是，这种封锁造成的长周期产业升级，对于越大型的新兴经济体，效果往往越好。对于小型经济体来说，过少的人口数量，比如只有几千万人，一方面无法撑起太复杂的产业集群，另一方面无法形成足够强大的国内消费能力。对于高端产业来说，金字塔顶端的行业往往需要大量的中下层行业作为支撑。比如航空行业，中层行业是大量的材料行业、电子行业，下层行业则是为这些行业的从业者提供衣食住行的行业，这样一个行业就需要巨量的人口基数。而这个高端行业的产出品，由于在早期缺乏足够的国际竞争力，只能依赖被技术封锁、无法买到国际高端产品的国内市场，因此过小的国内市场往往很难给早期的低质量产品足够的支撑。

但是，对于一个大型经济体尤其是中国这样体量巨大、人口众多的经济体，上述两个问题都不存在。中国的人口基数足以撑起任何一个需要巨大配套产业的高端行业，国内的消费能力也足以让一个处于初级阶段的行业卖出足够多的商品，有资金生存下去并进一步加大研发投入，从而形成正向循环：只要在这个循环的过程中，来自国际市场的高端产品竞争缺位即可。

所以，发达经济体对新兴经济体尤其是巨型的新兴经济体进行技术封锁，短期固然会给新兴经济体造成一定的困扰，但是从长周期来看，这种技术封锁恰恰把新兴经济体中高端产业需要面对的极其强大的甚至在自由竞争状态下几乎不可能打败的竞争对手排斥在市场之外，给新兴经济体的高端产业升级铺平道路。

对老龄化的误读

对于老龄化，很多投资者有一种发自内心的恐慌，毕竟社会上的劳动力越来越少，这一点本身并不是什么好事。但是，大众对老龄化的负面作用其实是过度解读的，比如“未富先老”的潜台词似乎就是“老了就不能富”。这里，就让我来解释一下为什么老龄化没有那么可怕。

首先，老龄化和生产力的下降没有绝对的关系。对老龄化恐慌的一个来源在于，自然地将劳动力输出和年轻人进行线性关联。但实际上，社会总劳动能力不光取决于人，还在很大程度上取决于机器和科技：后者的作用其实远比前者大得多。

举例来说，一个现代的挖掘机操作者，其生产能力可能达到几百个体力劳动者。而数字交换机的出现，则完全替代了接线员的工作：一个年轻的劳动力都不需要，就能达到以前几千个劳动力的工作量。

科技进步甚至导致今天的年轻劳动力所从事工作的强度和输出的工作小时数远远赶不上两百年前同样年龄的年轻劳动力。今天长江上一个年轻船长的工作时间，比冯玉祥在《我的生活》中描述的1914年汉中渡口的船夫的工作时间要少得多、强度要低得多，而产出的经济效益却是后者的成百上千倍。（“人家已经用飞机飞船在那里比赛行程速度，而我们的国家，却仍然沿用几千年前原始时代的木船。”）而你总不会认为，今天一个几百万人的城市，其GDP会比战国时代一个诸侯国更低吧？尽管后者由于战争和贫困，社会成员的老龄化程度比今天的社会低得多。

同时，由于更好的教育、更长的寿命、更优秀的健康水平，社会成员的劳动能力也在不断提升。我曾经听在瑞士做咨询工作的王雷先生说，苏黎世这座全欧洲最富有的城市，主要的产业是金融、资产管理、咨询、会计和财务服务和法律等。难道苏黎世的成功是因为劳动力的年轻吗？很显然，苏黎世的高端产业群是建立在极有经验、教育程度极高的劳动力之上的。随着中国社会的教育水平不断提高，人们健康状态不断改善，一个50岁的劳动力在将来所能发挥的作用甚至会远高于现在一个35岁的劳动力。

事实上，老龄化的重要来源之一恰恰是社会的发展。如果我们把全世界两百多个国家逐一对比，会惊奇地发现，老龄化几乎全部出现在富足、安定的社会。全世界七大洲里，老龄化最不严重的地方恰恰是战火横飞、传染病泛滥的非洲大陆。

这种现象背后的逻辑是，只有当社会足够安定，个体的生存保障不需要由家庭成员的数量决定，个体的生育意愿才会下降。同时，足够长的社会成员平均寿命才会导致老人占比增大。老龄化之于社会的安定繁荣程度，其实是一枚硬币的两面：我们很难只要一面不要另外一面。所以，与其对老龄化带来的劳动力人口比例减少感到恐慌，不如接受老龄化与社会安定繁荣共存的事实。

当然，中国的老龄化问题不仅来自社会的发展。有一些负面因素，比如过高的一线城市房地产价格导致生育率下降，大量人口处于流动状态导致的抚养能力下降等，也对老龄化起到了促进作用。不过，我们需要意识到，这些因素是和社会的发展共同导致老龄化，而不是仅仅由这些负面因素导致老龄化。要知道，中国的谋杀率在全球几乎排名倒数，而谋杀率的高低是衡量一个社会安定水平的重要因素。

事实上，老龄化也会从另外一些方面给社会生活带来有利的一面。老龄化程度更深的社会往往由于社会成员的成熟而更加安定。同时，年轻人的失业率也会因此降低，因为他们的劳动能力相对更加缺乏。还有，老龄化对人口的增长有抑制作用。而人口增长的放缓，会导致单位社会成员拥有的生产资料增多。要知道，工业革命首先出现在英国的一个原因就是，英国的人均生产资料出现了增加。同时，人口增长放缓，也会对环境和资源的压力进一步减轻。

总的来说，老龄化绝对不是一个一边倒的负面因素，它更多的是一个有正面也有反面的社会现象。它一般与社会的安定和繁荣共同出现，需要我们深入思考和研究。其实，在内地资本市场，每当市场大谈中国社会的老龄化之时，往往是市场下跌惨烈之时。其中的逻辑，更多的是因为市场跌得太惨，投资者需要找一个替罪羊，而不是真的仔细思考了老龄化的作用。这其中的微妙心理，亲爱的读者，你理解了吗？

实际与标准无风险利率的区别，以及前者实际下降带来的股市机会

在传统金融学理论中，无风险利率下行会导致风险资产估值抬升。理由很简单：无风险利率下降的时候，投资者在无风险状态下获得的收益就低，他们就越愿意进行投资。

这个逻辑没错，但是，人们在应用这两者之间的关系时，经常错误地定义了无风险利率。为了简单起见，或者是为了在长期容易找到可以简单追溯的数据，许多研究者使用某个特定期限（比如5年）的国债收益率、中央银行定期存款利率等指标，来定义无风险利率。实际上，这种标准的无风险利率并不是风险投资者在投资的时候真正感受到的实际的无风险利率。

简单来说，当一个投资者考虑是否投资股票市场的时候，他往往并不会想这样的问题："今天的5年期国债利率是多少？相对于1年期定期存款我应该投资股票吗？"对于普通投资者来说，5年期国债是生活中不太常见的东西，而许多中国投资者也不再把家庭的主要资产配置在1年定期存款上。

由于房地产已经成为中国居民最大的财富配置类别，因此对于绝大多数中国市场的投资者来说，生活中的实际无风险利率来自买房子的预期收益。在实际生活中，绝大多数投资者认为房地产是只涨不跌的，因此对于房地产的预期收益才是社会上绝大多数人心目中真正的"无风险收益率"。

在房地产以外，还有不少资产的收益率被投资者认为是“实际无风险的”。

举例来说，尽管许多专业的金融研究者对非法集资或者打着P2P旗号的金融诈骗行为嗤之以鼻，但是在老百姓的实际生活中，我发现这类投资实际上大行其道。（注：本文成文于2019年9月。）对于许多普通投资者来说，当他们参与到一个非法集资计划中时，在这个非法集资计划破灭以前，会得到每年20%甚至50%的“无风险回报率”。尽管这个回报其实是风险巨大的，但是对于参与其中的投资者来说，只要非法集资还没有爆仓，他们就认为自己得到了很高的实际无风险回报。而这种被很多投资者相信的实际无风险回报也在实际意义上影响了风险资产对投资者的吸引力。

这种标准的无风险利率和实际无风险利率之间的差别，曾经在1980年代的台湾资本市场上表现得淋漓尽致。1980年代，台湾市场的GDP同比增速和股票指数同比增速之间，曾经出现过明显的负相关关系。也就是说，经济越好，股票市场表现就越差，反之则越好。

这种现象虽然不符合“基本面决定股票定价”的金融学假设，却完美地符合了“实际无风险利率影响风险资产价格”的理论。当经济下行的时候，普通民众无法通过开公司和参与经济生活赚到太多钱，他们真正感受到的“实际无风险”在下降，因此资金涌向股市。反之，大家从日常经济生产中可以赚到不少钱，对回报率的要求也就更高，资金也就因此离开股市。

另外，这种标准的无风险利率和投资者感受到的实际无风险利率之间的差别，相对来说更容易出现在管制较多、不太成熟的市场。对于管制较少、市场机制较为成熟的市场，由于经济活动较少受到非经济因素的干预，比如审批干预、社会因素干预等，因此基准利率很容易传导到投资者身上，也就不容易出现标准无风险利率和实际无风险利率之间的差别。但是，在非成熟市场，标准无风险利率则更难传导到实际无风险利率上，而实际无风险利率也更多地受到来自其他各方面的影响。

在当前的中国资本市场，实际意义上的无风险利率正在显著下降。一方面，居民投资比重最大的房地产市场，其回报率正在下降，而来自草根的调研也大多显示，投资者对房地产的信心正在动摇，以前那种“房地产永远会涨”的信心正在消散。另一方面，由于政府积极干预非法金融活动，非法集资和诈骗现象正在减少。而由于广泛的金融安全宣传，越来越多的人意识到，社会上来路不明的金融集资活动虽然打着“年回报30%、本金安全”的幌子，但都是靠不住的。

在这种实际无风险利率持续下行的大背景下，中国股票市场的相对回报率无疑正在增加。而且，随着港股通的开放，投资者不应该只把目光盯在内地股票市场，在香港市场上市的优质、便宜资产也具有同等甚至更大的吸引力。

第五章

企业和公司：寻找企业真正的竞争优势

寻找企业真正的竞争优势

投资大师沃伦·巴菲特曾经说过，投资者最好寻找那些笨蛋都能管好的公司投资，因为公司迟早会遇到一个笨蛋来管理。话糙理不糙，投资股票最核心的要素就是找到好公司，而好公司要么含着金汤匙出生，要么需要一流的管理者。比如，史蒂夫·乔布斯就是超一流的管理者，苹果公司的发展历程证明了这家公司有乔布斯则进、无乔布斯则退。

但是，优秀的管理者可遇不可求。即使公司遇到了超一流的管理者，这个管理者能不能得到股东的信任和支持，能不能一直留在公司，甚至健康状况能不能保持下去，都存在不确定性。因此，在寻找一流的管理者之外，投资者如果能找到那些天然具有竞争优势的企业，那么无疑离成功的投资近了一大步。毕竟，巴菲特说过，对于那些特别难管理的企业、特别难赚钱的行业，即使是神仙都回天乏力。

那么，怎样的企业拥有竞争优势？竞争优势又应该怎样运用？布鲁斯·格林沃德（Bruce Greenwald）和贾德·卡恩（Judd Kahn）合著的《企业战略博弈：揭开竞争优势的面纱》（*Competition Demystified*：*A Radically Simplified Approach to Business Strategy*）一书给投资者提供了非常好的参考。

说到这本书，不得不提到两个人。一个是在伦敦管理着几十亿美元的全球股票基金的李剑锋先生。他曾经告诉我，这本书是他见过的分析企业竞争优势最好的书。在他的建议下，我买来英文原版，看了以后深受启发：很多我想过但没想太明白的企业竞争优势，这本书都说得清清楚楚。

另一个是望岳投资的南添先生。南先生一直致力于践行和推广价值投资，有一次我对南先生说："这里有一本讲企业竞争优势的好书，你要不要看？"结果南先生把我带到他办公室的一个墙角，那里堆着上千本该书的中译本。

原来，南先生早就觉得这本书特别好，但是想买却买不到，早就绝版了。打电话去机械工业出版社问，出版社说："这书你看吗？我们第一版印刷了 5 000 册，结果没卖完，你有兴趣吗？"感叹于好书没人看，南先生自己掏钱，让出版社加印了 1 000 册，囤在自己公司，逢人就送（也送了我一本）。可惜，这本书讲的东西太晦涩，我感觉他送了一大圈，还是没能成为畅销书。

阳春白雪，和者盖寡。在资产管理公司和证券公司工作十余年，我最大的感慨之一就是好东西永远没几个人看，好的投资标的永远没几个人买。比如做股票投资，绝大多数人干的事情是看技术图形、听消息、追热点，少部分机构投资者知道看一下最近两季度的财报，挖空心思想一想下一个财报有没有靓丽的地方。而只有绝少部分人会想，一家企业的长期竞争优势在什么地方，有什么点是它的对手无法战胜的。

说到企业的竞争优势，第一个经常见到的竞争优势就是规模效应。所谓规模效应，就是一个企业的体量越大，单位采购成本就越低，企业融资成本就越低，同时研发投入就越高，品牌知名度就越高，等等。结果，在同等经营效率的情况下，规模越大的公司就越容易碾压那些规模较小的公司。

以汽车行业为例，越大的汽车公司对原材料供应商的谈判能力就越强，也就越容易压价。同时，由于公司品牌大、知名度广，银行给的贷款和债券市场融资的成本等，利率也就更低。而由于公司资金充足，往往能养得起市场上最好的研发团队，也就能设计出最好的产品。同时，由于公司体量大，在广告上的高投入也更容易给消费者以购买的信心，广泛分布的销售网络和 4S 店也容易让消费者产生对品牌的信赖。诸多因素加起来，导致小的汽车公司想要碾压大公司，就变得非常困难。

保险公司也一样，大保险公司的融资成本更低，每张保单上负担的中后台部门成本更少，而由于公司更大，可以养得起更好的投资和管理团队（这些团队的人员薪酬往往都不菲），公司广为人知的品牌也更容易让客户产生信赖。

即使在科技行业，规模效应也常常产生巨大的竞争优势。英特尔之所以成为个人电脑时代最好的芯片公司，和芯片行业动辄几百

亿美元的投入是分不开的。而微软公司成功的秘诀之一也和一个操作系统巨量的代码有关：任何一个体量小一些的公司都很难雇佣如此众多的程序员，写出同等质量的操作系统。

需要指出的是，规模效应并不是没有边界的。一方面，有些行业天生没有什么规模效应，比如定制服装、定制皮鞋、文学作品、证券投资，等等。这些极度依赖个人手艺和个人技巧的行业（睿远基金的陈光明先生就曾经把自己比作一个选股的手艺人），更大的规模往往很难产生什么竞争优势。相反，过大的规模有时候还会带来“大企业病”，削弱手艺人的工作积极性。

另一方面，有些规模效应局限在一个地域或者一个小行业，跨越了这个地域和小行业的无限制的规模扩大不容易对企业有所帮助。比如，由于运输半径的限制，生产水泥的公司很难指望上千公里以外的子公司能产生什么规模效应。

第二个重要的竞争优势来自网络效应。对于卖雨伞的商店来说，每卖出一把雨伞就是一把雨伞，上一把雨伞不会带动下一把雨伞的销售。但是，淘宝网则会因为有不少商户，吸引来更多的客户，而更多的客户会吸引来更多的商户。腾讯公司的微信也是一样，有了100万人用微信，他们的朋友就会用微信，而更多的人用微信就会带来更多的使用者。

说到底，网络效应的原理和传销有点类似，都是利用更多的客户带来更多的客户，从而迅速实现规模的扩张。当然，前者是正常的商业规律，后者则常常突破法律的边界。需要注意的是，正是由于网络效应极其强大的扩张能力，在龙头企业后面的哪怕是第二名和第三名的企业，也经常被第一名的企业挤得没有生存空间。看看你的智能手机里，除了微信还有什么即时通信软件，你就会明白我的意思。

还有一个不算太强但有时候也会起到作用的企业竞争优势——客户的转移成本。也就是说，在一些特定的行业中，当客户因为种种原因习惯用某一家公司的产品以后，他们不愿意花时间去熟悉另外一家公司稍有不同的产品。

这种不愿意有很多原因，有口味上的不适合（比如美国客户对可口可乐的忠诚就是建立在口味上的），有学习新产品花的时间太多（比如让一个苹果手机用户学会安卓系统，就和让一个安卓手机用户学会苹果系统一样困难），也有一旦不使用一种产品就意味着和别人沟通会产生巨大的成本（比如一个区的公安局如果想用和市局不同的视频监测系统，就会面临巨大的兼容问题）。

一个常常被误认为会带来竞争优势实际上很难产生效果的商业规律是企业和企业之间的协同效应。很多企业认为，如果打通上下游，比如做户外服装零售的公司同时去经营一家线上户外运动组织网站，一家银行去接触同一个集团下面保险公司的客户，就会产生1+1>2的奇迹。但实际上，许多商业案例都证明，协同效应看似美好，其实很难实际产生作用。说到底，包子店自己也磨面粉，却很难比从专业的面粉厂那里买面粉带来更多的竞争优势。

企业的竞争优势还有许多，但是，如果一家企业找不到明显的竞争优势，那么这家企业就得陷入终极比拼：它们得永远不停地提高自己的效率，以取悦客户。就像我经常说的，如果你去一个城市

中最大的菜市场买菜，那么你基本上不用掌握什么谈判技巧：菜市场中每个摊贩相对边上的摊贩都没有什么竞争优势，他们唯一的生存技巧就是以尽可能便宜的价格卖给客户尽可能高质量的产品。

在这种情况下，企业管理者的个人素质就显得尤其重要：这不是说勤奋、敏捷、细致的高素质领导人能带来多么优秀的企业业绩，而是如果企业领导人不这么做，这种状态下的公司很快就会被击垮。

还有一种情况是，一个行业中有几个主要的参与者。这个行业本身有门槛，外面的资本不容易进入，但是已经在行业中的参与者则面临彼此之间的竞争。《企业战略博弈：揭开竞争优势的面纱》一书对这种情况做了非常好的分析，总结来说就是一句话：合则两利，斗则两伤。

这种情况下的企业，如果能保持心照不宣的合作（太直白的合作会违反法律）、彼此保持一个相对更高的利润率，那么它们都能赚到不少钱。如果其中一家企业开始以降价等方式抢客户，那么别的企业会反击。最后，先动手的企业抢不到多少客户（毕竟别人也会动手，大家的本事半斤八两），但是整个行业的盈利水平会下降，蛋糕会变小。

可惜的是，熟悉人类社会的人都知道，合作远远比竞争来得困难。以中国内地市场的证券行业为例（这是一个很难进入的行业），新开证券公司不仅需要经历漫长的审批流程，也需要巨量的资金投入。而在很长时间里，由于政策的限制，证券公司收取投资者的交易佣金维持在3‰的水平，这个佣金率曾经使得证券公司生存得挺舒适：彼此之间没有竞争性降价，外面的参与者又进不来。

但是，大概在2010年前后，随着政策限制的放开，很快有证券公司开始降低自己的佣金，企图从对手那里抢来更多的客户。竞争对手发现自己客户的流失是由于别人降价，立即开始做同样的事情。降低佣金谁不会呢？结果，几年以后，率先动手降价的证券公司并没有抢到太多的市场份额，但是整体市场的佣金水平却下降到了之前1/10乃至更低的水平，生存越发艰难。

总结来说，企业的竞争优势以及如何运用这种竞争优势，是一件非常复杂、非常精妙的事情。而对于那些掌握了这种分析方法的投资者来说，他们往往能够看透商业规律，在不确定的市场中找到长期优秀的投资标的。

从宋义之死，看企业的成功和失败

秦朝末年，天下大乱，各路反王并起，项梁、项羽也在楚地起兵，一路势如破竹。公元前208年，项梁连续大败秦朝大将章邯，志得意满，将骄兵怠。项梁手下有个人叫宋义，对项梁说："将军你这样得胜而骄、不做更多准备，而秦朝援军却在一天天增多，这不是好事啊！"项梁不听，结果秦军反攻，"抗兵相若哀者胜"（语出《老子》：故抗兵相若，哀者胜矣。意为两军实力相当，骄傲的军队容易失败，苦心凝志的军队容易获胜），楚军大败于定陶，项梁战死。

项梁战死，却成就了宋义。楚王觉得宋义料事如神，必然是军

神，就封宋义为上将军，统领楚国军队。结果，历史证明宋义这人会说不会做，拿到军权以后整天吃吃喝喝，不管士兵死活。结果，项梁的侄子项羽一怒之下，刺杀宋玉，夺得兵权，随后破釜沉舟渡过漳水，大破秦军。项羽由此威震诸侯，开始了西楚霸王那流星般璀璨又短暂的宏图大业。

宋义会说，但是并不会做。楚王错把一个只会说的人当成会做的人，犯了管理上的大错。所以，不论是一个人，一家企业，还是一只基金，在一个地方、一个领域、一件事情上行，不一定在另一个方面也行。在一段时间里行，不一定在另一段时间里也行。反过来说，在一个场合下没搞定事情，不一定代表在另一个场合下也搞不定。形成一个结果的原因有很多，我们得审慎地分析。

比如我们看到，从企业转型来讲，最近几年，很多房地产企业觉得地产行业不好做了，正好卖了房子，手上资金又多，就纷纷谋求转型。但是，转型者多，转得好的却少。（注：本文成文于 2017 年 3 月，彼时，许多房地产企业正谋求转型。）

仔细想一下，这个问题其实出在行业的差别上。房地产行业靠什么呢？过去十多年，中国房地产行业大跃进，谁贷款多、拿地多、选址好、开发快，谁就做得好。所以，好的房地产公司多半是规模大、运作好、周转迅速的企业，但不一定是特别精耕细作的企业，这一点拿到工业企业里就行不通。

工业企业发展到今天，已经在很多方面成为一个特别精细的行业。市场上做一个产品的厂子很多，你的产品要做得比别人好才能卖掉。或者说别人的产品做得比你好你就卖不掉。可是房子不是这样，两个小区，你说哪个的墙牢一点、隔热好一点，哪个就卖得好，好到对手抬不起头来，这不现实。所以我们从这里可以看到，行业之间的差别是很大的，一个行业的经验很难复制到另一个行业。

房地产行业的逻辑拿到投资行业也行不通。为什么呢？和房地产行业的大跃进、高周转不一样，投资行业很多时候不需要速度太快，甚至市场热的时候需要急流勇退，比如我们在 2007 年、2015 年市场特别热的时候，甚至会看到一些努力向投资者揭示风险的基金管理者反而赢得了长期的声誉。同时，投资行业需要精准的判断力和进可攻退可守的产业布局，这又和房地产行业要求的东西不一样。

另外一种情况来自行业周期对行业的影响。有时候我们会发现一些企业特别好、特别赚钱，但这不一定是这些企业真的特别好，也可能是一个周期正好上来了，比如供求的周期、产业格局的周期、原材料和产品价格的周期，等等。反之，有时候我们看到一些企业特别差，但它们可能是自己行业中最好的公司，只是行业这段时间真的周期特别低迷、产业格局特别差，公司的财报就表现得特别差。

问题是，冬去春来、夏逝秋至，好的行业有遭遇逆风的时候，差的行业一般也不会消亡，等参与者凋零得七七八八说不定还会来个绝地反击。这时，企业自身的素质高低就有决定性的作用。

比如这几年利润还不错的汽车行业、养殖行业和大家电行业。这些行业都有过利润特别差的时候，现在有的行业整合利润率抬

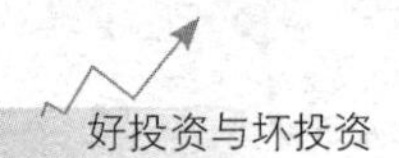

升，有的品牌树立溢价率升高。不过，这些行业都是强竞争性行业，有些客户黏性还不是特别强。如果哪天竞争又起，其中的公司是不是都能扛得住？（注：本文成文于 2017 年 3 月。）

反之，水泥、煤炭和钢铁这些行业属于典型的传统收缩型行业，企业资质千差万别，那些在行业寒冬中仍能生存、改进的企业，等到行业企稳的时候，又未尝不会交出靓丽的财报。

企业如此，投资研究也是如此。举个例子，我们经常看到，有些针对股市的量化分析选择的数据从 2005 年开始，比如说从 2005 年 6 月 30 日到 2016 年底，我们的模型涨了 700%，上证综合指数才涨 187%，我们很厉害，云云。

问题是，这里的模型和上证综合指数很多时候根本就不是一个东西。为什么这么说呢？从 2005 年到 2016 年，全市场的大部分股票估值抬升巨大，只有少部分蓝筹股估值抬升不多，而上证综合指数的主要权重却是由蓝筹股组成的。在上面这段时间里，蓝筹股占比不大的 Wind 资讯全 A 股指数上涨了 571%，中小板综合指数更是上涨了 877%。如果一个模型同期只增长了 700%，而选择的标的又多是中小盘股的话，其实不能算是一个好模型。

和模型一样，如果一只基金主要投资的是一个类别的股票，一段时间里业绩特别好，而同期另一个类别的指数涨幅不多，那么把基金的业绩和指数的涨幅做比较从而得出基金的投资潜力特别好的结论，也是有挺大问题的。我们需要更客观、更踏实地分析业绩的由来。

所以，我们在分析一次胜利或者一次失败的时候，在使用一次胜利的经验去复制下一次胜利、用一次失败的教训去避免下一次失败的时候，必须仔细分析其中的素材、过程、巧合、规律等，这样才能做出正确的判断。须知，今天的宋义不一定能带兵打仗，能带兵打仗的大将也不一定有宋义的口才。

最优秀的企业不在乎客户的口味

对于许多企业来说，市场调研是一个必不可少的工作环节。通过市场调研，企业可以了解客户的想法，从而生产出适合客户口味的产品。市场上也有不少相应的市场调研公司，比如全球知名的调研企业有尼尔森公司、益普索公司、捷孚凯公司等。这些公司往往会为客户提供详尽的市场调研报告，让企业了解消费者的具体需求。

在很长时间里，市场调研被认为是一个不可缺少的工作环节。很多大型企业都有自己的市场调研部门，这些部门和外部的市场调研公司合作，为产品设计和生产部门指引方向。可以说，对于许多传统企业尤其是消费企业来说，了解客户的需求必不可少。

但是，对于一些最优秀的企业，它们却恰恰不需要了解客户的口味。尽管这在传统商业逻辑中似乎是不可思议的，但是“不需要了解客户的口味”恰恰是一些最优秀的企业所遵循的工作方式。因为对于这些最优秀的企业来说，客户根本不知道它们能提供多么出色的服务，客户的口味也就变得无关紧要。最重要的事情是，这些企业需要制造出最优质的产品。

这种“优秀的企业不需要理会客户口味”的现象，最好的例子就是制造电子和软件产品的苹果公司。苹果公司的史蒂夫·乔布斯曾经说过，苹果公司不需要了解客户的口味，因为“客户根本不知道什么是最好的”。苹果公司需要做的就是做出最优质的甚至是超越时代的产品，然后扔给客户：你们爱买不买。

结果，苹果公司推出的一代代产品，包括苹果电脑、iPod 以及最近几年风靡全球的 iPhone，在其刚推出的时候，无不超越了当时市场主流的产品一大截。对于这些产品来说，在之前做很详细的市场调研、了解消费者的需求，是毫无意义的。因为对于消费者来说，这种跨时代的产品根本没有存在过，所以也就根本不可能通过调研消费者的口味得到多少有用的信息。

对于做搜索的谷歌公司来说，事情也是一样。在谷歌公司做出优秀的搜索引擎之前，没有人能想到，搜索资料会变得如此简单。在电子搜索引擎出现之前的很长时间里，人们都用分类法和主题词法等方法，对信息进行繁琐的分类和检索。对于当时的人们来说，几乎没人能想到，搜索竟然会在计算机的帮助下变得如此简单。那么，对于谷歌公司来说，进行市场调研、考虑客户的口味又有什么意义呢？

对于 4G 网络，事情还是一样。在 4G 网络出来以前，很多研究认为我们根本不需要 4G 网络，当时的 3G 网络已经足够。结果，4G 网络出来以后，短短几年时间，各种基于 4G 的手机应用就充斥了市场。为什么人们在 3G 时代不知道 4G 时代会有什么新的商业形态？因为在 3G 时代，这些新的业态还根本不存在。因此，在 3G

时代即使做再多的市场调研，也很难搞清楚4G时代的变化。

而在网络购物出现之前的20世纪90年代，几乎没有人能想到购物的形态会变成今天这个样子。如果在2000年也就是网络购物爆发的前夕做一个市场调研，问消费者“你们相信未来的购物很大一部分是通过网络达成的吗”，调研者一定会得到大概率上的否定结论。但是今天，淘宝网、京东、拼多多、亚马逊等企业已经占据了消费生活的一大块市场份额。

以上几个例子都出现在科技行业，事实上，科技行业并不是唯一“客户的口味对于最优秀的企业来说不重要”的领域。让我们再来看几个其他领域的例子，来说明这种商业现象。

以媒体为例，做过媒体的人都知道，想要最高的点击量和最大的阅读量，媒体从业人员就得被迫写一些迎合读者口味的东西。“明天哪只股票会暴涨”这种文章的阅读量一定比“两种商业模式的科学对比分析”要大得多。但是，最好的文章恰恰是当时没有多少人看的文章。如果对读者做个调研，“请问这篇文章符合你的口味吗”，最经典的文章往往得不到太高的评分。

历史上，司马迁写出《史记》时曾经说过一句话，要把这本书“藏之名山，传之其人”。什么意思呢？就是说这本书当时的人看不懂（肯定也就没什么点击量），他要把《史记》藏到山里，让以后能看懂的人去看。今天，《史记》成为中华民族的文化瑰宝，而那些吸引了很多点击量的文章大都早已不知去向。

在证券投资研究这个行业，事情也是一样。市场参与者最喜欢的证券研究往往是“短期市场热点分析”“最热门板块里的最热门

股票”“下个月市场怎么走”这类题目。做这类研究的研究者，也往往能得到最高的打分。但是，这种研究难道真的能帮投资者赚钱吗？在这个行业里，问投资者“你们想要什么样的证券研究支持”，大多数人给不出最好的答案。最好的证券研究往往是没有多少人看的。

而在资产管理行业，如果问投资者“你们想要怎样的产品，你们的投资口味是怎样的”，几乎可以肯定的是，调研员会得到这样的回答：“我们要在所有市场风格中都赚钱最多的产品。”而资产管理者为了迎合投资者的需求，也就创造出“全天候策略”“资产轮动策略”等新名词。

事实上，在所有市场风格中都赚钱，做到“全天候都赚钱”，是几乎或者说完全不可能的。一个投资者如果想要多赚钱，必然有自己对某种投资风格的执着。那么，在市场风向不偏向这种投资风格的时候，这个投资者的业绩必然落后。而如果想在各个风格之间做到无缝切换，熟悉资本市场变化莫测这个事实的投资者都知道，这是不可能的事情。

结果，执着于自己投资风格的价值投资者们，尽管在碰到不符合自己风格的市场逆风时，比如沃伦·巴菲特先生的1995—2000年、陈光明先生的2010—2012年、曹名长先生的2015年和2019年，既业绩表现得不尽如人意又无法满足客户的“口味需求”，但他们的长期业绩却大幅超越了同期的市场。

在发明电之前，人们认为蒸汽机就是世界的核心。在发明火车和汽车之前，马车统治了这个世界几千年。弓箭的出现曾经改变了只会用石头和木棒的人类，而玛雅人直到文明灭绝都没有学会使用轮子。在航空母舰统治海洋以前，人们以为巨舰重炮就是海战的不二法门。而在超视距空战的概念出现以前，驾驶战斗机进行空中格斗的技能被认为是统治蓝天的唯一手段，也是勇敢飞行员最重要的本领。人类社会总在前进，而那些做出巨大贡献的企业、技术和生产方法，在它们席卷这个世界以前，往往不被当时的社会所认可。

“有高人之行者，固见负于世。有独知之虑者，必见骜于民。”(《商君书·更法》)。二流的公司会努力了解、满足客户的口味，但是一流的公司对客户的口味没有兴趣。它们只会做出最好的产品，通过创意、研发投入、科学创新，让自己的产品远远领先于这个时代和竞争对手。而当它们的产品最终走向市场时，客户会发出震耳欲聋的惊叹，他们的金钱会给这些公司最丰厚的奖励。

领先与模仿：分析企业竞争时不可忽视的过程

在企业竞争中，有一条让人沮丧但又无法避免的规律，那就是一家企业能做的事情，绝大多数其他企业也能做。这就导致绝大多数新的发明、创造、改进，都会被竞争对手模仿，从而很快丧失优势。

大概是在 2018 年，我发现顺丰速运开始在手机微信上向客户推送客户寄出以及将要收到的快递的信息。这是一个非常好的做法，根据对人们心理的研究，绝大多数人最讨厌的事情就是“不知

道进程的等待”。也就是说，如果一个等待过程是漫长的、不知道什么时候才会结束的，人们的焦虑感会上升。

而如果清晰地告诉人们得等多久，就像现在银行叫号系统提示你前面还有几个人、红绿灯提示还有多少秒、公交车站牌提示公交车还有多久到站（通过站台联网和公交车自带的定位系统实现）一样，人们的焦虑感就会显著下降。所以，顺丰速运的这种服务极大改善了客户的体验。

但是，我当时就在想，这种服务虽然很好，但是有多难做到呢？它的竞争对手也许用不了多久就会学习这种做法。果然，在2019年年初，我发现中通快递也开始做一模一样的事情：在微信客户端提示客户，他发出和要收到的快递现在到了哪里。也许别的快递公司也在做，我没怎么用它们的服务，所以搞不太清。不过我相信，就算它们还没有做，估计很快也会做。

在充满竞争的市场中，这种现象一再出现。一家做登山鞋的企业发明了可以调整鞋带的绊钩，可以让穿鞋的人根据山路状况调整鞋带的松紧，这样在爬山的时候紧一点，鞋子就可以更跟脚，在平地的时候松一点，鞋子就可以更舒适。这个发明很不错，但是很快就被其他制鞋企业抄去：这用不了太多时间。

同样地，一家餐厅发明了用烧烫的石板在客人面前现场烹饪食物，一开始确实很卖座。但是用不了太久，也许是三个月，也许是半年，几乎全城同等规格的餐厅都会采用这种做法。直到有些顾客抱怨烹饪的油烟弄脏了衣服和头发，就又会有一些餐厅发明更好的方法，比如在石头板上弄个小型吸油烟机之类。

这种“你新搞的东西过不了多久你的对手也能学会”的商业规律，导致我们在判断企业的时候，一定不能只看眼前的商业状况，或者看到企业上市就立即给出高估值，我们要想得更远一些。

比如，一家服装企业靠一款爆款单品在某个季度突然收入大增，我们应该给它更高的估值吗？这种增长能持续吗？竞争对手能做出看着差不多甚至更好一点的衣服吗？也许它们这个礼拜做不出来，但是从设计到工厂生产再到出现在消费者面前，也许最多就用两三个月，不对吗？

再比如，一家科技部件生产企业拿下了一家大公司的订单，我们应该给它多高的估值呢？也许这家生产企业现在能拿到20%的利润率，但是它的竞争对手会接受5%的利润率吗？那家大公司也许现在急需这种部件，也许会答应20%的利润率，毕竟如果不答应，它的终端产品生产不出来，会损失更多。但是，半年以后，当有竞争对手抛出只有5%利润率的合作协议时，这家大公司难道不会更青睐低廉的价格吗？

以出租车司机这个群体为例，20世纪末期，开出租车是一件特别赚钱的事情。当时，会开车的人不是很多，加上出租车实行牌照垄断，出租车公司之间的竞争也不算很激烈，因此出租车司机的工资非常高，通常高出普通市民数倍。对于出租车司机来说，那是一个黄金时代。

但是，毕竟谁都想赚更多的钱，而开车这种技术其实并不是太难。结果，在过去的许多年里，随着会开车的人越来越多、汽车越来越多，出租车司机开始面临越来越激烈的竞争。

一开始是越来越多的人愿意当出租车司机，结果出租车公司就丧失了给员工加薪的动力。而随着汽车的普及和降价，出租车的收费也无法大幅上调。最后，全面普及的网约车又给出租车行业重重一击。结果，今天出租车司机的收入与20年前相比，并没有太大的变化。

在《企业战略博弈：揭开竞争优势的面纱》一书中，作者布鲁斯·格林沃德和贾德·卡恩在分析美国大型超市集团沃尔玛的竞争优势时，提到了沃尔玛在20世纪80年代，第一个使用条形码和扫码枪来识别货品，进行效率更高的商品识别。

在许多管理学的分析材料中，沃尔玛的这种行为都被认为是它成功的要素。毕竟，这个超市第一个使用最新的技术，而使用最新的技术难道不应该理所当然地带来更高的利润、为人们所称赞吗？

但是，布鲁斯和贾德指出，这种使用最新技术带来的领先优势并没有维持太久："沃尔玛是这些技术的购买者而不是制造者，任何沃尔玛可以购买的技术，它的对手也可以购买。"结果，没过几年，沃尔玛的竞争对手凯马特、塔吉特等超市集团纷纷开始采用沃尔玛率先采用的新技术。它们也许晚了几年时间，丧失了一点利润，但是沃尔玛在新技术上的领先优势并没有保持下去。

所以，当我们分析企业的时候，不能盲目迷信企业的领先优势。我们一定要考虑这些问题：这种领先优势能保持吗？企业的竞争对手会抄袭吗？现在公司的股票价格比较高，是因为市场给一个暂时领先的优势太高的估值，还是这个企业真的有别人难以超越的东西？只有这样，我们才能看清一家公司长期的发展前景。

警惕可能被技术更迭打倒的公司

价值投资的精髓，就是找到长期的好公司，以便宜的价格买入。但是，在寻找长期的好公司时，有一种情况是投资者要格外注意的。一些公司虽然现在看起来资质非常好，但是这种资质是建立在某种技术之上的。而这种技术，又存在可能被更迭的风险。这种颠覆性的技术更迭一旦发生，会给公司带来不可逆的、毁灭性的打击。

沃伦·巴菲特在选择公司时，非常看重公司是否有这种“不会被技术更迭一次性毁灭”的特质。在谈到吉列剃须刀公司（Gillette）时，巴菲特不止一次指出，每当想到所有男性早上起来都要刮胡子，他就感到无比放心。

刮胡子的需求不可能改变，刮胡子的技术路径也不可能改变：你总得用个小刮胡刀去刮胡子，不会出现共享刮胡子的工具，也不会出现互联网刮胡子或者大数据刮胡子。对于一个普通的刮胡刀公司来说，它是不会被技术更迭打倒的。

有些企业则处在“完全不受技术更迭影响”和“会受到技术更迭的毁灭性影响”这两个极端状态之间。以中国的煤炭行业为例，尽管从长期来看这是一个夕阳行业，其带来的高污染难以被社会接受，而且人们也不停地在研究新能源，但是对于中国巨大的能源缺口来说，除非研究出可控核聚变，否则煤炭很难受到技术更迭的毁灭性打击，尽管其他能源方面的技术创新一定会使煤炭企业的日子越来越不好过。从遭受技术更迭的毁灭性打击角度来说，煤炭行业的公司远远好过很多纯技术类的公司。

而 20 世纪曾经非常红火的柯达公司，则是一个被技术更迭完全打倒的例子。在数码技术发明以前，柯达公司在摄影行业的地位是无敌的。但是，数码摄像技术发明出来以后，胶片行业就慢慢走向了衰落。令人扼腕的是，数码摄像技术最早就是柯达公司发明出来的，柯达却没有抓住这波浪潮。

需要注意的是，给公司带来毁灭性打击的技术更迭往往不是一蹴而就的。新技术在早期往往不够成熟，因此它对使用原有技术的公司的打击，往往不是一上来就能完全体现出来的。但是，随着新技术的不断发展，旧技术的阵地会慢慢被侵蚀。所以，投资者要能看到新技术的发展，而不是以“现在新技术也不怎么样”来否定未来可能发生的、不可逆的技术更迭。

以柯达公司来说，在数码摄像技术出现的早期，数码摄像仍然无法对抗传统的胶片技术。数码相机很贵，像素也不是很高（早期几十万像素的机器让人感觉非常糟糕），这些都导致数码摄像无法立即取代传统胶片技术。但是，随着数码摄像技术的不断发展，像素越来越高，机器越来越便宜。最终，数码摄像技术完全取代了胶片技术，柯达公司也就离开了历史舞台。

再以热兵器里的机枪为例，机枪刚出现的时候，很多问题让机枪无法立即取代传统的单发式步枪。早期的机枪太大，重量和一门小炮差不多，移动非常费劲，机械太复杂经常卡壳，子弹也太贵。当时，很多军官都认为：“杀死一个人用一颗子弹就足够了，为什么要用机枪这种既耗费子弹又打不准，还老是会坏掉的东西呢？"结果，随着技术的不断进步，机枪的体积越来越小、重量越来越轻、性能越来越稳、卡壳越来越少，而且随着工业的发展，子弹越来越不值钱，士兵的性命却越来越值钱。结果，机枪在战场上的作用很快就全面超过了传统步枪。

在第一次世界大战的索姆河战役中，参战双方伤亡的 134 万人中，很大一部分是由机枪导致的。有人这样描述当时的战争惨状："战士的尸体像田野里的干草一样，一片片被机枪割倒。"后来，随着技术的继续进步，小型的连发式武器配备到了每个士兵。到了今天，我们只能在仪仗队里见到传统单发式步枪了。

从 19 世纪中期人类设计了世界上第一款机枪，到 1916 年机枪在索姆河战役中大放异彩，机枪的崛起用了 60 多年的时间。而如果从第二次世界大战结束以后，连发轻武器普遍装备到部队计算，连发轻武器取代单发武器这个过程居然花费了 100 年的时间。这种缓慢的替代过程是随着人类工业的逐渐进步、生产力的不断提高而一步步推进的。而这种缓慢的替代过程也经常出现在很多其他的技术替代路径中。

对于技术更迭带来的毁灭性影响，受其影响的公司并非完全没有机会改变命运。这种机会一方面来自以上指出的技术更迭的时间跨度，另一方面则来自公司本身的资质。一般来说，在上一个技术时代领先的公司往往拥有超强的研发能力和巨大的资金储备。如果这些公司能够抓住机会、迅速拥抱下一个技术时代，那么它们往往比其他企业更具研发能力、资金储备和市场名声方面

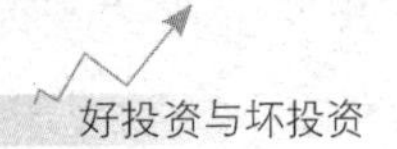

的优势。

就像上面提到的，数码摄像技术最早就是由柯达公司发明的，而柯达之所以可以第一个发明数码摄像技术，和它在传统摄像行业的强大研发能力是分不开的。

再让我们来看一看美国电话业巨头美国电话电报公司（AT&T）的例子。AT&T 在 20 世纪是美国电话业的老大，在人类以电话为主要通信手段的时代，这家公司屹立了 100 多年。但是到了 2000 年前后，人类的通信手段开始从传统的电话转向移动电话和互联网，AT&T 开始遇到 100 多年没有遇到的技术更迭。

在《浪潮之巅》一书中，吴军先生对 AT&T 的案例做了很好的分析：本来，AT&T 有充足的资金和领先的无线技术研发能力，完全可以走在世界移动通信的前列，和新一代公司放手一搏。但是，在 20 世纪 90 年代末期的科技股大泡沫中，AT&T 发现把自己的业务分拆上市会赚到更高的估值，于是 AT&T 把自己拆成了几块。问题来了，分拆以后的长途电话公司没有在新技术时代发展的潜力，移动电话公司则没有资金支持研发和扩张。结果，AT&T 虽然坐拥强大的资金实力和研发能力，却没有抓住新技术的浪潮，被技术发展的历史永远甩下。

从 AT&T 和柯达公司的例子里我们可以看到，当技术发生更迭的时候，上一个技术时代的公司并非注定要没落。上一个技术时代的公司，往往有巨大的资金储备、对本行业强大的研究能力、良好的市场声誉和关系网，它们只要转变观念、抓住新技术并重金投入，就完全有实力在新的技术时代继续保持优势。

但是，观念恰恰是这个世界上最难改变的东西。同时，技术更迭的复杂程度又经常超乎人们的想象。因此，我们看到许多优秀的公司在技术更迭时被无情地打倒。对于投资来说，由于抓住技术更迭的概率远远小于被技术更迭打倒的概率，因此投资者要格外警惕那些可能被技术更迭打倒的公司。而这，也许就是巴菲特先生不愿意投资严重依赖某种不稳定技术的公司的原因。

论经营效率与企业战略孰轻孰重

分析企业的竞争时，我们习惯性地寻找奇思妙想、高瞻远瞩的企业战略。但是，很多时候我们忽视了，对于绝大多数企业、在绝大多数竞争领域来说，企业的经营效率才是最重要的企业战略。

对于企业战略的研究有一个假设，就是如果企业所在的市场是完全充分竞争的，那么无论企业如何提升效率，所带来的超额利润都是短暂的。竞争对手会迅速学习改进效率的方法，最后把第一个改进效率的企业所能获得的超额收益压缩到零。

在历史上，这种现象确实很多。比如，第一个发明流水线的企业和第一个采取标准化配件的企业虽然赚了一些钱，但是当竞争对手也学会改进效率的招数时，先发者的优势就很难保持下去。

但需要注意的是，以上假设并不总是适用。许多时候，其实社会的竞争是不充分的。是人就会犯懒、犯糊涂，商业参与者不是任何时候都像模型假设的那样敏锐、冷静、自律、有效率。

如果我们把商业社会的竞争想象成一个专业体育队里运动员之

间的竞争，那么这种竞争必然是残酷的。专业运动员往往一天大运动量地训练 8～10 小时，他们的食量惊人，每个人都爆发出自己最大的潜力。他们的目标单一而且恒定，跑步永远就是越快越好，举重永远是越重越好，他们永远不需要伺候变化莫测的客户。在这种环境里，提升自己的效率确实不是一个长久的竞争方法：所有人都会努力提升效率，再辉煌的运动员一旦走过巅峰状态，往往就会很快退役。

幸运的是，这个社会在许多时候比专业运动队的残酷程度实在差了太多。举个我自己的例子，我高中毕业以后就留学海外，当时，每个留学生都知道要好好学习英语，但是有多少人真正下功夫去学英语呢？结果，四五年学下来，开口就结结巴巴、翻开书好多单词不认识的仍然大有人在。在这样一个比专业运动队更为“日常”的社会氛围里，提升效率所能带来的收益显而易见。

我的一个朋友在某经济不发达地区开了一家经营当地土特产的商店。当时我对他的店做了这样的判断：“生意模式不错，也很赚钱，但是我觉得你两三年以后就没法赚这么多钱了。毕竟你这个生意没有什么护城河，别人看你赚钱，自然会学你，竞争加剧你就得对客户降价、向上游供货商多给钱，你的利润率是守不住的。”

结果呢，五六年过去，这个朋友的店仍然很赚钱。回想起来，我错判了什么？我以为当地的同行会很快发现他能赚挺多钱，会很快学习他所做的所有事情，比如销售更高品质的土特产、对客户服务更贴心，等等。但是，当地社会根本没有我想的那么有效率，这也是那个地区经济发展一直不太行的原因之一。

另外，对于绝大多数企业来说，它们根本没有选择企业战略的资格。所谓企业战略，无外乎“做别人无法做的事情”“做有护城河的事情”“做有各种壁垒、发展空间巨大的事情”。但是，这只是对少部分非常幸运的企业而言的。

对于绝大多数企业来说，它们所在的行业和它们现有的规模根本不允许它们讨论“战略”这么遥远的事情。对于绝大多数企业来说，提升企业经营效率就是最扎实、最实际的战略。

举例来说，日本企业不像美国企业，没有那么高瞻远瞩、富有创意的战略，在全球产业链中也始终居于美国之后。但是，日本企业硬是靠着过硬的管理和运营提高了效率，因此在没有太多特别厉害的创新的情况下，也能凭着低价格和高质量在全球产业链中牢牢占有一席之地。

在想方设法提升经营效率以后，企业的规模扩大，品牌知名度提升，伴随着更强的实力和更好的市场认知，企业反而更有可能去规划未来的战略。这时候，企业一方面已经在本行业、本领域占据了主导地位，另一方面规模和名誉也大到足够支撑它进入下一个领域。在这种状态下，讨论企业的战略选择是水到渠成的事情。

当然，依靠提高企业经营效率，毕竟不是最高明的战略。否则，也就不会有那么多专门研究企业战略的理论，试图在“高效率”以外寻找商业的金钥匙。具体来说，单纯依靠提高经营效率容易出现以下两方面的问题。

首先，提高企业效率需要极其细致、勤奋的管理，也就需要极其敬业的管理层。但是，极其敬业的管理层是可遇不可求的，如果

一家企业的核心战略必须依靠极其敬业的管理层才能实现（注意是“极其敬业”），那么这家企业的长期竞争优势也就不那么稳固。

根据沃伦·巴菲特先生的理论，在寻找长期优质的企业时，最好能找到一家连笨蛋都能管好的企业，因为你迟早会遇到一个笨蛋。“君子之泽，五世而斩”，对于那些把更高的经营效率作为优势的企业来说，它们很难永远保持如此积极的工作状态。

其次，每个人都想赚钱，而学习更高的效率相对于突破企业其他的竞争壁垒来说，总是一件相对容易的事情。因此，即使同行业的竞争者在短期甚至中期内没法完全追上效率最高的企业的步伐，它们之间的差距也一定会慢慢缩小。

不管怎么说，就像布鲁斯·格林沃德和贾德·卡恩在《企业战略博弈：揭开竞争优势的面纱》中所分析的那样，提高企业经营效率，对于绝大多数企业来说，仍然是最实际、最有效的战略。对通过当前严格要求自己就可以达到的经营效率弃之不理，空谈大而遥远的企业战略，无疑是叶公好龙、不切实际的。

如何避开隐瞒真相的企业

在证券投资中，不管是股票、债券还是可转换债券，一个比较糟糕的情况是，我们会遇到一些隐瞒真相的企业。正如我非常喜欢的马克·吐温的那句名言：“让我们陷入困境的不是无知，而是看似正确的谬误论断。”相比于经营状况比较差的企业，隐瞒真相的企业更糟糕。

一家企业的经营状况比较差，只要这种差的情况是已经被投资者了解的，就不会有什么大问题。投资者可以要求更低的股票估值、更高的债券收益率，通过组合投资的方式，获得一个稳妥的投资结构。

退一步来说，即使这种情况变得更糟糕，投资者也往往会心中有数。同时，本来就比较糟糕的情况往往意味着比较低廉的价格，这也就意味着即使情况变得更糟糕，价格的下跌也不会跌到哪里去。

但是，如果这家公司隐瞒了真实的情况（一般是糟糕的情况），而投资者又不了解这种情况，那么这种打击往往更加致命。投资者会把一家实际有问题的公司误认为是好公司，从而给出很高的估值，还会加上很重的仓位。

结果，当一家被误认为是好公司的公司突然爆出惊人的问题时，市场的恐慌会给这种公司的股价以沉重的打击。从高估值到低估值的过程往往是极其痛苦的，常常比经营本来就差的公司，从低估值到更低估值的过程更加痛苦。这种痛苦的股价下跌，加上“以为是家好公司所以配了更重的仓位”，往往会给投资者带来很大损失。

那么，投资者怎样鉴别这类隐瞒真相的公司呢？相比于高估值的公司和基本面差的公司，隐瞒真相的公司很难被发现。高估值的公司看看股票价格就能发现，基本面差的公司翻翻报表也基本能了解个七七八八。但是，隐瞒真相的公司却需要更加细致、机智的分析方法。

首先，投资者需要了解报表中有没有特别不匹配的地方。比如现金流和收入不匹配，利润率和行业其他公司相差太大，利息收入和账面现金相差太大，税收增长情况和收入利润情况不匹配，员工工资和公司描述的经营情况不匹配，等等。

由于财务报表和附注是一个系统工程，所以隐瞒真相的公司很难把所有的条件都弥补上。通过仔细的分析，有经验的财务工作者往往能发现一些蛛丝马迹。

其次，投资者需要实地了解企业的业务，感受企业的上下游对企业的评价，看看这些评价、企业在行业中的地位、在消费者中的口碑和财务数据体现的情况是不是一致。有没有出现消费者根本不喜欢企业的产品，但是企业的销售收入增长很快的情况？有没有投资项目进展缓慢、实地考察根本没怎么开工，但是在报表上投资支出巨大的情况？企业高于行业的利润率是否能被企业的产品比对手更优质所证实？

这种从各个渠道实际了解企业生产经营的方法，菲利普·费雪（Philip Fisher）在著作《怎样选择成长股》（*Common Stocks and Uncommon Profits and Other Writings*）中称之为“小道消息聊天法”（Scuttlebutt Method）。在这本沃伦·巴菲特强烈推荐的小书中，费雪仔细描述了这种“通过生活中各个角度的观察，了解企业的真实经营情况”的方法。有兴趣的读者，不妨找来一看。

在使用“小道消息聊天法”了解企业时，投资者会遇到自己能力的边界。简单来说，生活中经常遇到的企业和自己工作专业相关的企业，更容易了解一些。而日常生活工作中不容易接触的行业，比如一些 B2B 的行业（Business to Business，企业对企业，如提供商业服务、商业机器、行业中间半成品的行业），就比较难了解。

这时候，投资者应当认识到这种边界的存在，不要试图一下子超越这种边界。过度尝试超越这种边界，往往会带来不够准确的判断。投资者应当果断地甄别出那些自己不太可能真正了解的行业，学会对这些投资机会说“不”。但是同时，如果有条件的话，投资者也应当逐步尝试拓宽自己的边界，以期在遥远的将来有能力判断更多的公司。

然后，投资者还可以借助新闻媒体的力量，寻找对一家公司的质疑分析。在现代这个信息社会，很难有一家公司能完美地隐藏自己所有的问题，扮演非常正面的角色。总会有一些新闻媒体，从各个角度挖掘背后隐瞒的真相。所以，借助新闻媒体的分析，往往可以了解需要大量工作才能分析出来的问题，收到事半功倍的效果。

但是，使用新闻媒体的报道也要注意其中可能碰到的局限。有时候一些新闻报道会过度夸大一家公司的问题，或者把“隐瞒真相的公司”和“经营情况欠佳的公司”混同起来。所以，在使用新闻媒体对一家公司做背景调查的时候，投资者需要甄别各种情况，不能犯“拿来主义”的错误。

此外，仓位的分散也是避开隐瞒真相的企业的有效方法。对于任何投资者来说，想要完美规避市场上任何一个问题无疑是不现实的。资本市场的问题错综复杂，许多问题出在投资者不可能了解的细分领域，甚至是上市公司主体之外。所以，对于专业的投资者来说，一定需要依靠仓位的分散来应对无法预测的灾难带来的损失。

最后，在甄别隐瞒真相的企业的过程中，投资者一定要摒弃一种思想，就是“市场总是有道理的”“市场一定是正确的”“那些高薪的专业投资者一定是正确的”。如果投资者过于相信市场的现行价格和估值，认为“既然报表这么好、股价这么好，就不会有什么问题”，那么这种丧失警觉性的态度本身就会导致糟糕的问题。

其实，很多时候市场根本不像人们想象的那么稳定。我曾经问一个职业投资者，为什么某某公司很多人都觉得基本面其实有隐藏的问题，但还是要买。他回答我说：“因为这个公司的股价一直在涨啊，别人都赚钱了你赚不到钱，你怎么交差?”从这个例子里我们看到的其实是一种惰性的盲从，以及这种盲从、独立性缺乏导致的错误价格。而这不理性的市场，与隐藏真相的企业一起，才是一个又一个问题真正的源头。

利用好本地优势的企业，更容易获得竞争优势

分析企业的竞争优势时，我们最常遇到的一种竞争优势就是规模效应，在经济学上叫“Economies of Scale”。美国投资大师查理 · 芒格也将规模效应称为最容易获得的一种竞争优势。

规模效应带来的优势很容易理解，一家工厂规模越大，拿到的原材料往往就越便宜，银行给的贷款利率往往就越低，每件产品分摊的管理成本和广告成本就越低，但是它的产品却不会因为规模效应而跌价，反而可能会因为更高的知名度、更优秀的普及率而得到溢价。我们看到的一些优秀企业，比如谷歌、英特尔、招商银行、

汇丰控股等，都多多少少受益于规模优势。

规模效应意味着，企业应当在合理范围内做得越大越好。但是，在《企业战略博弈：揭开竞争优势的面纱》一书中，作者布鲁斯·格林沃德和贾德·卡恩却指出另一种值得投资者注意的竞争优势：本地优势。

简单来说，本地优势指的是利用好某一种本地效应，比如某种地理限制、文化限制、制度限制等，在这种限制之内将规模效应发挥到最大，但是在这种限制之外，则不过度扩张。如此，则可以为企业带来非常明显的竞争优势。

举例来说，水泥是一种运输半径非常有限的产品，因此对于一家本地水泥企业来说，只要做好了运输半径内的生意，过大的规模并不会增加企业的竞争优势。即使它努力去拓展远方的市场，也很难与当地的水泥企业竞争，这就是一种典型的受到地理限制的本地优势。

再以超市为例（这也是在《企业战略博弈：揭开竞争优势的面纱》一书中作者引用的例子），受到运输半径、一定面积内门店覆盖率的影响，虽然巨型连锁超市有着规模效应上的巨大优势，但是运营良好的本地超市也会找到自己的优势。在《企业战略博弈：揭开竞争优势的面纱》一书中，作者指出，沃尔玛早期超高的利润率就受益于这种本地优势。

再比如，某种本地的食品，比如北京的豆汁儿、闽南的土笋冻（一种用虫子做的小食品）、成都的双流兔头（兔子头骨狰狞的外表足以吓跑第一次见到它的人，我至今都记得第一次在成都见到它时

产生的恐惧）、江浙一带的活珠子（还没孵化完的鸡蛋）、连云港地区的豆丹（其实就是一种大毛毛虫），在当地人看来都属于从小吃到大的美味，而在几乎所有的外地人看来都属于“黑暗料理”。对于生产这些小食品的本地企业来说，它们有天然的本地优势：不管再大的国际食品集团，都不想也很难打这些市场的主意。

本地优势之所以能让企业隔绝于激烈的市场竞争，不受本地以外的大型企业集团的压制，有几个原因。第一，本地因素导致这些行业本身很小，而在这些行业的限制范围内，本地企业很容易达成规模优势。可能北京每年只需要 1 000 吨豆汁，拥有本地优势的企业已经生产了 800 吨，外来企业很难再实现规模效应。即使外来企业整体上拥有巨大的市场，但是在这么小的本地市场里，它是没有规模效应的。这就有点像一只老虎虽然统治了整个森林，但是到了森林的池塘里，它仍然拿青蛙没办法。

第二，大型企业集团很难看上具有本地效应的小市场。这些市场往往太小，就算全占了也没有多少利润，而本来掌握这些市场的企业在这个小市场里已经足够强大，而且往往拥有忠实的本地受众，因此很难被竞争对手一口吃掉。所以，即使一个大型企业集团想要占领一个本地市场，它也往往会选择通过收购而不是竞争的方法进行。而对于本地企业的所有者来说，被收购不算是一件坏事。

拥有本地优势的例子并不限于食品企业，让我们再来看一些例子，以便更好地理解这种特性。中国书法是一种基本上只在中国和东亚部分地区流行的艺术，英语虽然也有类似书法的花体字，但是所使用的材料和器具完全不同。因此，生产书法用品的一些本地企业，比如一得阁墨汁、红星宣纸，就获得了很难被攻破的本地优势。它们的名字在本地深入人心，很难被外来品牌替代。

当然，在这个例子中还有一种因素在起作用，那就是书法用品的成本在书法艺术中占比很小，而产生的作用却很大，因此消费者很难有动力去冒险尝试一些新的产品：书法家写一幅字可以卖5 000块钱，为了省钱把100块钱一张的红星极品宣纸换成50块钱一张的其他宣纸，省下的50块钱实在是太微不足道了（尽管100元一张的纸真的很贵），而可能带来的质量降低却是毁灭性的。同时，在这种效应下，龙头企业技术和品质上的一点点领先就可以要到很高的价格。不过这是题外话，这里暂且不提。

而对于一些不受地域、文化、语言等限制的通用商品，我们在其中就很难找到本地优势。举例来说，汽车基本不分国界，运输成本相对汽车本身价值也不算太高，所以好的跨国汽车公司往往能在很多国家攻城略地。个人电脑芯片则是一种更极致的没有本地优势的产品。相对于其体积和重量，电脑芯片的运输成本几乎可以忽略不计，而芯片的基础0－1结构不受任何文化和语言的干扰。因此，最好的芯片厂商英特尔攻占了世界上绝大部分市场份额。如果不是受到反垄断法的限制，它几乎可以占领所有的市场份额。

需要指出的是，本地优势并不局限于“本地”，可以宽泛理解为“本语言”“本文化”“本风俗习惯”等。举例来说，房地产中介机构是一种能够找到本地优势的行业，而一些海外房地产中介机构则利用语言的优势服务来自本语言区的顾客，获得了双重优势。

由于房地产中介机构需要良好的本地口碑，需要熟悉本地市

场，因此本地一些经营不错的企业拥有难以企及的优势，而外来的国际中介巨头想要进入这样的市场并不容易。而在温哥华、澳大利亚等地，一些华人房地产中介机构更把这种本地优势和对华人客户的语言优势叠加起来，取得了双重的本地+本语言优势，闯出了自己的一片天地。

其实，本地优势不仅在今天的商业社会有效，在人类历史上也不止一次发挥出它的效果，帮助弱小的力量对抗强敌。公元13世纪，蒙古人攻城略地，在东亚一路灭金、辽、西夏、南宋、大理，三次西征更被欧洲人称为“上帝之鞭”，几乎横扫整个欧洲。但是，蒙古大军却在小小的安南（今天的越南）吃了败仗。这其中固然有多方面的因素，但是中南半岛地区潮湿的环境、多发的传染病、密林和瘴气，以及不利于骑兵作战的狭小破碎的地形，也给蒙古铁骑带来了不小的困扰。

当然，本地优势不是万能的，它只是企业竞争中的一部分。而且，任何一个拥有本地优势的企业，其本地的竞争对手也往往拥有同样的优势，这就意味着企业和其管理者的素质差异仍然不能被忽略。而对于优秀的管理者和优秀的企业来说，本地优势是一种如虎添翼的因素，能够给那些优质的企业带来更加稳固的阵地，帮助它们更好地对抗外来的强大竞争者。

企业研究要避免“灯下黑”

一直以来，证券研究的大师们，比如彼得·林奇、沃伦·巴菲特，都向我们强调调研企业和理解企业的重要性。从价值投资的角度来说，买股票就是买公司。对于一个买卖股票的投资者来说，如果不能深入、细致地了解公司，那么他的股票投资就无异于闭眼夜行，纯属乱撞了。

一般来说，研究公司要研究得越细致越好。毕竟，任何事情做细致了，总没有错。但是今天，我想聊一种状态：恰恰是对一家企业过于细致的了解导致投资者看不到事情的全貌。这种现象，我称为“灯下黑”现象。

“灯下黑”来自中国古代的一个比喻，指的是越靠近灯的地方，反而越黑。这种比喻，现代的人们很难理解，因为现在大家用的都是电灯，灯的下面正好最亮，怎么还会黑呢？古代则不然，人们用的大多是油灯、蜡烛，这些灯都有一个灯台。别的地方，甭管多远，多少能照到点亮光，就正好是这个灯台下面，虽然离灯最近，但是恰恰被灯台挡住，一点儿光都照不到，所以就叫“灯下黑”。“灯下黑”指的就是越是靠近的地方、越是了解的东西，越是看不清楚。

顺便提一句，和“灯下黑”相似的概念还有一个，叫“枕边无伟人”。什么叫“枕边无伟人”呢？就是不管地位多高的人，你去问他爱人，就是天天和他睡一张床的那位：“讲真话，你觉得你家那口子怎么样？”一般要是能真心作答，大多是一顿吐槽：“你别看他那么大个老板，其实毛病可多了。”这是为什么呢？因为别管被吐槽的那位平时有多高的社会地位，对于身边的人来说，天天都能看到他生活中的各种细节。而这些生活中的细节，又有多少人能做

到样样完美？真正十全十美的人，只存在于电视剧里。身边一起生活的人被这些细节困扰，自然就觉得“枕边无伟人”了。

看人如此，看企业也一样。对于绝大多数投资者来说，看企业都是远看，很少深入一个企业内部看。这样，许多优秀的价值投资者就能看到一个企业真正优秀的大面，抓到几个能支持企业长期成长的重点。而对于那些企业日常工作中细节方面不尽如人意的地方，我们不是选择性地忽视，而是根本没有能力去看到。

但是，对于一些身边的企业，比如我们工作的企业，或者我们的亲戚朋友任职的企业，事情就变得不太一样。我们有能力有机会看到这个企业的方方面面，了解各种细节。而正如人无完人一样，企业哪里有各个细节都完美的？哪里没有矛盾、没有内部人员讲坏话的？而正所谓“好事不出门，坏事传千里”，人们往往更乐意传播糟糕的消息（这也是为什么光靠看突发新闻很难做好投资）。长此以往，我们对一些最了解的企业，往往看到了特别多的缺点。对其他有同样甚至更多缺点的企业，我们却因为没有条件，根本看不到。最后，“灯下黑”的研究结论就这样形成了：“我们那家公司可差可差了，我给你讲几个小故事听啊……”

记得早些年，我在负责企业并购和重组的投资银行部门工作时，一位老领导曾经感叹：“我做了那么多项目，各个项目看了都觉得有问题，有的财务状况乱糟糟，有的销售管得一塌糊涂，有的管理层之间矛盾难以调和。当时觉得我怎么这么倒霉，接了这些烂公司的项目！可是过几年一看，你猜怎么着，这些公司在市场上还都算比较强的！”由于投行人员往往深入企业内部，势必会了解特别多的细节，而这就是特别典型的“灯下黑”的情况。

我曾经和谷歌公司的一个软件工程师聊天，聊到科技界大名鼎鼎的谷歌公司，我自然是一副崇拜脸，结果那个工程师很不屑地说：“这有什么，不也是人开的公司吗，瞧你说的跟神似的。来来来，我跟你讲，现在公司里可乱了，印度人就会搞办公室政治排挤人，几个投资的大项目也没公司吹得那么好。”我心里想，这又是一个“灯下黑”的例子，就问他：“那你说了这么多问题，但是谷歌公司和硅谷的其他公司比又如何？”工程师仔细想了想说：“你别说，比它们还是得好点儿！”

记得很多年以前，我在一家资产管理公司工作。有一次，领导叫我们算一个线性回归（OLS）的公式。几个老同事都不会算，结果我和一个刚入职的同事因为在大学才学过，倒腾倒腾就算出来了。我当时心想，这么大个公司，这么简单的东西怎么都没几个人会算。结果，这又是一个“灯下黑”。那个资产管理公司后来被时间证明是行业中最好、最专业的资产管理公司之一，而它的母公司后来也成为这个国家最好的保险公司。一个数学公式没人会算，只不过是一个小小的技术问题而已。

在进入这家资产管理公司工作之前，我在英国的牛津大学上学。今天人们说起牛津大学，都觉得是世界名校。但是当时我们自己可不这么看，学生中流传一句话：“牛津大学是由10%真正优秀的学生和90%企图蹭这10%的人的名声的人组成的。”当时有个同学，外号叫老白，每次天气好（英国天气阴寒，阳光明媚的天儿不多见）就会跑来宿舍窗口，敲着窗子说：“看看看看，天气这么好，

你们还在写论文，是不是浪费生命？大家出来玩儿啊！”结果，现在牛津大学仍然是世界名校，老白则在天津开了一家律师事务所，生意做得风生水起。

再说贵州茅台，现在许多人都说，茅台是中国最好的消费品公司之一（注：本文成文于 2019 年）。但是，早年我曾经看到过一篇文章，批评茅台的现金利用率太低。当时我以为这是一个很大的问题：一个连现金都管不好的公司，能是什么好公司？后来证明我错得离谱，茅台的优秀并不在现金的管理能力上，而是在产品塑造的品牌形象恰好满足了白酒消费中最高端的需求上。有这个需求在，哪怕现金部分收益率是 0，也无所谓。

还有一次，大概 2012 年，我和一位国有大银行的朋友聊天。他对我说：“你不知道我们银行现在有多少坏账，一笔笔核销可吓人了！银行的股票肯定没有投资价值！”这位朋友在银行负责坏账的追债和核销，因此他看到的只有一笔笔坏账。他没有看到的是，这些坏账规模虽然大，但是相对于中国经济的体量、发展潜力和政府维护经济的决心来说，仍然是可以容忍的。结果，他犯了“灯下黑”的错误，而后来几年的事实证明，开始于 2010 年的银行坏账风波尽管连续多年一直在困扰投资者，却没有压垮中国的银行业。

即使是股神巴菲特，要从细节看，也犯过许多错误。别的不说，2014 年，他的公司伯克希尔-哈撒韦就因为忘记把自己的一项股票增持按规定申报给美国监管机构而被罚了大概 90 万美元。一个申报都记不住，大学刚毕业的秘书都能记住的事儿都记不住，这也能是股神？但是，股神仍然是股神，忘记申报只是一个小错误而已。

商业如此，社会也是一样。举个例子，中国详细的身份登记制度被许多人诟病，觉得繁琐得要死，没事儿找那么多麻烦干嘛。但是，20 世纪 90 年代，美国的华裔神探李昌钰访问中国时，在南京看到我国的身份登记制度，曾经大为感叹："美国如果有这样的制度，我们破案不知道要容易多少倍！"今天，中国的谋杀率大概只有美国的 1/10，这套登记制度功不可没。但是，在日常生活中，我们绝大多数人只感觉到它的麻烦，感觉不到它的用处。

当然，所谓"灯下黑"，灯下的黑仍然是黑，并不是白，企业中的问题也仍然是问题。只是说，这种灯下的黑，程度或许并不严重。研究者不能因为自己天天接触到灯下的一点儿黑，就以偏概全，认为整个情况都很糟糕。要知道，许多时候瑕不掩瑜，投资需要做的并不是抓住每个细节，而是看到大的趋势，抓到大的方向。

决定企业价值的要点：客户究竟在想什么

在思考企业价值（包括企业的定价能力、利润率、防止其他企业参与的护城河，等等）的时候，我经常会思考一些问题：这个企业的客户究竟在想什么？他们为什么做出这样而不是那样的购买决定？他们买这个产品的目的到底是什么？这种目的可能改变吗？

这里，就让我用一些例子来阐述这种思考过程。

一直以来，高端白酒是中国证券市场中利润率最高的行业之一。那么，客户在购买高端白酒的时候究竟在想什么？他们真的是

因为高端白酒的口味如此独特而不能割舍，宁可多花很多钱吗？并不是。

高端白酒的消费场合，多是非常重要的商业活动。在这些场合里，参与者经常商谈金额不菲的商业合同。为了表示对对方的尊重，他们多半会挑选最好的白酒。那么，在商谈价值动辄千万或上亿元的酒桌上，有人会在意消费的白酒是 900 块钱一瓶还是 1 000 块钱一瓶吗？

而一些健康有机食品（如有机蔬菜、高级麦片）的定价，与高端白酒有异曲同工之妙。购买这些食品的顾客，一般经济地位比较优越，买更贵的健康食品是为了拥有健康。当一个有钱人在思考自己的健康时，他就不太在意价格。

沃伦·巴菲特在几年前曾经收购一家做高级油画画框的企业。从顾客的思考角度来说，高级油画非常名贵，而画框的成本对于整幅油画来说几乎可以忽略。

“好马配好鞍”，一幅好的油画必须配好的画框。那么，拥有优质名声的画框企业就很容易赚取高额利润。

反过来，巴菲特先生曾经这样评价制造纸箱的企业：没有人在买东西的时候会在意包装的纸箱是哪家企业生产的。同时，纸箱企业面对的顾客多半不是知识贫乏的个人客户，而是经验丰富的企业采购员。由此，纸箱企业想做出自己的品牌溢价也就非常困难。

而航空公司为什么是一个很难赚钱的行业呢？几乎 90%的乘客在选择机票的时候，都会找更便宜的那一家，因为它们提供的服务实在是太相似了，都是把乘客从 A 点运送到 B 点。当你的顾客脑子里天天在盘算价格高低的时候，你又有多容易赚钱呢？

不过，顾客并不是在所有时候都有明确挑选商品的能力。也就是说，很多时候，顾客其实不具备足够的专业能力去判断一种商品到底是好还是不好。所以，对于同一种产品来说，如果一家企业的产品面对的是专业的采购员，那么它所承受的顾客砍价压力就远大于面对个人客户时候的砍价压力。

在植入医疗器械这个领域，我们又能看到另一种情况：顾客不太在乎钱。彼得·林奇曾经在自己的书里指出，植入医疗器械是一个非常好的行业。主要的原因在于：一方面，病人对植入自己身体的东西不会太讲究钱多钱少，而经常会挑选质量最好最可靠的那一个；另一方面，医生不习惯在不同的品牌之间换来换去。由此，一家植入医疗器械企业一旦建立了良好的名声、被市场信任和认可，它的市场地位就非常稳固。

从这个角度来说，流行服饰是一个糟糕的行业，原因就在于顾客太喜欢换来换去了。一方面，客户在不同的流行服饰之间换来换去，没有任何成本；另一方面，这种换来换去还会给客户带来愉悦感和满足感。这就导致在流行服饰这个行业，很难有人能一直抓住顾客的品味，也就很难有企业做到长盛不衰。

同样是日常生活消费，连锁餐饮店却在顾客心理方面有着巨大的优势。相对于服饰的可识别性来说（顾客用手摸摸就可以知道大致材质，试一试就知道合不合身），餐饮是一种不太容易搞清楚品质的行业（你怎么知道那个包子里的肉是不是新鲜），而且又属于拿到手就不能退的产品（你可以试一件衣服然后不买，但是点了一

盘红烧鱼就不行)，因此，顾客有强烈的动力去信赖自己已经了解的品牌，这也就是连锁餐饮店大获成功的原因。

类似以上这些例子还有很多，归结一点，就是在考虑企业的价值时，我们需要琢磨顾客到底在想什么。否则，就会像《庄子》里那个故事所说的一样："宋人资章甫而适诸越，越人断发文身，无所用之。"(一个宋国人买了一堆礼帽，运到越国去卖，结果越国人不留头发、满身刺青，根本不用礼帽。)

这也就类似于你试图卖给猫一块巧克力：猫是没有甜味细胞的，吃不出来甜味，巧克力对它们来说和肥皂差不多。

分清企业研究中的愿景和事实

在分析企业的时候，许多投资者会犯一种错误：把愿景和事实混淆起来。简单地说，就是人们在判断一家企业的前景时，主观地认为这家企业能够怎么样，通过怎样的发展能够达到怎样的状态，而不去判断这家公司现在的状态怎样，未来的发展计划有多大的成功概率。这种把美好的想象当成一定会发生的事情的做法，往往会给投资者带来麻烦。

举例来说，一家做某种产品的公司目前市场份额很小。有的投资者会说，这家公司的发展空间很大。确实，市场份额小的企业有提升市场份额的潜能，但是为什么它的市场份额过去一直很小呢?事实通常是，这家公司经营不力、管理无序，因此在激烈的竞争中，市场份额一直做不大。投资者应该看到的是这家公司市场份额不大和导致这个问题的事实，而不是简单地看到“现在小所以将来可以做大”的愿景。

以宠物食品行业为例，这个行业的利润最丰厚的部分在于品牌而不在于生产。也就是说，一家企业把食品生产出来，可能赚不了多少钱。但是有品牌信任度的企业，把生产出来的食品用自己的品牌卖出去，就可以赚到几倍于前者的利润。这种利润的来源，是消费者对品牌的信任，以及自己对产品辨别能力的缺失：消费者没法天天吃猫粮或者狗粮，然后观察自己的健康状况，所以他们就只能相信品牌。而对于那些消费者易于鉴别质量的产品，品牌往往就没有那么重要：你买打印纸的时候，往往不会在乎品牌，你更看重的是性价比，因为你能明确分辨打印纸的质量。

由于中国企业在宠物食品行业起步比较晚，因此这个行业中品牌溢价最高的企业，绝大多数都是外资。（注：本文成文于 2019 年。相信随着经济的发展，一些优秀的中国企业能够在这个新兴行业中搏得自己的一席之地。）这时候，行业分析中的“愿景和事实”的矛盾就出现了。宠物食品行业的愿景是，一旦可以在消费者心中建立足够信赖的品牌，企业就能赚到很高的利润。但事实是，品牌的建立比产品的生产困难得多，需要大量的商业经营、宣传、品质控制、长期的口碑和信任度，等等。如果说生产是个力气活，那么品牌建设就是个艺术活。话说回来，如果品牌建设那么容易的话，好品牌的利润率也就不会那么高了。

当然，这不是说“愿景”都不会成为“事实”。还是以宠物食品行业为例，当中国本土企业经过长期的发展以后，其中一定有一

些佼佼者能够创立自己的品牌，赚到以前属于外资品牌的利润率。实际上，几乎每个行业的发展过程都是这样的：中国企业先做低端，然后慢慢往高端做，最后做出品牌来，华为就是一个很好的例子。但是，这种过程必然是艰难的。如果投资者看到一个“有愿景”的公司，就立即不假思索地给出“有事实”的公司才应该享有的估值和定价，那么这种投资无疑是草率的。

所以，当我们看到一家公司宣布进军某个新行业时，不应该立即按照商业拓展成功的情况给它估值，而应该考虑万一失败了怎么办。当我们看到一家公司并购了另一家有新科技的公司时，也不应该直接按照两家公司顺利整合的情况进行估值，而是要想想，如果整合失败，1 加 1 小于 2 甚至小于 1 怎么办。

在国际资本市场上，我们经常能看到类似的例子。有的科技公司在各个领域频繁出击，认为只要消费者在各个领域都买了自己的产品，就能构成一个闭环生态链。但是，消费者即使家里有很多同一家公司生产的产品、在生活中消费同一家公司生产的东西，这些东西之间也不一定能产生 1 加 1 大于 2 的效果。将大量互不相干的产品卖给消费者，带来的可能是各条战线全面出击，却没有一条有竞争力。在这种情况下，愿景和事实之间的差异非常大。

互联网经济盛行的时候，我们还经常看到一些公司，原本在线下的产品（比如衣服、鞋子、食品）做得非常好，却突然跑去收购一家网站或者一家大数据公司。公司的愿景通常很好：线下的产品发展太慢、利润率太低，如果能把这种实体产品和新的数字经济结合起来，岂不是可以让公司辉煌很多年？但是，请注意上文中的“如果”两字。“如果”代表的是企业的愿景，但是不是真的能做成？投资者必须在心里打上一个问号。事实上在很多情况下，线下的公司，其管理风格和科技公司有巨大的差异，一家传统企业收购一家互联网或大数据公司的结果往往是，前者很难有效管理后者，而在收购中付出的高成本也常常很难收回来。

在资本市场的泡沫阶段，我们经常看到这种“把愿景当成事实”给估值的情况。而且，这种现象的出现是双向而非单向的。也就是说，不仅仅是投资者在泡沫的驱使下，会有意无意地对“愿景”和“事实”进行误判，企业也经常会利用这种误判来给出更多的“愿景”，以得到更高的估值和以更贵的价格融资。

在2000年以前的美股科技股泡沫和2015年的A股小盘股牛市等市场中，我们看到这种现象一再上演。在科技股泡沫中，很多企业本身和互联网、云计算、大数据一点关系都没有，它们的业务也很难和这些高科技进行整合达到1加1大于2的效果。但是有些企业因为知道投资者爱听怎样的故事，因此有意无意地把自己的业务往这方面去靠。而投资者常常也揣着明白装糊涂，明知道企业这样做对长远的发展有害无利（收购热门科技公司的价钱往往不低，一旦业务整合失败，会对企业的财务状况带来很大困扰，而给新公司开出的高价码也会让老公司的员工蠢蠢欲动），也愿意借机炒一把股票：反正本来也没打算长期持有。

所以，投资者在分析企业的发展方向时，一定要分清企业的愿景和事实之间的关系。尽管优秀的愿景往往能给企业带来巨大的发

展，但是真正有大发展的企业毕竟是少数，而为虚幻愿景付出的高昂代价常常被证明是得不偿失的。愿景不一定变成事实，这个简单的道理就像两千多年前斯巴达人曾经犀利指出的那样。据传，马其顿人攻打斯巴达时，进攻者威胁被围困的斯巴达人："如果我们攻破城池，我们就会把全城的人杀光。"斯巴达人的回答只有一句："如果。"

战略目标不应让位于战术目标

在第二次世界大战中，日本犯了一个巨大的错误：进攻珍珠港。

在珍珠港事件以前，美国人的战略方向是模糊的，他们既不愿意看到日本在亚洲攻城略地，也不愿意旗帜鲜明地拿出实际行动反对日本。美国人做得最多的事情就是对日本进行了一些资源禁运，而这并不足以动摇日本的根基。

但是，这种资源禁运很大程度上导致了日本对珍珠港的进攻。日本对匮乏的资源感到窘迫和不安，在这种不安情绪的驱使下，他们定出的作战目标是重创美国太平洋舰队，在太平洋地区取得军事领先，然后迅速拿下东南亚，补给日本匮乏的资源。从珍珠港事件之后日军在东南亚地区的行动来看，这个目标可以说很好地实现了。日本控制了几乎整个东南亚，资源的产量空前提高。

但是，日本在 1941 年底发动的珍珠港袭击，其最大的错误在于，他们用一个战术目标的达成损害了一个战略目标。资源的充足固然是一个很重要的战术目标，但是不激怒美国、尽量保持美国在亚太地区的中立是一个重要百倍的战略目标。为了一个战术目标而让战略目标让位，是一个巨大的错误。

让战略目标让位于战术目标这种错误，不只发生在政治和军事上。其实，在盛行自由竞争的商业领域，这种情况更加常见。吴军先生在《浪潮之巅》一书中曾经介绍了科技行业的一个经典案例。在2000年前后网景公司（Netscape）和微软公司争夺互联网的入口也就是浏览器的商业战争中，网景公司同样犯了一个类似的错误：抓住了战术目标的眼前利益，牺牲了战略目标的长远考虑。

当时，互联网刚刚兴起，在我们现在看来理所应当的、通过免费提供服务抓取大量客户的商业逻辑，在当时还没有普及。网景公司的着眼点仍然在卖软件上。当时，网景公司对自己的浏览器收取每安装一份几十美元的价格。但是，这种一份份卖软件的思路，其实已经过时了。

在即将到来的互联网时代，用户的数量和黏性才是更为重要的资源，哪怕这些用户完全不给钱、不付费。在这个例子中，对于当时的网景公司来说，抓住大量的用户是战略目标，在每个用户头上收钱是战术目标。网景公司抓住了战术目标，却让微软拿走了战略目标。而微软意识到了控制互联网入口的重要性，在自己的系统中免费捆绑了IE浏览器。结果，大量用户很快就抛弃了网景公司，网景公司再也收不到几十美元的人头费。

吸取了这个教训以后，新兴的互联网公司谷歌在和微软竞争时，不再把目光放在用户交钱这个战术目标上。它开始提供几乎全部免费的服务：谷歌搜索、谷歌地图、谷歌邮箱、安卓系统，等等，几乎全部不要钱。

这种完全不要钱的打法，辅以优秀的产品和客户应用体验，帮助谷歌抓住了海量的用户。在有了海量用户的基础上，谷歌开始对投放广告的广告商收取广告费。由于有了巨量的客户，加上优秀的技术和精准的投放，谷歌收的广告费比一般企业贵得多：远远多于用户可能交的软件使用费。

在国内的高端白酒行业，战略和战术目标之间关系的处理也非常巧妙。如果投资者仔细阅读高端白酒企业的财务报表，会发现这些企业的毛利润率（不扣除销售费用的利润率）高达90%以上。显然，这些白酒的购买者并不是奔着白酒的物理属性去的。（相对地，大宗商品的购买者就是奔着商品的物理属性去的，所以这些企业的毛利润率一般很低。）高端白酒的购买者，一般图的就是一个档次、一种品位。

由于高端白酒的这种消费属性，对于企业来说，战略目标是维持品牌在消费者心目中的高标准、高品位，战术目标则是借助企业已有的名气去拓展产品线，抢夺中端乃至低端白酒的市场份额。前者看似曲高和寡，但是能给企业带来长久的高额利润。后者在短期看似能利用白酒企业的品牌迅速打下一片天地，但是长期却会使得自己的品牌被滥用，降低酒在消费者心中的品位。纵观国内高端白酒行业十几年的历史，但凡做得好的，往往都是战术目标让位于战略目标的企业。

在《浪潮之巅》中，吴军先生还指出一种企业中常常存在的现象，这种现象导致企业战略选择失误，让长期的战略规划让位于短期的战术盈利。对于几乎任何一家企业来说，短期盈利的部门往往话语权很大：不管是奖金分配、人事调整还是公司战略方面，都是如此。但是，短期盈利不一定是长期盈利的保障，这一点在科技企业中尤其明显（由于科技行业高速的技术变动性）。结果，科技企业往往由于这种内部的声音不均衡，导致长期战略选择让位于短期的战术业绩。

在基金公司中，这种现象也经常存在：过去两年业绩最好的投资经理，往往话语权最大。但是过去两年业绩好，不一定代表未来业绩好。短期优秀的业绩往往是由于正好赶上了市场的一阵风，而市场的风向却经常改变。因此，让过去几年业绩最好的基金经理主导公司内部的话语权，恰恰是让战术的胜利带领了基金公司在战略上的抉择。

作为中国历史上杰出的战略大师，三国时代的诸葛亮给我们展示了一个很好的例子，如何不让战术目标掩盖战略目标。刘备死后数年，孙权称帝于吴，派使者告诉蜀汉。蜀汉群臣都觉得孙权擅自称帝，不合礼制，应该绝交。诸葛亮却说，当今天下三分，吴蜀两国都小，必须团结对抗魏国。孙权称帝，虽然名分不对，但如果我们因此与孙权结怨，必然“使北贼得计，非算之上者”。因此，孙权称帝这种名头上的事情，不应该深究。联合东吴抵抗魏国，才是蜀汉的大计，“权僭之罪，未宜明也”。

而在两千多年前，《孙子兵法》也曾经这样教导中国的一代代将领们：“主不可以怒而兴师，将不可以愠而致战。”怒和愠这种情

绪的感受都只有战术重要性（甚至连战术重要性都谈不上），而战争必须着眼于宏大的战略目标。“怒可以复喜，愠可以复悦，亡国不可以复存，死者不可以复生。”当时的情绪感受很快会被扭转，但是战略上的错误所导致的灭亡是不可逆转的。

几千年来，无数经典的历史故事告诉我们，明确战略目标不应当让位于战术目标是成功的关键。而在今天的商场和投资市场上，战略目标的重要性也远远大于战术目标。一个有经验的企业管理者和投资者应该永远记住，战略目标绝对不应该让位于战术目标：尽管战术目标往往会给人带来眼前的愉悦，而战略目标需要长期艰苦的付出。

第六章

怎样研究行业：从科技史上两次操作系统之争，看系统论的重要性

从科技史上两次操作系统之争，看系统论的重要性

今天，全球消费者手中的电子终端基本上被两种操作系统垄断。PC（个人电脑）的系统大部分都是微软公司的 Windows（视窗系统），而手机操作系统则绝大多数是由谷歌公司领导和开发的安卓系统（Android）。这两种操作系统的垄断看似牢不可破，但是它们刚刚出现在个人电脑和移动设备上的时候，都经历过一次生死之战。而它们的对手都是今天仍然闪耀但是已经日趋小众的苹果公司。

在《浪潮之巅》一书的第七章“IT 领域的罗马帝国——微软公司”里，吴军先生对 Windows 系统如何打败当时在技术上遥遥领先的苹果系统进行了详细的描述。简单来说，1980 年代，苹果公司率先开发出了新型的电脑麦金托什（Macintosh）。这种电脑搭载有基于图形的操作系统，对于用户来说，图形界面比老式的依赖一行行代码的操作系统要易用得多。也正是这种发明，第一次让电脑

走入千家万户成为可能。而在苹果刚开发出麦金托什电脑的时候，微软的操作系统仍然是用代码操作的 DOS 系统：微软比苹果落后了整整一个时代。

研究科技行业的人都知道，最先进的科技不一定代表着最终的成功。在支持信息时代的三大理论中，这种规律被系统论所解释（另外两大理论是控制论和信息论）。简单来说，系统论的意思就是，单项指标的优势并不足以依赖，系统的平衡与优化才是最重要的。举个简单的例子，一个高级白领也许很能赚钱，但是如果他因此忽略了健康和家庭，那么在系统论看来，他的工作就不是最优的。

但是在 1980 年代，很少有人意识到这一点，苹果公司的创始人史蒂夫·乔布斯也根本没有把微软开发个人电脑操作系统的潜力放在眼里。毕竟，当时苹果的操作系统是最优秀的，其品质足以碾压同时代的任何对手。其实，即使到了今天，苹果的产品，不论是硬件还是软件，其质量仍然出类拔萃。

苹果的优秀质量和先发优势并没有让它打败微软。反之，微软通过联合更多的同盟，最终占据了 PC 操作系统的绝大部分市场。简单地说，苹果公司的战略是一个人吃饭，不带别人玩。从硬件的开发到软件的设计，早期的苹果公司并不兼容其他厂商。微软则反其道而行之，把自己整整落后于苹果一个时代的、不基于图形的 DOS 系统，以近乎免费的价格提供给几乎所有的行业参与者，同时努力开发自己基于图形操作的视窗系统。

结果，苹果赚了实打实的卖产品的钱，微软却得到了整个市场：即使苹果的操作系统远远优于微软。当微软终于研发出自己好用的 Windows 3.0 和 3.1 系统时，技术上领先了多年的苹果公司终于无法与微软架构的庞大的网络继续对抗。直到今日，苹果的个人电脑系统仍然是小众产品，甚至病毒制造者都不愿意开发攻击苹果系统的病毒，而这也是苹果系统的病毒比 Windows 少的一个原因：这真是一个伤心的故事。

无独有偶，在科技行业慢慢从个人电脑时代跨入移动设备时代以后，几乎同样的战争又一次上演。这次，失败的一方仍然是苹果公司的操作系统，而胜出者则是在谷歌公司领导下开发的安卓系统。而这次对抗的情节，几乎和许多年前的 PC 时代操作系统之争如出一辙。

苹果公司以自己优秀的品质再次取得了先机。2007 年，苹果公司的 iPhone 手机上市，吸引了市场的全部目光。尽管在稍后的同年年底，谷歌已经做出了第一款安卓手机的样机，但是其品质和 iPhone 差距巨大，以致开发者决定将它推倒重来。如果从品质和时机这两个角度来看，苹果公司已经取得了决定性的胜利。

但是，系统论的威力再一次发挥出来：任何单个的技术指标，包括产品的品质、价格，甚至是产品占据的时机，都不足以对抗系统带来的巨大优势。尽管 iPhone 的品质在当时远远优于安卓系统的手机，苹果公司却采取了和几十年前一样的思路：自己做几乎所有的软件和硬件，对加盟商苛刻又挑剔。苹果公司的这种做法，保证了产品的最优品质，却失掉了整个市场。

与苹果公司相反，谷歌公司只做安卓系统的操作系统这一部分，而把整个安卓生态链的上游、下游、软件应用、硬件设备等全部交给其他公司去做。而比微软做得更彻底的是，谷歌公司甚至不对安卓系统收费，而只是通过广告收取间接的费用。苹果与谷歌在手机操作系统上的对抗，其实不是两家公司的对抗，而是苹果公司以 iPhone 一个产品对抗整个移动终端产业群。

今天，这场对抗的胜负已分，iPhone 已经成为相对小众的奢侈品，而安卓系统和安装安卓系统的手机，其品质却不断提升，已经和 iPhone 相差不多（有些方面甚至胜过了苹果，比如华为在几个月以前推出的优质摄像功能），而其市场份额则是 iPhone 的许多许多倍。（注：本文成文于 2019 年 5 月，2019 年年初华为公司推出的基于安卓系统的手机，在摄像头上的改进使市场惊艳。这种改进本身并不是安卓系统做的，但却为安卓的阵营添砖加瓦。）苹果公司的手机和系统虽然有碾压对手的品质和先发的时机，但是却输给了占据整个系统的安卓系统。关于这一次操作系统的对抗，可以参考《浪潮之巅》一书。

从这两次科技史上的操作系统之争，我们可以看到系统论的重要性：单个要素再强大，也很难与整个系统对抗。而这种系统论，其实并不是信息行业的独创发明。早在两千多年前的楚汉战争中，系统论的重要性就曾经体现出来。

在楚汉争霸中，西楚霸王项羽的军队无论从战斗力还是忠诚度来说，都远远超过刘邦和他那松散的军事联盟。以至于在彭城（今江苏徐州）一战中，项羽仅仅依靠 3 万军队（其中有不少来自塞外的精锐骑兵，他们在早年的战争中被项羽收入麾下）就把刘邦的近

60 万大军打得溃不成军。

但是，项羽的军队好比古代的苹果公司：虽然极其精湛，但是没有联合整个系统。史载项羽有妇人之仁："人有疾病，涕泣分食饮，至使人有功当封爵者，印刓敝，忍不能予。"平时对手下非常好，很关心手下的生活和身体健康，但是当将士有功劳要分封官位和土地时，却不能慷慨大度。结果，项羽的军队永远就只有那么一点点精锐，没有什么军事同盟：项羽永远是自己一个人在作战。

反之，刘邦在分封功臣上从来不犹豫，甚至韩信问他要封"假齐王"的时候，刘邦能听张良之策，封韩信真齐王。结果，项羽以一小股忠诚的精锐部队，对抗刘邦拉起来的整个系统：这和两千年以后的苹果公司以最优质的产品，对抗微软、谷歌拉起来的整个系统，又何其相似！项羽百战百胜、一败而亡，刘邦百战百败、一胜得天下。两千年以后的苹果、微软、谷歌之间的两次对抗，又何尝不是如此？

一个系统的平衡、协作和共同繁荣，其效果远远优于单个要素所能带来的，哪怕这单个要素极其优质：事业上的成功并不足以决定一切，生活、家庭、健康的平衡才更重要；一笔运气极佳的投资固然让人激动，但是长期的投资纪律和组合管理才是通向长期盈利的坦途；发展 GDP 固然重要，但如果因此牺牲了环境、社会和谐和人们的健康，则难免得不偿失。如此种种，系统论的精妙哲理，值得每个人深思与揣摩。

寻找依靠客户印象的行业与公司

好多年以前，津巴布韦曾经有一次超级通货膨胀。当时，津巴布韦最大面值的钞票达到100万亿元：两张加起来就和我们国家现在M2（货币总量）的数字差不多。那时候，我觉得这么大的钞票挺有纪念意义，就买了几张玩，想着以后给别人介绍什么叫超级通货膨胀，这钞票是非常好的教材。

我依稀记得，当时这张钞票的收藏市场售价是十几元人民币。结果，几年过去，这张钞票现在的价格涨到了大概500元。但是，同一系列的津巴布韦币，比如10万亿元的、100亿元的，市场交易价格却最多不过几十元，甚至只要几元。（注：本文成文于2019年。）

那么，为什么反映同样一个大通胀的历史事件的钞票，今天的法定货币价值其实和废纸并无区别，但是面值最大的那张，价格却比同系列的面值同样惊人的钞票，在收藏领域的交易价格相差这么大呢？原因很简单：在收藏市场上，人们并不是按某个藏品的实际价值来对它赋值的，而是按对藏品的印象赋值的。

也就是说，当100万亿元的钞票是那次津巴布韦超级大通胀中面值最大的钞票，甚至是人类历史上面值最大的钞票时，人们对这张钞票的印象就远远超出了其他钞票。由于这种印象的差距，100万亿元的津巴布韦币在收藏市场上的价格远远超过了其他通胀货币的价格。这就好比一个杯子是乾隆用过的，那么相比同期王公大臣用过的杯子，价格就要高得多：尽管杯子与杯子之间可能并没有什么区别。

在寻找好行业和好企业时，投资者也需要注意寻找这种依靠“印象”来定价的商业模式。当一个商品是由消费者的“印象”来定价，而不是由“实用性”来定价的时候，一旦这种商品赢得了客户的好印象，它就可以要到远高于成本的价格。

反之，对于依靠“实用性”的商品来说，客户会理智地思考这种商品究竟能带来多少实际用处，也就意味着客户很难在商品的成本以上付出太多的溢价。即使生产商尝试抬价，但是用户很快就会发现，竞争对手生产的低价产品性价比更高，从而果断抛弃性价比低的产品。

比如，对于个人电脑的生产商来说，提高利润率一直是件困难的事情。除了一小部分只看笔记本颜值就下单的女生，绝大多数人在买电脑的时候，都倾向于对电脑的各种性能和参数进行对比。(即使是那一小部分女生，多半也会找身边的男士帮忙参谋。）由于客户是按照实用性而不是印象来选择电脑的，因此个人电脑行业的龙头公司，如戴尔、惠普、联想等，利润率往往低于科技行业龙头公司的平均水平。一旦这些公司对自己的产品抬价，客户就很容易跑去买竞争对手的性能和参数差不多但价格更低的个人电脑。

但是，歌星这个行业（或者说职业）则和个人电脑行业完全不同。再有名的歌星唱的歌，如王菲、周杰伦、刘德华，都有人不喜欢听。而很多觉得自己喜欢听他们歌的人，也不完全是真正理智地喜欢听歌星的歌、理智地挑出自己追的那个歌星哪首歌好听哪首歌不好听，而是觉得“只要是某位歌星唱的就好听”。显然，歌星这

个职业严重依赖客户的印象，而不是依赖客户的理性选择。所以，一旦赢得了追星族的好印象，往往就很容易保持长期的盈利能力。

有意思的是，“凭印象”和“靠理智”的消费行为常常同时存在于同一个行业中。在这种情况下，行业中的低端产品，消费者往往是“靠理智”在性价比中进行选择，高端产品则被消费者“凭印象”进行消费。

在这种情况下，同一个行业中往往出现高端产品生产商赚得盆满钵满、低端产品生产商仅能糊口的现象。这时候，如果投资者仅仅因为两家公司都在同一个行业，生产低端产品的这家公司估值低就买入生产低端产品的公司的股票，往往会买得便宜没好货，错失真正优秀的投资标的。

以眼镜行业为例，我见过不少高级白领跟我说，自己一副眼镜花了几千元。但是，几千元的眼镜究竟好在哪里，我很少见到有人能说明白。实际上，我曾经不止一次见到几千元配的眼镜，或许是因为使用不当，已经出现了明显的歪斜，急需矫正，但是佩戴者还是觉得：“我这眼镜可好了，因为当年花了好几千呢！好几千的眼镜能差吗?”我也偶尔见到一副眼镜卖几千元、装潢高档的眼镜店在给客户的具体建议上，比如视力究竟矫正到多少合适、是不是需要佩戴防蓝光镜片，犯下基本的眼科错误。

很明显，对于高端眼镜来说，客户在许多时候是凭印象消费的：他们缺乏足够的眼科知识，也没法判断一副眼镜究竟是不是那么好、能值几千元。对于这些高端客户来说，他们认为视力的重要性很高，自己又不差钱，所以就凭自已对高档眼镜店的良好印象买一副几千元的眼镜。至于实际效果究竟如何，却很少有人搞得清楚。

但是，由于我国近视人数众多，高端眼镜对绝大多数人来说又太贵，因此价格亲民的眼镜店也大有“店”在。在很多居民区或者学校周围，我们可以看到一溜排开的好几家眼镜店。在这些店里，一副眼镜不过百来元，客户对眼镜的基本参数也有讲究（就像他们讲究个人电脑的性能那样）：价格要低，镜片要薄，镜框要好看，等等。而小店的老板们为了维持客源（一般人的眼镜一两年就得换一副），也会努力给客户更高的性价比。在这个低端眼镜市场里，眼镜变成了绝对的“靠理智”消费的商品，小型街头眼镜店的收入也就往往和包含了房租、耗材、人工的成本相差不多：留给店主的利润，并不会太丰厚。

从眼镜行业的例子中我们可以看到，在一些行业里，“卖印象”的高端产品生产商和“卖理性性价比”的低端产品生产商之间，并没有天然的鸿沟。但是，高端产品生产商的企业和品牌形象，却需要长期、细致的投入与经营。这种产品印象的投入和经营，许多时候是比生产产品本身更需要技巧的事情。而一旦经营失败，巨大的投入往往会拿不回来，给企业带来巨大的亏损。所以，即使两者之间没有绝对的界限，低端产品生产商想要向高端转型也并不是一件容易的事情。

而之前提到的歌星职业其实也存在大量依靠消费者“理性消费”而不是“印象消费”的歌手。比如，在很多城市的酒吧街，歌手很难塑造像歌星那样强大的个人品牌。他们往往在互相比拼性价

比：谁的嗓音更好听，谁在酒吧的出勤更准时，谁工作更努力，谁的工资更低，等等。可以看到，同样是歌唱行业，歌星和酒吧街歌手构成了明显的“靠印象消费”和“用理智消费”两个不同的市场极端。

所以，对于那些依靠客户印象或者成功塑造了客户依靠印象做出购买决策的公司来说，一旦建立客户良好的印象，往往能赚到非常丰厚的利润。而想要长久保持这种印象，这些公司必须妥善经营和维护自己的形象，以防跌入“靠理智”的买卖关系中，面对无穷无尽的激烈竞争。

为什么评级是一门好生意

如果说商业社会像一个森林，那么森林里面就有不同的动物。有的动物像老虎，处于食物链的最顶端，天天吃别人，别人只能说说坏话。有的动物像小白兔，生来的命运就是一直被别人吃。如果说我们的理想是所有事物都平等，那么商业社会真正教给人们的现实就是，行业与行业之间天然不平等。

在这不平等之中，评级行业是一个天生具有极大优势的行业。它利润率更高，同时护城河更深，别的企业很难攫取这个行业中龙头公司的利润率。如果你仔细观察，在各个经济体中，评级公司往往都是长命的好企业。而对于龙头企业来说，身边的小型评级公司往往很难与它竞争。

这里说的评级行业指的是对某一类事物进行评价的公司。这种评级公司横跨许多领域，比如米其林餐厅评级（Michelin Rating）是对全球的餐厅进行评级，中国曾经搞过的新财富评级和全球的机构投资者评级（Institutional Investor，II）是对金融分析师的评级，穆迪（Moody's）和标准普尔（S & P）是对债券标准、企业和国家信用的评价，豆瓣和 IMBd（全称是互联网电影数据库）是对电影和电视剧的评价。还有一些对其他事物的评级公司，比如对大学的排名、对世界小姐的排名，等等，在此不再列举。

熟悉以上公司的人会发现，这些公司虽然评价的对象不尽相同，甚至可以说差异很大，从国家的主权信用评价到餐厅都有，但是这些做评价的公司往往都过得还不错。

由于这些公司许多都没有上市，所以我们很难看到它们的报表究竟如何。但是，这些公司往往生存了很长时间，这本身就说明这些公司的优秀状态：亏钱的公司往往很难长期支撑下去。而且，从其中几家上市的公司来看，如穆迪，我们可以发现它们在很长时间里的发展一直都挺好，甚至不止一次受到沃伦·巴菲特先生的称赞。我有一次和锦宏资本的朋友聊起来，说到国内和国外的证券分析师评级，我们都觉得很奇怪：虽然做评级的公司不少，这些企业做的事情也大同小异，但是很少有哪家能做过龙头的那一两家评级机构。

那么，评级行业究竟为什么这么优秀呢？这是由几种天然的优势导致的。

首先，评级行业是一个典型的、具有规模优势的行业。占据领先优势的评级公司会吸引更多的社会关注度，而更多的关注度会导

致更多人参与这家公司的评级或者采用它的评级，而更多的评级系统参与者和使用者会带来更多的社会关注度。如此正向循环，一开始占据领先地位的评级公司，只要自己不犯大的错误，其市场地位往往很难被撼动。

其次，评级行业是一个有信用累积和巨大客户转移成本的行业。一家评级公司长期积攒下来的评级数据，以及客户对这些数据的依赖，会让客户很难离开这家公司。一旦离开这家公司，客户就面临着学习和习惯一套新的评级系统的风险。

更重要的是，客户没法确认新的评级公司给出的评级数据是真正准确的。尝试这种新的评级体系是要冒“万一不准确我就被骗了”的风险的。而对于已经占据优势地位的评级公司，客户的信任往往已经建立。新老公司的一出一进，导致新的信用评级公司很难与老公司竞争。

即使一家信用评级公司犯了错误，比如标准普尔和穆迪公司在 2008 年次贷危机中，对美国的金融产品没能给到及时的评价，竞争对手也很难依靠一个错误打倒现在占优势的评级公司。(关于这两家评级公司在次贷危机中所犯的错误，读者可以参考电影《大空头》。)

新来者很难凭借原有企业的错误挑战现有格局的原因至少有五个。第一，从法律上来说，评级公司可以很轻松地使自己撇清干系。毕竟实际发生的问题并不是评级公司犯下的，而是被评级公司犯下的。因此，即使评级公司犯了错误也很难被法律诉讼等问题直接打倒。

第二，让人遗憾的事实是，其实很难有评级公司能真正意识到所有的问题。如果现有的公司不行，那么新成立的公司也很难做到。事实上，人们经常对评级公司抱有过高的期待，希望它们的评级能反映所有的问题。但是，这种期待是不现实的：如果评级公司真的有能力对所有的问题给出恰当评价，它们何必还只做评级呢？它们为什么不干脆开一家投资公司，直接参与被评级对象的投资呢？

第三，即使现有的评级公司犯了错误，人们如何相信一家新公司不会犯同样的错误？只凭借其保证吗？此外，现有的公司也会对自己犯的错误进行修正。是相信一个老公司改正以后会变得更好呢，还是相信一个毫无历史沉淀和信用累积的新公司？人们往往会选择前者。

第四，评级公司巨大的规模优势、先发优势和客户转移成本，导致即使原有的公司犯了一些错误，这些错误也很难使新来者彻底颠覆原有公司的帝国版图。

第五，评级公司所犯的错误往往不是原则性的或者难以解决的技术性错误。这也就意味着，它们所犯的错误往往都很容易修正。

所谓原则性的错误，指的是一些有意触犯公序良俗的举动，比如制药厂造假药、食品厂生产有毒食品。这种错误往往很难被社会原谅。而难以解决的技术性错误，一个常见的例子出现在航空公司的坠机事件中：一架飞机莫名其妙地坠到了海里，黑匣子一时间没找着，没人搞得清为什么坠，媒体又天天在报道，公司的公众信任度就大打折扣。

而评级公司的错误，往往和这两种特质并不相关。它们既不是有意造成使社会公众损失巨大的原则性错误，也不会犯难以解决的技术性错误。这些错误往往很容易被修正，而且修正的结果往往很容易让公众满意：毕竟评级是一套程序，对程序修修补补是一件既简单又容易被公众理解的事情。因此，评级公司即使犯错也很难招致致命的打击，给新出现的竞争者以可乘之机。

意识到评级行业的优势以后，一些并非单纯做评级的公司，也往往喜欢在自己的服务中加入一些评级的元素，以此建立竞争优势。举例来说，网约车公司对司机的评价，购物网站对商家的评价，美食 APP 对餐馆的评价，都属于这个范畴。一般来说，这种评级的积累会给商家带来不错的竞争优势。

当然，评级行业在一些规模比较小的领域，比如金融分析师的评级，往往很容易触到规模的天花板。这些行业本身就不是太大，评级在其中只能占到很小的一块，这就导致这些小众的评级生意的天花板比较低。

另外，评级行业往往不太容易直接赚到钱。由于评级并不直接给客户带来利益，因此客户的付费意愿并不会很强。这就好比你到餐厅吃饭，你掏 200 元觉得物有所值，但是如果查一下这个商家的口碑如何需要花费 2 元，你反而会不愿意。因此，评级行业往往需要依附一些其他行业才能带来利润。比如，从广告行业收取利润或者从评级相关的衍生产品收取费用（比如债券评级公司对债券发行者收取一定的使用费）。

所以，种种原因导致了评级行业往往会产生非常稳定、利润率很高（毕竟需要投入的资本很少）的公司。不过，这个行业过于小众，很多评级公司也没有上市，因此二级市场的投资者并不容易在A股市场找到关联性很高的标的。但是不管怎么说，了解这个行业的运作规律对丰富我们对商业社会的理解是十分有益的。

投资要有大局观

中国传世经典《大学》中有这样一段话：“畜马乘，不察于鸡豚；伐冰之家，不畜牛羊；百乘之家，不畜聚敛之臣。与其有聚敛之臣，宁有盗臣。”意思是说，家里有车马的人，就不要管有多少鸡和猪。夏天能从自己家地窖里取冰出来吃（古代这是一种奢侈的生活，现代当然有个冰箱就可以）的有钱人，就不要再去放牛放羊。对于那些有一百乘兵车（往往意味着数千人的军队，而不只是一百辆马车而已）的小诸侯来说，就不要有帮他聚敛钱财的臣子。与其有这样的一个“聚敛之臣”，宁可有偷盗财物的臣子。

这段话听起来很费解，尤其是最后一句，为什么说宁可有偷盗财物的臣子，也不要有能聚敛钱的臣子呢？实际上，这反映出中国古代政治的最高境界。因为“聚敛之臣”在聚敛钱财的时候，在和百姓锱铢必较的时候，会毁掉国家的根基，丧失人心，破坏团结的力量，而偷盗的臣子只不过偷走一点钱财而已。《大学》由此引出一句千古名言：“国不以利为利，以义为利也。”对于一个国家来说，眼前看得见的利益并不是最大的利益，整个社会的“义”才是最大、最长久的利益。

管理一个家、管理一个国，需要放弃眼前的小利，追求长远的大利，投资也是一样。在今天的资讯大爆炸时代，人们每天收到无数的信息。哪里的经济又衰退了，哪里的社会又不安定了，哪个行业又陷入低估了，哪家公司又爆出丑闻了，如此种种。过去，这些消息往往不会传到我们的耳朵里，因为那时候消息传播得很慢，每天我们只看固定的几份报纸和几个电视台，如此而已。但是今天，随着手机、电脑的普及，以及算法时代的到来，每个人都可以在一天之中浏览到过去人们需要一周甚至一个月才能浏览到的信息。定制化的信息甚至使得每个人看到的信息都不一样，人们可以选择自己喜欢的信息阅读，或者更糟糕的，被那些信息提供商希望自己阅读的信息所包围（这样信息提供商就能获得更高的点击量，以及由此而来的广告费）。

在这种信息大爆炸的时代和科技背景下，人们天然会接触到巨量的信息。而同时，所谓“好事不出门，坏事传千里”，人类天生的猎奇和比较心理导致负面信息比正面信息更容易传播。所以，对于今天的投资者来说，他们往往能听到比过去多得多的负面信息。曾经有一个投资经理忧心忡忡地对我说：“怎么感觉现在世界这么乱呢?”这就是典型的被眼前铺天盖地的负面信息淹没的情况。

面对这种情况，今天的证券投资就格外要求投资者拥有大局观。所谓大局观，就是一种看到历史大格局、社会大格局的宏大的视角，而不为当前的一点点消息所困扰。对于有大局观的投资者来说，他们对今天新闻上着力渲染的突发消息，对那些用了大量“刚刚”“重大”“突发”“!!!”的新闻，会像看笑话一样一笑了之，继而独自地、放松地从大局观的角度去思考问题。而对于没有大局观的投资者来说，他们被每天的信息所包围，被这些新闻和短期的变化牵着走，感到无所适从。这时候，就像“与其有聚敛之臣，宁有盗臣”一样，与其有勤奋阅读新闻和公司公告的投资者，还真不如有“懒得看消息”“事情发生了都不知道”的投资者。

看看过去十几年我们见到的市场估值底部，比如 2003 年的 H 股、2005 年的 A 股、2008 年的美股、2011 年的分级基金、2013 年的内地债券、2014 年的内地蓝筹股、2016 年 2 月和 2019 年 8 月的港股，哪一个在当时不伴随负面新闻？哪一个是在经济和基本面的歌舞升平中，价格却一路走低的？回过头看，这些市场都构成了绝佳的买入机会。但是在当时，对于没有大局观的投资者来说，他们被负面消息所包围，在惶恐中卖出自己的仓位，从而砸出了市场的底部。

整体证券市场如此，具体到每个行业，情况也是一样。比如在 2018—2019 年的汽车市场，汽车销量增速连续下滑，企业利润一降再降。我打开百度新闻，搜“汽车行业”四个字，出来的相关热点里有不少诸如“2019 汽车行业寒冬”“2019 汽车行业不景气”“汽车行业亏损”之类的词条。从新闻的情况来看，汽车行业糟糕透顶是毋庸置疑的了。但是，对于一个有大局观的投资者，他会看到 2019 年，中国的人均汽车保有量仍然只有日本、英国、韩国等发达经济体的 1/3 左右。如果说中国的汽车行业发展会在这样一个较低的水平就戛然而止，无疑是不太可能的。

对于保险行业的研究，也需要把短期的逆境和长期的发展区别

开。由于保险公司往往有不少股票投资，这些投资又常常需要以市价计算投资的盈利或者亏损，因此保险公司的利润往往和股票市场的涨跌关联度很大。在股票市场走熊的年份里，保险公司的利润报表经常变得很难看。但是，对于有大局观的投资者，他们此时应该透过短期报表的低迷，看到中国保险市场的巨大前途：中国的人均保费仍然远不及成熟市场，只有成熟市场的十几分之一。（注：本文成文于 2019 年。）而随着中国人工作、住房的基本完善，理财的需求必然成倍增长：这正是一个保险的黄金年代。

所以，有道是“牢骚太盛防肠断，风物长宜放眼量”，在证券市场，天天盯着突发消息是很难做好投资的。在每天浩如烟海的信息之中，投资者需要做的是多看社会的历史、多研究产业的规律、多了解市场的内涵，用大局观去看待当前市场在历史长河中的位置。只有这样，才能把投资做得又好又舒适。

金融行业的陷阱：过度扩张导致的基本面坍塌

如果说许多传统行业是建立在物质世界上，生产者把材料加工以后制成商品卖给消费者，那么金融行业就是建立在人们设定的规则和在这些规则之下的博弈之上。从这个角度来看，金融行业天生和传统行业是有着巨大区别的。其中一个具体的区别是金融行业的基本组成逻辑会随着行业参与者的行为改变而发生变化，但传统行业往往不会。

具体来讲，传统行业常常建立在一些基础的事实之上。一个农场主再努力，一头奶牛还是得吃那么多饲料（最多可以稍微少吃一点点）。顾客夏天一定喜欢到有空调的店铺里逛。奶牛要吃一定量的草、顾客喜欢凉快，这些事实都不会随着行业参与者的改变而改变。行业参与者所能做的，是在这些事实的基础上进行商业活动。但是，金融行业则不同：从业者本身的行为会改变一个商业计划的底层基础。

这里，就让我们看几个例子，来更好地理解金融行业的这种特性。

过去一二十年，指数化证券投资开始取代传统投资模式，成为资本市场的宠儿。在成熟经济体中，指数化投资已经占据了市场的很大一部分，而在内地资本市场中，指数基金的数量也在不断增长。很多分析者甚至认为，指数化投资将来会取代主动投资，成为市场的绝对主流。

但是，对于这个问题，霍华德·马克斯先生在 2018 年的《投资备忘录》之《无人化投资》（Investing Without People）中一针见血地指出，指数化投资完全取代主动投资是不可能的事情，因为指数化投资所依赖的根基是市场的有效性。市场的有效性来自数量足够、定价权足够的主动投资者；指数化投资如果真的取代了主动投资，市场就不会再具有有效性。也就是说，指数化投资如果真的覆盖了整个市场或者大部分市场，这种增长本身就会摧毁让指数化投资变得有效的根基。

2015—2019 年，内地市场中大量存在的股权质押，也存在过多的业务扩张会损害业务根基本身的可能性。简单来说，股权质押就

是上市公司的大股东把手上的上市公司股权，以相对当前交易价格有一定折扣的价格，质押给资金提供方。这样，如果上市公司大股东最后还不上钱，那么资金提供方就可以把股票卖掉，收回资金。由于质押的价格往往较当时交易价格有比较大的折扣，一般是交易价格的30%～40%，因此当只有少部分股权质押业务的时候，这种交易对于资金提供方来说安全性是很高的。

但是，如果在股权质押大量发生的时候，事情就可能变得不一样。当存量的质押过于巨大的时候，一旦市场进入逆风期，一部分平仓线比较高的股权质押会被动卖出，而这种被动卖出会导致更多的股权质押卖出：毕竟对于资金提供方来说，触及风险线、平仓线就卖是天然的选择。而这种滚雪球式的卖出会变得越来越多，最终危及整个市场。

而由于卖出的速度太快，在崩溃开始以后的资金提供方，甚至经常收不回全部的本金。在这种极端状况下，正是股权质押业务本身的普及，导致了这种业务根基的不牢固。当然，由于及时和强有力的监管约束，这种风险并没有在内地市场变成现实，而这也是中国市场逆周期监管的优势所在。

在2008年全球金融危机中，美国市场也遭遇了类似的情况。金融危机以前，美国市场积累了大量的信用违约互换类产品（Credit Default Swap，CDS）。简单来说，这种产品使得投资者可以对一家公司的信用风险投保，一旦信用风险真实发生，投资者可以从保险提供方那里收到钱，而保险提供方则需要承担实际的损失。

在市场上没有多少信用违约互换产品的时候，它们类似于企业级别的保险，整个交易很划算：有人收到了保费，有人分散了风险。但是，当整个市场都是各种类型的信用违约互换产品时，一旦危机到来，连锁崩塌就产生了。一家企业倒闭会导致一堆投资者去向另一家提供保障的企业索赔，这家被索赔的企业赔不起钱因而倒闭，从而引发更多的倒闭浪潮。信用违约互换的基础因为信用违约互换的流行而被削弱：这就是一个典型的金融行业特有的案例。

那么，投资者也许会问："如何能够避免以上所说的这种情况呢？"毕竟，在人们刚开始设计指数化投资、股票质押和信用违约互换产品的时候，几乎没有人能预料到，短则几年、多则几十年以后，事情会发生如此巨大的变化。如果有人宣称自己在这些金融创新刚开始的时候，对着3折的股票质押率、充足的市场流动性和一些只是简单买入市场上所有股票的指数基金，就能预料到它们最后带来的问题，那么这种预见的能力，简直令人匪夷所思。

而从本质上来说，这些业务和其他业务之间没有绝对的区别。或者说，许多金融行业的业务，都有业务扩张太大导致业务本身的基础被动摇的基因。举例来说，当全市场都是主动投资机构的时候，它们的业绩加起来就等于市场回报本身，并不会为投资者带来整体上的超额收益。而如果所有的投资者都使用量化程序进行交易，那么量化交易的优势也就荡然无存。所以，以上所举的几个例子，其业务本质在金融行业中是比较常见的。问题的核心在于，它们膨胀得过于巨大了。

既然这种问题的核心是过于巨大的业务体量，而不是这种业务和其他业务有什么区别，就像癌症细胞依靠自己巨大的体量压垮身

体而不是依靠自身和其他细胞完全不同来造成伤害那样（比如化学毒药），那么希望通过某些固定的判断标准就能筛选出风险，无疑是不现实的。投资者需要做的，是经常检查金融行业的平衡性，对各项业务定期“体检”，及早发现体量膨胀过大导致的风险，这样就能在事情变得糟糕以前有所准备。正如古希腊诗人阿尔凯奥斯所说的那样：只有勇士，才是城市最坚强的防御。

投资初创型科技企业的要点

如果我们把科技企业按照其所处的阶段，简单地做一个划分，那么我们可以把科技企业分成三个阶段：初创期、成熟期、衰退期。这里，就让我谈一谈对于初创期的科技企业的投资，需要注意的一些要点。

新的点子需要配合足够的计算

由于科技行业“新”的特点，很多初创型企业做的生意都是以前没有过，或者在以前的生意模式基础上发生了重大改变的。

这种改变会带来两种情况，一种是发现了一块巨大的宝藏，比如网约车、网络购物都属于此类。另一种则是创业者错误地估计了社会的需求、供给、技术和实际消费的结合等因素，从而虚构出来一个市场前景。但是这个市场前景和实际的市场前景有比较大的差别：共享充电宝、共享单车都是相对来说更贴近这种情况的例子。

在每一个社会中，市场前景是不一样的。以网络购物为例，这个行业在中国的发展势头比在美国要好得多。但是这个行业在两国的起步，则几乎是同时的：都是 2000 年前后。那么，为什么同一种商业模式在不同的社会有不同的前景？

原因是多方面的，至少包括以下几点：中国经济有后发优势，当网络购物兴起的时候，中国没有足够的销售体系与之抗衡，而在美国，以沃尔玛为代表的销售体系已经很发达；中国的人工成本更低，美国更高的人工成本无法承担低廉的快递价格；中国的小企业更多、产品更分散与多元化，导致网购可以满足这种个性消费的需求，而美国很多行业中的企业多半已经整合成几家大型企业，不需要特别复杂的点对点销售体系；中国企业管理更松散，很多员工上班可以收快递，美国人上班几乎无法处理自己的事情，更不要谈跑到楼下收快递。

以上列举的各种因素，共同导致网购行业在中国发展比美国要好得多。所以，投资者在选择一个初创型科技公司的时候，一定要仔细计算：这个公司是否有前途？其前景规划是否包含了太多不一定能够成功的假设？这种计算，要建立在对当地社会和经济充分了解的基础之上（比如很多中国人就不知道美国人上班不能收快递）。

需要指出的是，很多时候，由于科技企业的独特性、创新性，这种假设的计算很难做到精准。其实，即使是今天很多成功的科技企业，在当初创业的时候，创始人也没料到自己能做到这么成功。如果连创始人都没准确预料到企业的前景，又何况投资者呢？所以，以上所说的对企业前途的推断，必须是模糊的、大方向上的，我们不能要求这种推断是精准的、确切的。

竞争不会缺席：需要格外注意管理层和企业经营状况

在信息时代，哪怕是最好的商业计划，一开始都会有无数的竞争者。由于我们这个时代的信息流极度发达，各种天使投资、风险投资机构非常活跃，因此，几乎任何一个初创期的科技公司都会遇到大量竞争。这种竞争可能会来得稍微晚一些，但很少会缺席。

比如，在前几年的共享单车行业中，我们就能看到无数冲入行业的资本所带来的巨量竞争以及铺天盖地的自行车。在这种竞争中，投资者在面对初创型科技公司时，相比于研究成熟期的科技型企业和其他企业，就要格外注意企业管理层的能力，以及企业的经营状况。

对于企业管理层的能力来说，这种要求是多方面的。他们需要有足够的远见，不在战略上犯大的错误；要有足够的度量、足够的自我反省精神，能够及时听取别人的意见、纠正自己的错误；要有足够的亲和力，对员工足够真心，能留住核心人才，避免他们跳槽（这种跳槽往往会导致更多的竞争对手）；他们还要足够细致，注意到企业经营中很多细枝末节的东西，以免企业被细节拖垮；最后，企业管理者还要有足够的社会道德感，避免他们在利益面前走弯路。

以上要求，对投资者来说可能过于复杂、过于难以判断了。毕竟很多时候，即使是天天生活在一起的人，我们都难以对他们是否符合以上要求做出明确的判断。这时候，投资者就要通过对企业经营状况的审查，来推测管理层的能力和状态。或者更具体一点说，通过对经营状况的审查、产品销售的感知、管理层的判断等几个因素的综合判断，来做出大致的推测。

要做好巨大盈利和巨大亏损的准备

由于在A股市场上市的公司多半是处于成熟期的企业，因此A股投资者对初创型企业的盈利状态并不熟悉。对于成熟企业来说，它们的基本面变动往往不会太大，年份好的时候可能会有15%的增长，糟糕的时候有15%的下跌：它们很难让投资者大吃一惊。

但是，对于初创型科技企业来说，我们经常看到的情况是“成者王侯败者寇”。成功的企业由于开创了一个巨大的、新的市场，加以科技型企业往往有比较强的网络效应（产品价值随购买这种产品的消费者的数量增加而增加，会带来更多的消费者）和规模效应（规模更大的企业在经营上有更大的优势），因此成功企业所带来的回报，往往是上百倍乃至上千上万倍的。谷歌、腾讯、阿里巴巴、京东、脸书等企业，都是这方面很好的例子。

而对于失败的企业，由于科技型企业大多是轻资产公司，不像公用事业公司和交通运输公司那样有巨大的资产，因此科技型企业一旦失败，往往会变得比一文不值好不了多少。其亏损的比例比传统企业要大得多。

对于这种“要么大赚要么大亏”的投资环境，传统的A股投资者需要有所意识，并且做出两种转变。

对于成熟期的企业来说，由于其基本面波动不会太大，因此很多投资者更习惯做波动交易。价格上去就卖掉，价格下来就买入，反正企业变动不大，波段交易的钱不赚白不赚。同时，很多投资者习惯于重仓交易，只买一只或者只买几只股票是常态。

但是，对于初创型科技企业的投资来说，投资者要适应这种“赚钱的企业会带来千百倍的回报，亏钱的企业会几乎亏光”的状态，必须减少波段交易，这样才能在找到好的投资标的时，不因为频繁买卖而错失自己的利润。另外，投资者需要用大量的分散投资，通过持有几十家乃至一两百家经过精细选择和分析的好公司，来规避“一旦亏损就是巨亏”的风险。

总结来说，在这个不断变化的世界里，初创型科技企业往往会给投资者带来传统投资不可想象的回报。在过去几十年里，我们看到成熟市场中一些新生代的、优秀的投资机构，都是通过投资初创型科技企业，而相比于老一代投资家取得了“青出于蓝而胜于蓝”的回报。而由于初创型科技企业和传统型、成熟型企业之间巨大的区别，传统投资者需要修正自己的投资判断体系和投资方法，才能更好地适应这种新兴的投资标的。

共享充电宝行业：赚点辛苦钱

共享充电宝行业是一个兴起于 2017 年的新兴行业。具体来说，共享充电宝企业在一些人流量密集的地方，投放一个装着从十个到几十个数量不等的充电宝的箱子，供手机快没电的人使用。使用者通过手机 APP 打开特定的共享充电宝，每次交一点点钱（一般用一次也就一两块钱）。

尽管共享充电宝行业是一个新兴行业，但是，商业分析的妙处就在于，任何商业社会下的行业，哪怕使用一流的先进科技，都会遵循古老的商业和社会规律。这里，就让我们尝试分析一下，共享充电宝行业的竞争优势格局是怎样的。（注：本文成文于 2019 年 11 月。）

并不算太大的规模优势

不论大小，其实任何企业都有一定的规模优势。记得查理·芒格曾经说过，规模优势是最容易找到的企业竞争优势。不过，问题的关键在于，有些行业，比如飞机制造、电脑芯片，由于产品过于复杂，规模优势很大。但有一些行业，极端的比如定制西装、理发，规模优势极小，大企业相对小企业并没有多少明显的优势。

对于共享充电宝行业来说，规模优势在一定意义上存在。一方面，规模越大的共享充电宝公司越容易采购到便宜的原材料，越能够投入更多的研发成本，制造出更好用的共享充电宝，比如电池的耐久性更好、使用更为便捷，等等。同时，越大规模的共享充电宝公司，由于其产品分布相对更广，也就越容易服务客户在不同场景下的需求。

不过，共享充电宝行业的规模效应虽然明显，但是并不强。原因很简单，这个行业实在太小了。在一座城市里，其全部的投入只不过是一些充电宝设备而已。同时，共享充电宝无法产生网购平台那样强大的全国性网络效应，不同城市里的充电宝设备很难形成全国性的规模优势：这点和网约车行业有点像。因此，尽管共享充电宝行业存在明显的规模效应，但是一旦有外来资本侵入，这种规模

效应很难形成强有力的屏障。反之，一些投入巨大的行业，比如保险、证券、飞机制造，则拥有强大的规模效应屏障。

微弱的客户黏性

对消费企业来说，客户黏性是非常重要的考量标准。所谓客户黏性，就是指客户在使用了一家公司的产品以后，有意无意地会在未来更倾向于使用同一家公司的产品。客户黏性越高，企业越容易赚取利润，反之则越难。

从客户黏性的角度来说，共享充电宝行业有一定的黏性，但是并不强。由于共享充电宝之间的 APP 并不兼容，收取客户的押金也不兼容，即使一些更大的 APP 平台可以提供统一的兼容服务，客户也容易在成功使用一家企业的产品以后，对这家的产品产生信任和依赖。因此，在价格相同的时候，客户更倾向于使用同一家公司的共享充电宝。

问题在于，这种客户黏性很难为共享充电宝企业带来更高的收入。由于下载一个新的手机 APP 并不是什么太费劲的事情，一些大的平台，比如微信、支付宝，也可以同时支持不同公司的共享充电宝，因此对于放在一起的不同公司的共享充电宝来说，客户往往会使用更便宜的那个：客户的忠诚在这里并不可靠。所以，对于共享充电宝企业来说，客户的黏性存在，但是并不强。

值得指出的是，客户黏性有时候是一个很微妙的问题。在两个看似相同的行业中，因为一些细小的差别，其享有的实际客户黏性会有很大的不同。比如，连锁餐厅往往有比较高的客户黏性，这是因为餐厅有“先付钱再取餐，发现不好不能退钱”的特质，所以连锁餐厅往往因为其在客户心目中积攒下的印象，有比较高的客户黏性。

但是，充电宝却是一个相对来说标准化的产品，即使客户拿到手的容量和标明的容量有一定的差距，这个差距也不足以像一盘糟糕的菜肴那样影响客户体验：无非是少充一点电罢了。因此，共享充电宝行业中连锁规模比较大的企业，不容易像连锁餐厅那样享有巨大的客户黏性。

糟糕的上游议价能力

对于企业来说，上下游之间的议价能力十分重要。有些企业议价能力很强，就容易赚到比较高的利润，比如航空发动机公司对下游航空公司的议价能力就很强。而改革开放以前的铁路部门，由于其几乎垄断的性质，对上下游客户的议价能力都强到极致。

但是，共享充电宝行业对客户的议价能力却比较弱。对下游用户的议价能力，已经在上面客户黏性的问题中讨论过。而对于提供场地给共享充电宝摆放柜台的线下商家来说，共享充电宝企业的议价能力也不强。因为人流量掌握在这些饭店、夜总会、酒店等人流密集的地方，这些企业本身很难被替换，但是这些企业选择与哪家共享充电宝公司合作却是十分简单的事情。因此，共享充电宝公司对于上游这些提供设备摆放场地的商家来说，就很难有很强的议价能力。

难以伴生优质的广告与流量

在互联网时代，人们开始认识到一个真理，就是只要有了访问流量，怎么赚钱是一个能够自动解决的问题。

但是，真理和谬误往往只有一步之遥，流量和盈利之间的关系也是如此。投资者需要认识到的问题是，并不是所有的流量都有同等的价值。极度接近购买场景的访问流量，往往会带来很高的价值。比如，你去商店的时候，在商店门口接到的卖鞋子的小广告就极度有用，因为这个广告和客户的实际购买行为非常接近。但是，在小区门口散发的鞋子品牌小广告往往很难有作用，因为小区的生活环境和客户的购买行为间隔很远。

从这个角度来看，尽管共享充电宝在很多地方会带来客户的信息流量，比如安装在手机上的 APP 可以推送一些广告，在客户拿到手的充电宝上也可以印广告，但是这些广告离客户的购买行为非常遥远：谁在拿到充电宝的时候，会停下来购买些什么东西呢？因此，共享充电宝行业很难找到自己的互联网流量价值。

与之类似的一个例子是 2015 年前后出现的一个商业概念。当时，快递柜这个行业刚刚兴起。具体来说，就是在小区门口放个自动快递柜，这样快递员就不用把货物交给客户本人，而是可以用快递柜代收。快递柜是一个非常好的商业概念，直到今天我们还可以看到许多快递柜。

但是，2015 年，有一个商业概念认为，快递柜因为有巨大的人流量，因此可以作为广告的极好投放点。在资本市场如火如荼的 2015 年，这个听起来不错的概念很快受到了市场追捧。但是很明显，这个商业概念错误地把“流量”和“广告价值”这两个概念混淆了。在匆忙拿快递的时候，很少有人会留心快递柜上的广告：拿快递这个行为和顾客的购买行为相差得实在是太远了。结果，快递柜并没有成为很优秀的广告投放点。

缺失的网络效应

在互联网行业中，网络效应往往是成就某些细分行业的利器。比如，淘宝网就得益于极强的网络效应优势。

所谓网络效应，指的就是某个公司新增加的客户会带来更多的业务体量。以淘宝网为例，越多的顾客就会吸引越多的商家，而越多的商家会吸引越来越多的顾客。这样的现象在微软公司的 Office 软件和谷歌公司的 Chrome 浏览器上也同样存在：越多的人用 Excel 表格，就会使得这种表格越发流行，从而带来越来越多的人使用（不用的人会发现自己做的表格和别人的没法兼容）；而越多的人使用 Chrome 浏览器上网，就会导致越多的网站按照 Chrome 的标准编译自己的网站，从而使得更多的人愿意用 Chrome 浏览器上网。

但是，这种网络效应在共享充电宝行业并不明显。一个顾客开始使用某个品牌的共享充电宝时，这种使用行为并不会带来新的客户。从这个角度来看，共享充电宝行业在科技行业中其实是比较辛苦的一个行业：它的客户不会自动扩张，需要一个一个累积。

难以树立的品牌效应

在许多传统行业中，品牌效应是非常有效的企业竞争优势，对于那些客户感知不透明的行业来说尤其如此。举例来说，阿胶行业、高端白酒行业都属于品牌效应极强的行业，客户对于拿到手的阿胶、白酒，很难准确分辨出不同品牌之间的具体差异（准确区分可能需要精密的化学实验仪器才能做到），因此品牌在这时候的作用就极其强大。

但是，充电宝恰恰是一个客户感知非常容易和透明的行业。也就是说，客户对自己花钱买来的服务究竟如何，非常容易衡量：他们只要看看手机上充了多少电就可以了。因此，在这样一个绝对透明的行业里，品牌效应也就非常难以建立。

不仅是共享充电宝行业，对于绝大多数产品质量透明的行业，事情都是一样。比如，航空公司之间的竞争就极其残酷，因为顾客对于每家公司提供的服务，是很容易清晰、准确度量的：每家公司都把客户从 A 城市平安送到了 B 城市，而那些不能做到这一点的公司（比如刚坠了一架飞机）很容易被市场淘汰。

一般的技术壁垒与科技变革带来的潜在威胁

相比于刚入行的小型企业来说，现有的龙头共享充电宝公司的确累积了一些技术壁垒。比如，网络上曾经出现过教人如何破解共享充电宝设备的方法，而技术实力比较强的公司很快就对这种方法做出了有效的反制。但是，很明显，这种技术壁垒并不强大。本身充电宝就不是一个太难制造的东西，而想要在这个简单的产品平台上累积巨大的技术优势，无疑是困难的。

另外，许多行业都会面临的一个问题是，随着技术的改进，原有的行业格局可能遭到破坏。最简单的，汽车和火车的出现宣告了马车行业的衰落。智能手机的出现，宣告了诺基亚的衰落。

而对于共享充电宝行业来说，科技变革带来的最主要的挑战可能是手机的电池续航能力变长。这种续航时间的改变其实并不需要特别巨大，只要能让手机的续航时间突破一天的阈值即可：客户可以晚上回家充电。而这种突破，也是各大手机厂商投入重金要改善的方向。

当然，从发展的历史来看，电池并不是一个容易做出改变的行业。在过去许多年中，电池无论从存储效率还是体积方面，所取得的进步，几乎都可以说是科技行业中最慢的：比集成电路行业中著名的摩尔定律不知道差了多少（摩尔定律是指，集成电路上可容纳的晶体管数目大概每 18 个月就会增加一倍）。但是，一旦手机电池的续航得到突破，那么其对共享充电宝行业的冲击就是巨大的。

总结来说，作为一个刚刚兴起的科技行业，共享充电宝并不是一个特别受商业规律眷顾的行业。它的规模优势在一定意义上存在但并不算太明显，客户的黏性并不强，上游议价能力弱，也很难带来广告流量或者形成网络效应，顾客的品牌依赖度也不高，同时还受到新技术可能带来的挑战。可以说，这个行业是辛苦的，也是容易产生大量残酷竞争的。

但是，这毕竟是一个解决客户在细分领域实际需求的新兴行业，而对于任何一个新兴行业来说，市场的快速扩张和顾客空缺需求的满足，都会让企业在需要依靠竞争优势以对抗商业对手之前，能够在一定时间内取得快速的发展。而这种快速的发展也足以让先下手、取得领先优势的企业获得一定的商业空间。不过，这种商业空间在长期来看，并不容易转化成能够给企业提供长期优秀盈利的、又宽又深的护城河。

投资要重视比较研究

我从事投资和研究行业十几年，接触了许多投资者和研究员，很多人跟我讲过他们看好的投资机会。在讲到自己看好的投资机会时，绝大多数人都对这个投资机会的优势如数家珍：这个股票基本面怎么好，估值多么低，那个基金的基金经理如何靠谱，如此种种。

平心而论，能这样分析问题的投资者，已经比那些不管买的东西是什么、听到消息就下单的投资者，进步了很多。我曾经不止一次听到投资者和我说“我买这个股票是因为我家亲戚说马上要有大动作”“我买这个股票是因为我喜欢它的名字”“因为最近技术图形走得好”。听到这些理由，常常让人哭笑不得。

但是我发现，即使是那些认真分析了某项资产的投资者，往往也忽视了一个至关重要的问题：这个资产纵然不错，但是有没有比它更好的资产？有没有从跨资产、跨行业、跨公司比较的角度，确定这是“现在能找到的最好的投资标的”？

举例来说，2019 年，有个投资者对我说，乘用车行业仍然有发展空间，而且空间比较大，人均水平和发达国家比大概有 3 倍的空间。3 倍的空间确实不错，但是我问他：“当前中国保险行业的平均水平和发达国家比有十几倍的增长空间，再保险行业有 40 倍上下的增长空间，为什么你要看这个有 3 倍空间的行业呢？”这位投资者当时就愣住了，因为他根本没有从这个角度考虑过这个问题。

证券研究行业的前辈张化桥先生曾经提出过一个问题："难道金融股赚的钱就不是钱吗?"这个问题提出的背景，是在2008年全球金融危机以后的很长一段时间里，香港市场的投资者对金融行业的企业都避之不及。这种恐惧是由2008年全球金融危机中，全球市场许多金融企业的基本面崩盘、股价暴跌所带来的。

但是，当这种恐惧蔓延到中国内地的一些金融企业，尤其是由国家直接控制和管理的、很难出现信用风险的金融企业身上时，就明显过犹不及了。当香港市场的一些金融企业的估值只有几倍PE，而许多消费企业动辄享有几十倍乃至上百倍的估值时，问一下"难道金融股赚的钱就不是钱吗"是发人深省的。（注：本文成文于2019年，彼时香港市场上这种估值差异比比皆是。）

当然，投资机会之间的对比是一个有机的过程，而不是机械性的"这个行业和发达国家的差距比那个行业大，这个行业就一定比那个行业好"，或者"这家公司的估值比那家高，这家公司就一定差"。可以说，这种跨领域以期找到最高性价比的投资标的的工作过程，更像是一种艺术，而不是一种科学。

比如，拿中国的人均咖啡消费量去对比美国的人均咖啡消费量，就是有失公允的。中国人天生对喝咖啡没什么兴趣，而美国人喝咖啡就跟喝水差不多。类似地，用中国的茶叶消费量直接对比美国的茶叶消费量，也会得到不准确的结果：中国是天生的茶叶大国。

类似的对比还有，拿中国的消费水平对比韩国的泡菜消费量、德国的啤酒消费量、美国的汽车保有量，等等。这些对比都没有仔细考虑国家和民族生活习惯之间的差异：韩国人有名的喜欢吃泡菜，德国人有名的喜欢喝啤酒，美国则是著名的车轮上的民族。

不同的行业之间也有许多天然的差别。这种差别不一定是财务数据带来的，也可能是不同的商业和社会结构带来的。举例来说，服装行业以没有客户黏性著称，一个客户上一件衣服是李宁的，并不妨碍下一件是森马的。但是，对有些行业来说，客户黏性就更强，如很少有人会随便更换自己的发型师或者按摩师。这种行业与行业之间的差别需要用心去体会，不能简单看看财务数据就下结论。

当然，既然这种跨投资机会之间的对比更像一种艺术而不是一种科学，它就很难得到一个特别确定的结果。

一般来说，投资者在进行了艰苦的对比工作以后（这往往涉及在几千只股票、多个市场、多种行业和资产之间挑挑拣拣），往往会得到一个模糊的范围，而不是一个精确的结论。所谓模糊的范围，就是说“这三四十只股票可能比其他股票要好，但这三四十只股票里哪只股票最好很难说”。而精确的结论，则类似于“这只股票是世界上最好的股票”。显然，在充满了不确定性的世界中，想得出后者这样精确的结论几乎是不可能的。

以最简单的同时在 A 股和港股上市的股票来说，同一只股票按理说应该是同股同权、具有相同的价值，但是，熟悉 A 股和港股市场的投资者都知道，同一家公司在内地和香港市场上市的股票，其价格可以相差甚远。

在判断同一家公司的 A 股和港股股票哪个更有价值这件事情

上，投资者最起码需要考虑以下因素：两个市场的估值体系不一定一样，两地对股息的税收并不相同，两地的市场波动性不同，港股市场的股票更容易退市，两市的股票在配售可转债、配售股票等可能带来原股东收益增厚的方面并不一定同步，等等。

可以看到，如果想要在无数的股票、基金、债券、房地产、PE投资项目、信托、理财产品等潜在投资标的中做出"最优"哪怕只是"模糊的最优"的选择，都是一件非常费力的工作。而由于备选标的的复杂性，这种选择必然无法简单地用模型测算代替。在这种情况下，想要做出哪怕是模糊的比较选择，都需要投资者有丰富的知识储备和商业阅历。同时，投资者还需要一些计算机模型的协助，通过一些数据筛选方法为主观的判断提供便利。双管齐下，就不难在许许多多的投资标的中，找到相对其他标的来说更优秀的投资标的了。

科技行业中的信息论：你永远不知道新增的信息管理能力会带来什么

20世纪70年代，计算机行业有一个很有名的论断："为什么每个人都需要一台个人电脑呢?"当然，这个论断有名不是因为它正确，而恰恰因为它错得离谱，没有看到后来个人电脑的巨大发展。

不过，在当时的预测者看来，这个论断有它自己的道理：毕竟每个人的生活中只要有电视机、洗衣机、冰箱和烤面包机这些就足够了，运算能力那么强大的个人电脑会对大家的生活有多少帮助

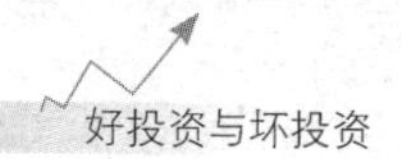

呢？难道每天让电脑把本来用几张纸就能算清楚的账单演算一万遍吗？

同样，在20世纪90年代那个互联网的速度还很慢、发个电子邮件都要等半分钟的年代，没有人会想到网络会对影视行业和购物产生什么样的冲击。对于那个年代的人们来说，互联网只可能对邮件发送行业产生一些冲击，而且这些冲击还只局限于文字和信件，照片等不在其内。在那个年代，互联网的信息传递能力还很弱。

但是，随着互联网的发展，今天的网络购物网站，比如淘宝、亚马逊，可以很便利地向顾客展示商品的图片细节。它们甚至允许用户上传自己拿到产品的短视频，给潜在客户足够的参考。而Netflix这样的在线影视公司，则对传统的电影院形成了挑战。人们可以在网上，在任何时候，点开任何一部电影，在自己的家庭影院里观看，看到一半还能停下来去个洗手间。这些应用场景，在发送一封电子邮件得等半分钟的互联网时代是不可想象的。

从以上两个例子里，聪明的读者，我想你已经猜出了这篇文章的重点：当人们管理信息的能力增强以后，不论这种能力是分析信息（个人电脑）还是传输信息（互联网），我们都能够做出之前根本想象不到的事情。

换言之，当管理信息的能力还没有足够大时，我们也很难预料我们在拥有强大管理信息的能力时，能做出怎样惊人的事情。这种对信息的管理能力的极度重视，就是信息科技行业中非常重要的一个理论——信息论——的重要组成部分。

在中国改革开放的历史上，信息论也起到了巨大的作用：尽管当时我们并没有用“信息论”这个词，我们用的是“要想富，先修路”（这句话最早是时任四川省眉山县县长徐启斌在 1982 年提出来的）。对于发展一个地方的经济来说，路不像工厂、企业，本身不会带来增长，但是好的交通条件会让生产要素流通起来，从而使整体经济形成合力：这和互联网对信息的传递有异曲同工之妙。在过去几十年中国经济的发展中，“要想富，先修路”的战略听起来很乡土，却是经济发展最重要的驱动力之一。

“修路”带来的这种信息和生产要素流动所导致的经济成就，像之前“为什么每个人都需要一台个人电脑”一样，其影响之深远很难在之前被预料到。记得京沪高铁刚刚开始规划时，不少海外的分析认为，按照北京到上海之前已有的火车班次，即使算上一定的增长，也很难覆盖高铁的成本。但是，高铁落成以后很快就开始盈利，因为京沪之前的铁路班次不是增加了一点，而是增加了许多倍：这和 20 世纪 90 年代互联网只能传输简单的信息而现在可以传输海量信息的变化如出一辙。

吴军先生在《浪潮之巅》中描述了一个硅谷公司如何对待员工信息处理能力的细节。谷歌公司在每一个程序员入职时，都会给他配备两台最新的、性能最好的电脑。微软公司则没有这样的魄力，新员工往往领到性能抱歉的二手电脑。尽管一台最新型的电脑相对员工工资来说不值几个钱，但不是每家公司都能做到对信息处理能力如此重视。

结果，谷歌公司和微软公司在产品研发能力上的差异，不能不说和这种对员工信息处理能力的重视程度差异有关。比如，微软公

司几乎垄断了个人电脑的操作系统，理应在移动设备时代有继续垄断操作系统的潜力，但是其手机操作系统 Windows Phone 却彻底输给了谷歌公司的安卓系统（Android）。不仅如此，尽管微软一直在个人电脑的操作系统中预装网页浏览器，比如 IE（Internet Explorer）、Microsoft Edge，其网页浏览器理应得益于操作系统的垄断优势而无往不利，但是谷歌公司的 Chorme 浏览器却一直以其卓越的性能和极小的系统资源占用率，稳居全球浏览器使用率第一位。

和上面的例子类似，在日常工作中，我一直有一个理论：宁可电脑等人，不能人等电脑。意思就是说，宁可设备的信息处理能力过高、浪费一些买设备的钱，也不能让设备慢下来、要员工去等待设备响应。而我认识的一些国内的优秀公司，也往往学习谷歌公司的做法，在对员工的设备更新上不遗余力。反观一些暮气沉沉的企业，员工经常刚报道就领到性能已经落伍的设备。结果，整个企业的信息处理能力大打折扣，长期竞争力也颇受影响。

回到现在正如火如荼推进的 5G 网络（第五代移动通信网络，本文成文于 2019 年），事情也是一样。有分析认为，4G 的速度已经够用，5G 的高速度对于现在的应用场景并不会有太大帮助。这种分析，其实就是没有理解信息论中对信息的处理和传播能力的极度重视。由于 5G 网络带来的超高速度，一定会有一些在 4G 网络时代不能支持的应用被创造出来：这好比我们不会在 2G 时代就考虑视频会议系统和云端人脸识别系统一样。

所以，对于那些熟悉信息管理能力重要性的人，努力增加你们的信息处理能力和信息传播能力吧，你们会找到意料之外的机会，开创之前难以想象的事业。

驾驶员人数高增长显示中国汽车市场在 2019 年仍有潜力

对中国汽车行业的质疑，很多年来一直存在。记得 2008 年春天的时候，我在成都帮一家汽车销售公司做资产重组相关的业务。彼时，金融危机正肆虐全球，许多汽车销售工作者讨论的话题就是，中国汽车销量能不能突破 1 000 万辆。

在 2019 年看来，这个话题似乎很可笑。根据《中国汽车工业年鉴》的统计数据，中国 2018 年的汽车销售量为 2 808 万辆。但是，在 2008 年的金融海啸中，保持信心并不是一件容易的事情。结果，尽管 2008 年中国的汽车销售量只有 938 万辆，但是在一年以后的 2009 年，这个数字就大涨到了 1 364 万辆。

2019 年，当中国经济增长速度放缓、汽车销售量连续四年（2016—2019 年）维持在 2 800 万辆左右时，市场对中国汽车行业的天花板到底在哪里，开始出现了比较大的怀疑。

2019 年，支持乐观者认为中国汽车行业仍然有较大发展空间的论据，主要来自中国较低的人均汽车保有量。根据维基百科上整理多个数据源汇总的统计数据，中国在 2019 年 6 月的千人汽车保有量仅为约 183 辆，不仅远低于美国（2017 年 838 辆）、澳大利亚（2018 年 730 辆）、加拿大（2018 年 685 辆）、新西兰（2018 年 860

辆）等汽车大国和地广人稀的国家，甚至远低于日本（2018 年 615 辆）、韩国（2019 年 475 辆）、英国（2017 年 471 辆）等土地面积不大甚至可以说狭小的国家。

但是，仅有一条数据作为论据无疑是苍白的。反对这个论据可以作为正面支撑的投资者认为，中国有更特别的国情，比如铁路特别发达、人口密度大、家庭汽车需求量小等。尽管日本的铁路也很发达，韩国的人口密度也不低，但是如果只有“千人汽车保有量更低”这样一个指标去支撑中国汽车行业乐观的前景，无疑仍然让人感到不够踏实。

另一组数据也许可以从另一个角度，证明 2019 年中国汽车市场的潜力仍然巨大。也就是说，基于保有量水平做出的判断，可以被交叉验证为正确的。这个数据就是每年的汽车驾驶员增长速度。（注：本文成文于 2020 年 1 月。）

根据中国公安部的数据，2018 年底的全国汽车驾驶员总数为 3.69 亿人，比 2017 年的 3.17 亿人增加了 16.4%。当然，年度的驾驶员人数增速往往有些跳跃，比如 2017 年比 2016 年增加了仅仅 4.4%。不过，如果从三年复合增长速度的角度来看（如 2018 年对比 2015 年的年均复合增长速度），这个数字就会平滑、清楚得多：在 2016—2019 年这几年，汽车驾驶员年均增速稳定在 9%左右。同时，根据公安部 2019 年 7 月发布的数据，2019 年上半年汽车驾驶员达到 3.8 亿人（并没有明确指出 3.8 亿到底是 3.80 亿还是 3.89 亿），仍然保持了之前跳跃性的增长态势：在一个大年（如 2018 年增长 16.4%）以后出现一个小年（增速是个位数但仍在增长）。

尽管2019年前后9%左右的驾驶员增长速度已经比之前的速度略有下降（2010—2014年这个数字维持在12%左右），但仍然是一个非常高的速度，意味着每年新增的潜在消费者会增加9%。相比之下，目前能够找到的、最早的美国汽车驾驶员人数的统计数据是从1950年开始，当年美国驾驶员的年增速只有4.8%。更重要的是，1950年美国的人口增速仍然有1.7%，而中国在2018年的人口增速只有0.4%。

对比1950年左右的美国汽车市场与2018—2019年的中国汽车市场，可以看出，前者在驾驶员增速远低于后者的同时，汽车普及程度更高。1950年，美国每千人的汽车保有量为324辆，而中国在2019年6月的数据只有约183辆，仅为前者的56%。这再次印证了汽车驾驶员增速差异所反映出来的事实：中国2019年汽车市场的饱和程度，比1950年的美国市场要低。

由于美国汽车市场的驾驶员人数的数据最早只能追溯到1950年，而1950年驾驶员的增长速度，在扣除人口增长速度的因素以后，只有中国在2019年水平的大概1/3，因此通过驾驶员增长速度已经很难计算中国2019年时汽车行业的饱和度在美国行业发展史上所能匹配的时点。不过，从千人汽车保有量数据上可以看出，2019年中国汽车市场的水平，和美国1920年代末期到1930年代的水平大致相当。

根据美国能源部编制的《美国交通能源数据手册》，美国在1920年的千人汽车保有量为87辆，1930年为217辆，而受到1929年大萧条影响，1935年的数字下降到208辆。这个数字和2019年中国千人183辆的水平大致相当。从驾驶员的增速来看，既然在1930年代之后20年也就是1950年的驾驶员增速仅为4%～5%，扣除人口的影响可能更低，那么在1920年代末到1930年代，如果我们揣测美国驾驶员的增长速度维持在9%左右的水平，也是比较合理的。

随着汽车行业逐渐发展、饱和度逐渐抬升，汽车的总销量也会增加。根据现有的研究，我们无法找到1950年以前美国市场的汽车销量数据，但是从1950年以后，也就是从之前对比的、饱和度远高于2019年中国市场的时点开始，美国市场的汽车销量仍然在显著增长。

根据美国《汽车新闻》杂志的统计，1951年美国汽车销量为627万辆，1959年增长到706万辆，1969年跃升至1 155万辆，1979年增长至1 415万辆。进入1980年代以后，美国市场的汽车销量才显著停滞。

而从汽车销量和人口的对比上，我们也可以看出2019年时中国汽车市场和20世纪后半叶美国市场的差距。1950年代，美国市场的汽车销量和总人口的比例大约是4%，1970年代则上升至5%～7%，随着经济周期而上下波动。而2016—2019年，中国市场的汽车销量和总人口的比例连续4年维持在2%，仅有美国1950年代的一半左右。而如果中国的汽车销量和人口的比例达到4%，那么在2019年，中国市场的汽车销量就不是每年2 800万辆，而应该是大约5 600万辆。

当然，美国被称作车轮上的国家，其超高的、在2017年就达到每千人 838 辆的汽车保有量，对中国市场并没有完全的借鉴意义。但是，既然 2019 年中国汽车市场的饱和度仅仅达到美国市场在 20 世纪二三十年代的水平，那么在汽车驾驶员增长速度仍然高达 9%的时候，仅仅因为汽车销量 2016—2019 年连续 4 年停滞不前、盘桓在 2 800 万辆左右（甚至略有下降），就认为中国汽车市场在 2019 年就已经摸到了天花板，无疑是过于悲观的。

实际上，2016—2019 年之间的汽车销售增长停滞，很可能不是因为汽车行业已经摸到了自身的天花板，而是因为中国经济增长减速导致的大额消费、投资迟滞。

在这 4 年中，中国经济主要受到三重压力：金融上的主动去杠杆、房地产的“房住不炒”（指针对房地产市场的政策导向：“房子是用来住的，不是用来炒的”），以及和美国之间的贸易纠纷。前两者是政策上良性的自主选择，用短期的阵痛来换取国家经济的长治久安，后者则来自变化的国际贸易形势。

可以看出，这三个因素并没有任何一个是长期因素，其造成的经济短期承压并不会扼杀经济的长期发展潜力：前两个在金融和房地产上主动选择的调整，甚至会提升经济体的长期健康程度。

当经济增长承压的时候，汽车作为大额消费品以及对一些家庭来说作为投资品，其消费自然会受到压力。许多家庭会滞后汽车的购买计划和更新换代计划，造成汽车销售量在 2016—2019 年的 4 年中几乎保持不变（甚至有所下降）。但是，在经济不景气的时候考驾照、考研究生、学英语等，却不会受到人们反对，这也就解释了为什么驾驶员的增长速度仍然很高。而一旦经济增长受到的压力减轻，对汽车的购买欲望在经历了4年的压制以后，恰恰因为其压制得过久，而很可能在2019年以后，能够迎来一个高速增长期。

当然，对于汽车行业的投资者来说，行业的成长空间只是其中一个因素。汽车行业的竞争格局相对来说比较复杂（沃伦·巴菲特曾经明确指出，汽车行业的竞争格局非常复杂），企业很难建立难以撼动的比较优势，而一旦在竞争中落败，则可能形成“销量下滑就没钱做研发做推广，没钱做研发和推广销量就下滑”的恶性循环。同时，汽车行业本身又受到新能源汽车尤其是2019年新到中国的特斯拉的冲击。因此，即使中国汽车行业的潜力仍然巨大、行业天花板也很难停留在每年2 800万辆的销售量上，但是投资者在选择具体投资标的时，仍然要仔细甄别。

全球金融行业投资中，需要注意的风险与机遇

在分析全球市场范围内金融企业的股票时，沃伦·巴菲特先生曾经不止一次表示出谨慎。巴菲特指出，全球市场上的金融行业公司，需要谨慎地分析才能考虑投资。这些企业的杠杆往往太高，会导致不善于运营金融企业的管理者给公司带来巨大的麻烦。这段精辟的分析道出了金融行业经常遇到的三个问题：代理人机制、错误的判断，以及杠杆率。

先说代理人机制。所谓代理人机制，就是指负责决策的人和承担这种决策的结果的人并不相同。于是，“代理”了这种结果的真正承担者的“代理人”，就容易做出不称职的工作。

举例来说，在2008年金融危机中，大笔投资金融衍生品的人，很多用的不是自己的钱，而是银行、保险公司、基金公司的钱。由于不是用自己的钱，这些投资者显得鲁莽且不谨慎。这种不谨慎在电影《大空头》中被描述得淋漓尽致，投资者根本不了解自己投资的衍生品到底包含了什么。他们不了解其中的合同条款、底层资产的构成、潜在的违约率等，而他们也不愿意去仔细调查，毕竟调查一个包含了巨量底层贷款资产的衍生品实在是太复杂了。代理人很开心地按下投资的按钮，在年底赚钱的时候就能轻松拿到一大笔奖金。即使年底亏损了，甚至把华尔街的一些老牌投行亏到破产，代理人也可以拍拍屁股一走了之。

错误的判断，指的是金融企业对一些市场的严重误判，比如不凋花基金、美国长期资本管理公司、2008年全球金融危机中的美国五大投资银行、比利时富通银行的几个案例，都有这种严重的误判问题。这种严重的误判有时候来自代理人机制导致的决策失败，有时候也来自企业管理者本身的能力欠缺。

代理人机制问题和可能的误判，这两个金融企业常常遇到的风险，经常被这个行业特有的高杠杆率放大。对于一般的企业来说，即使企业经营者有严重的代理人问题，管理层对行业产生了一定的误判，也很难导致企业死亡。但是，金融行业的公司往往有着动辄十几倍乃至上百倍的杠杆率。当企业经营的大船出现裂缝时，这种杠杆率无疑像在裂缝上安了炸弹一般，瞬间就能颠覆一家百年老店。巴林银行、法国兴业银行、贝尔斯登，想想这些曾经辉煌的名字如何在一夜之间坍塌，看看花旗银行在2008年全球金融危机中，

股价在短短一年多的时间里下跌大约98%的恐怖场景，你就能明白高杠杆率的可怕。

当然，以上三种问题的存在，不是说所有的金融企业都面临巨大的危机。实际上，也正是由于金融行业的高杠杆率，妥善经营的企业往往能收获其他行业难以企及的高利润率。就连巴菲特先生自己也一直重仓持有一些金融企业的股票，比如美国富国银行、2008年金融危机以后的高盛公司。甚至他自己的伯克希尔-哈撒韦公司，其实就可以被看作一个独立运作的基金。而伯克希尔-哈撒韦公司和不凋花基金、美国长期资本管理公司之间的区别，以及彼得·林奇在麦哲伦基金的投资业绩和蔡志勇在1960年代末期的基金业绩之间的区别，都可以让我们感受到经营优秀的金融企业（或者基金）和经营糟糕者之间巨大的差别。

在国际市场的金融行业中，这种优秀者和失败者之间存在着的巨大差距，导致巴菲特这样的投资者对这个行业的公司抱有极大的谨慎。对于国际市场中金融企业的投资，有一点类似于在硅谷投资初创型企业：赚钱的投资会收获颇丰，而亏损的投资则惨不忍睹。当然，前者的两极分化程度，比后者还是要小很多。

在《浪潮之巅》一书中，吴军先生详细描述了硅谷初创型企业成功和失败的鲜明对比：押中一个成功企业的概率比中彩票大不了多少，而一旦押中就可以赚得盆满钵满。这是题外话，在此暂且不提。总而言之，当内地投资者面对国际市场的金融企业时，一定要慎之又慎。不做足功课，千万不可以随便出手。

相对国际金融市场，内地金融市场可以分成两个部分。一个部分受到政府强有力的监管，包括商业银行、证券公司、保险公司、公募基金公司等。对于这部分企业，由于中国政府严格的监管，一些在海外市场经常会给投资者带来巨大打击的风险，往往被扼杀在萌芽之中。

举例来说，英国北岩银行（Northern Rock）在金融危机中的迅速倒闭，在中国银行业中很难看到。同时，海外证券公司一旦倒闭，投资者的投资往往很难追回，而在中国的证券公司，现在投资者的投资都托管在银行和登记结算公司，其安全程度和证券公司的经营好坏并无关系。即使在历史上没有强制托管的时代，当证券公司的经营出现问题（比如在2005年出现的一些证券公司资不抵债的情况），由于监管部门的直接干预，投资者的资产也不会损失。

但是，中国金融市场还有一个部分，相对来说较少受到政府监管，包括大量的P2P（个人对个人）贷款公司，股权投资、风险投资、天使投资公司，小规模的理财和荐股公司，私募基金公司（这一块最近几年的监管在逐步加强），等等。可以看到，在这些领域，由于不属于监管的重点监控对象，我们经常会看到相对其体量来说十分巨大的金融风险。（注：本文成文于2019年4月，彼时，此类金融机构暴露出来的风险愈演愈烈。）当然，正如之前所述，硬币总是有正反面的。金融行业的高杠杆、高差异属性，导致这些行业里一些优秀的胜出者，其经营之优秀，不仅在内地甚至在全世界都可圈可点。

总的来说，对于金融行业，投资者在研究如何取得回报的同时，一定要仔细关注可能遇到的金融风险。由于潜在的巨大金融风险的存在，金融行业中一些受到政府严格监管的领域，在以合理估值投资时，反而能给投资者带来更加长期、稳健的投资回报。而在监管趋弱的领域，对于优胜者和劣后者之间巨大的差异，投资者必须格外重视。“橘生淮南则为橘，生于淮北则为枳。”不仔细不审慎的投资，可能不光赚不到钱，反而会蒙受巨大的亏损。

投资中的小问题与大问题

好书需要反复读，经典的书需要反反复复读，而糟糕的书看一眼就差不多了。美国投资大师彼得·林奇的三本书一直放在我案头，没事就翻翻。最近，一段话又让我沉思了许久，这段话说明了在证券投资中，许多看起来很大的问题其实很小，而很多看起来很小的问题，其实却很大。

林奇在《彼得·林奇教你理财》中写下这样一段话：“投资者犯下的最大错误之一，（就是）他们专注于自己所认为的最大威胁，也就是每个人都在讨论的问题，（比如）全球变暖、核弹头发射、波斯尼亚的战争和日本的贸易问题，却忽略了小问题，而成就或击垮公司的正是这些小问题。”

林奇的这段话道出了证券研究和投资的真谛。有些事情看起来很大，各路媒体都在争相报道，但是实际上，这件事情或许对社会影响很大，对投资者的收益或者说投资者的超额收益，产生的影响却可能很小。反过来，这个世界上有很多小事，也许小到根本没有人报道，却会对投资收益产生长远的影响。

比如说，林奇曾提到“日本的贸易问题”是一个看似很大的问题。《彼得·林奇教你理财》这本书的英文书名是 *Learn to Earn*，出版于 1995 年。彼时，美国和日本之间的贸易战争打得如火如荼，恰如今天中美之间的贸易纠纷一样。但是，这看似很大的贸易冲突又有什么可奇怪的呢？自古以来，强大的力量之间永远有摩擦，弱小的国家往往没人理睬。既然摩擦的根源就是强大本身，那么一个强大的国家难道不是投资最好的基础吗？

回到 1995 年，投资者最应该做的，根本不是关注美国和日本之间的贸易纠纷，而是应该看到一个新的时代：个人计算机和网络。如果抓住了这个时代，甭管买了哪家龙头公司，或者买了七八家公司却只买对了一家，那么投资者所能获得的收益都会远远超过关注贸易纠纷所能带来的收益。毕竟，贸易纠纷的新闻到处都在播报，投资者又能比别人获得多少比较优势呢？而且在核武器时代，贸易纠纷极难上升到军事层面，又有什么好担忧的呢？

但是，许许多多的细节却决定了投资的长期回报。这里，就让我们来看几个例子，看看这些少有人报道甚至根本没有人报道的细节，是如何决定长期投资成败的。

尽管纯电动车被许多人认为是未来汽车的发展方向，但是其中一个很难绕过去的坎就是，电池的技术并没能像计算机和手机处理器那样迅速地提升。而这个非常工程化的细节，我早就从生活的细节里发现了。

大概在 2011 年，我在网络购物平台 1 号店上买了一个小米充电宝，花了七八十元，容量是一万毫安。结果，到了 2018 年，我

发现自己买的充电宝和2011年买的几乎没有什么区别：体型变得更薄但是更长了，价格只下降了不到20%。甚至重量也相差无几(前一个的重量是251克，后一个的重量是222克)。

如果说7年的时间都不足以让充电宝有实质上的改变，而且还是小米这种锐意进取的公司的产品，那么纯电动汽车使用的电池应该也没有太大的进步。正所谓“叶落知秋”，很多事情，我们并不一定要到现场调研才能明白，多观察社会中的细节也足够了。

而对于经常出差的人，应该会很容易理解连锁餐厅的优势。当我们到一个陌生的地方找东西吃的时候，我们会更愿意选择连锁餐厅还是当地一家没见过的餐厅？绝大多数情况下，当两家餐厅其他条件类似的时候，人们更倾向于选择连锁餐厅。

这种选择连锁餐厅的倾向，来源于一个细致的心理活动。餐厅是如此特殊的一种行业：你在付钱的时候并不知道端上来的东西到底是什么样，因为这些菜通常和图片有很大区别。而等到菜端上来的时候，你就算不满意也没法退货。这种“先给钱，再验货，不满意不能退”的商业细节，导致卖家的信用对于消费者来说有很大的影响。所以，连锁餐厅相对普通餐厅的优势也就格外明显。

和餐厅相反，造纸行业则是一个受到巴菲特多次吐槽、不太需要商业信用的行业。一方面，终端消费者很少关心拿到的商品的外包装纸箱是哪个品牌，或者今天买的书的印刷纸张是哪个品牌。另一方面，从造纸商那里采购产品的商品包装者，会精心比较各个造纸厂的产品和价格：这里面和品牌几乎一毛钱关系都没有。结果，造纸公司很难提高自己的利润率，而造纸也就很难成为一个特别赚钱的行业。

商业行为中的细节，甚至能决定一些公司的兴衰。在互联网行业中，广告费用是一个巨大的收入来源。但是，谁投放的广告更有效、能拿到更优厚的广告费用呢？吴军先生曾经提到互联网行业的一个广告投放规律：当广告投放的位置距离消费者最终购买行为越近的时候，这个广告的价值就越大，反之则越小。也就是说，不是所有的广告都是有效的，有些广告几乎就是骚扰，只能刷存在感，很难带来实际的流量。只有那些最贴近用户购买行为的广告，才是最好的广告。

在互联网世界中，最贴近用户购买行为的就是淘宝网、亚马逊网上的那些匹配广告。当你搜索“勺子”的时候，这些网站的边上会跳出来各种勺子以外的厨房配套设备，这就是最好的广告。这时候你点击这个广告并且直接购买的概率是最大的。而在此以外，第二接近客户购买行为的就要数搜索引擎了。因此，谷歌、百度等搜索引擎巨头，也就赚取了巨额的广告费用。

而对于一些功能性软件和 APP，比如一些字典类软件和 APP，看似使用的人很多，但是人们使用的时候，目的非常单一（就是查字典），而且常常不用不开、用后即关。而这些软件的使用场景和客户最终购买东西的场景，往往相距非常遥远。因此，在这些软件和 APP 上打广告，就很难收到和搜索网站上打广告一样的效果。

所以说，细节中蕴藏着投资的秘诀。如果说听最劲爆的新闻就能做好投资，那么电视台、报纸、新媒体的工作人员应该是这个世界上最成功的投资人群。而如果说多看新闻、多了解经济生活中的

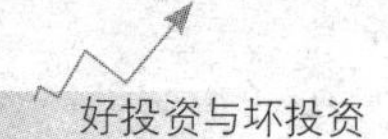

大事才能做好投资，那么每天抱着手机刷新闻的“低头族”就是最成功的投资者。但是，这些生活中的大事，往往是投资中的小事。而那些诸如为什么人们喜欢高价买茅台、为什么中国人开始越来越多地购买保险这类生活中细节的小问题，才是投资中的大问题。

最贵的信息

在资本市场，正确的信息会给投资者带来盈利，错误的信息则会导致亏损。但是，与在物理课上学习教科书不同，真实世界里的信息，许多并不是通过科学的方法产生的。也就是说，这些信息天然是通过扭曲的方式产生或者受到各种因素的扭曲。

其中一种信息，天然是被利益分配所歪曲的。它们产生的原因并不是事实如此，并不是说它们是“最好的信息”或者“最对的信息”，而是因为生产这种信息的人会从这种信息里得到最大的利益。因此，我将这种信息称为“最贵的信息”。

举个例子，以牙科中的种牙来说，种牙固然是一种优秀的技术，但并不是所有人的情况都适合种牙。一方面，有些人的体质和骨骼状况天生并不适合种牙，而不适合种牙却硬种的结果常会导致种牙失败，给患者带来痛苦。另一方面，种牙是一个工序复杂的手术，同时花费不菲，因此不论从身体上还是经济上，种牙不一定是某些病人的最佳选择。一句话，种牙固然有优势，却也不是适合所有人、所有病例的情况。

但是在生活中，许多人却对我说，只要去了一些资质一般的牙科医院，医生往往极力推荐患者种牙。而在生活中，许多人也被各种铺天盖地的广告和宣传洗脑，认为种牙就是掉牙以后最好的甚至唯一的选择。其中的原因很简单：种牙的费用很高，一颗牙往往高达一两万元，其中包含的经济利益太多，因此利益相关方也就更愿易推荐患者种牙。

这就像投资大师沃伦·巴菲特所说的那样：永远不要问理发师你是否应该理发。如果一个信息的制造者能够从制造这种信息中获得利益，那么一般来说，这种信息就会受到歪曲。

当然，这并不是说所有人都会昧着良心说话。在上面提到的牙科的例子中，我就碰到过大理州人民医院的寸建芳医生，在一次诊疗中，尽量不给我做根管治疗，而是努力尝试补牙；也碰到过南京市口腔医院的杨洁医生，明确指出有些情况不适合种牙。（补牙收的钱更少，而在牙齿病情比较严重的时候，补牙更可能失败，造成病人二次就医，甚至产生一些纠纷。同时，根管治疗收的钱更多，而且因为治疗会杀死牙髓，一般不容易失败、不容易产生后续纠纷。但是，由于根管治疗会杀死牙髓，对牙齿的长期健康不利，因此在可补牙可根管的时候，选择补牙，是一件对医生来说吃力不讨好的事情：赚钱少、只对病人的长期健康有利。）但是，当一种信息的产生是全社会的行为时，我们就很难期待个人的道德标准能够对抗全社会的经济利益分配机制。

再以基金销售为例，投资者往往认为，基金销售员推荐给自己的基金，就是基金销售员认为最好的、最适合自己的基金。但事实上，基金销售员往往可以从销售基金所收取的费用中获得不少提成

（保险销售员也是一样）。这时候，虽然仍然有一些正直的基金销售人员和机构从客户的长远利益出发，卖给客户最好的产品，但是绝大多数销售者很难抵抗利益的诱惑。结果，客户买到的往往不是最好的基金，而是“最贵”的基金。

不光是基金销售行业，在几乎所有的销售行业和中介行业中，事情同样存在。地产销售带客户看的往往不是最好的房子或者性价比最高的房子，而是能拿到最高佣金的房子。证券公司研究员兜售给基金经理的股票，往往不是最有长期价值的股票，而是市场最热门、最容易给研究员带来佣金的股票。新闻从业者写的分析报道，往往不是最能客观反映事实的报道，而是最能吸引点击量、最能引爆热度的报道。

还记得风靡全球的“酸碱体质理论”吗？这个理论现在已经被证明是一个彻头彻尾的商业骗局，创始人也被罚了巨款。但是这样一个简单的骗局为什么能够风靡这么多年呢？我在搜狗百科的“酸碱体质理论”词条下找到这样一句解释：“传播人体‘酸碱体质理论’的最大动力来自于利益，这一‘理论’反复被提起的目的只有一个，就是推销自己的商品。”反之，一些科学的养生观点，比如少摄入世界卫生组织明确定义的一类致癌物酒精，却很少有人提起。打开电视或网络，我们看到铺天盖地的信息都是“请喝某某酒”，而不是“请少喝酒，它是一类致癌物，有害健康”。

就连接受过高等教育的大学生，也往往被这种“利益驱动的信息”所欺骗。记得我在英国上大学的时候，学生里普遍流行一种观点：金融行业最好的工作是投资银行（这里指狭义的投资银行，也就是证券公司里的股票、债券、上市、并购等业务的承揽承做部门。广义的投资银行指的是整体的公司，在中国也叫证券公司），其次是会计师事务所。对于投资工作，绝大多数学生闻所未闻。

但是，金融行业里最好的工作其实是投资行业，沃伦·巴菲特、彼得·林奇等投资大师都出自这个行业。那么，为什么学生们会觉得投资银行和会计行业更好呢？原因很简单，投资银行和会计行业需要大量能吃苦耐劳、能熬夜能出差的年轻劳动力，所以它们对校园宣讲（宣传和讲座）活动十分上心。

而投资行业由于很少直接招聘大学应届毕业生，更多依赖有经验、有眼光的投资者加盟，加上整个行业的规模也比投资银行、会计小得多，因此也就很少在学校里宣传。由于没有宣传，大学生们自然没听过这个行业。（题外话，以上的例子是2002—2005年，我在英国赫尔大学的亲身体验。回国以后，我发现国内一流大学的学生，许多人的眼光比我年轻的时候要广阔得多。所谓“江山代有才人出”，我刚毕业的时候连市盈率是什么都不知道，看着今天一些刚工作一年的人就能对投资侃侃而谈几个小时，真是不服不行。）

当然，例外永远存在。我在上海租房子的时候，曾经有朋友力荐一个做中介的阿姨给我。阿姨姓郁，五十来岁的年纪，见面以后不是像一般地产中介那样，立即带我看几套其实并不合适的房子，而是详细问了我希望找的房子的地段、房型、装修情况、楼层、价格区间、租约细节等因素，然后让我回家等电话。

过了大概两个星期，阿姨突然说有房子了。我看了以后，果然很满意。签完合同我问她：“你做事的方法真是与众不同，那么你

这样带客户看房，成功率有多少?”阿姨自豪地说：“最少有百分之七八十吧，我带客户去看房很少有不签的。一般那些小年轻成功率连10%都不到，时间净花在路上了。他们哪里为客户考虑?净想着赚佣金。我呢，完全只为客户考虑，不合适的房子不带别人看，只要看一套就能签一套，彼此也不浪费时间。我这里还净是回头客，钱也赚得比他们多得多。”阿姨说的一点没错，我就是一个她之前客户介绍来的回头客。

所以，当一个中介人员真的全心为客户考虑，只传播最适合客户长远利益的信息时，他仍然有钱可赚，甚至会赚到大钱。但是，对于投资者来说，对信息的理解并不能建立在信息生产者和传播者的道德水平上。意识到什么是“最贵的信息”，对于甄别信息的真伪、做出正确的投资决策，是十分必要的。

第七章

其他资产与海外市场：漫谈曾经 25 年不涨的美国股市

理解外资

随着中国对外开放程度的加深，外资进入中国资本市场的步伐也越来越快。但是，面对万里之外初来乍到的外资，内地投资者对它们的认识往往不够（当然，外资对内地的理解很多时候也有所欠缺）。我们对外资的认识，往往在某些方面夸大，在某些方面不足，在另外一些方面则由于经验不够而忽视。

举例来说，当外资随着陆港通的开通而大举进入内地市场以后，一些分析就开始把目光放在“外资在内地市场不断增长的定价权”之上。而每天的陆港通成交量和买入卖出名单，也成了一些短期交易者必看的东西。实际上，外资虽然买入了许多内地股票，但是即使买入量很大，外资对内地股市交易价格的定价能力仍然是很弱的：因为外资的换手率实在太低。（注：本文成文于2019年3月，其中描述的现象为当时市场的特点。）

举个例子，在同一个小区，如果一个大地产商有1 000套房子，

一个炒房子的阿姨只有两套房子，但是地产商只挂牌一套房子在交易，阿姨却把两套房子都挂出去，那么即使地产商的持仓是炒房阿姨的500倍，但是他对市场价格的影响，却只有后者的50%。

对于绝大多数外资机构来说，如内地市场般频繁交易是不可想象的事情。内地的许多个人投资者早已习惯了一两个星期就全仓换手一次的打法，机构投资者的年均换手率也往往高达5倍以上（私募基金相对更高），而外资机构尤其是其中占绝大多数比例的价值投资机构，一年50%以上的换手率都被认为难以接受，而20%的换手率被认为是比较合理的。

当一个A股私募基金每年有20倍换手而一个外资机构只有20%换手的时候，一个规模1亿元的内地私募基金，其对市场交易价格的影响力，就约等于一个100亿元的外资账户。实际上，对比一下每天陆港通的成交量和A股市场的整体成交量，我们就会发现，外资的成交占比实在少得可怜。而一个理性的分析者会明白，成交而不是持仓，才是决定市场交易价格的关键。

当然，对于一个公司股票，越多的外资买入，会导致越少的活跃流通盘交易。因此，从这个意义上来说，外资买得多的股票，估值容易被推高。但是，这种推高并不等于交易价格受到外资影响，而是一种长期、渐进的过程。

在对内地股票的判断上，外资机构也有着鲜明的特点。一方面，由于经济高度发达，外资机构往往对企业的判断能力有成熟的分析方法。与很多内地投资者草率投资，下单前不看基本面、下单后只看技术面不同，外资机构往往对企业有着相对扎实的分析。我曾经在纽约拜会一位投资者，聊到一家公司的股票时，这位投资者自豪地说："我们做了超过 1 000 行的 Excel 分析表格！"而内地投资者很多时候比较缺乏这样的专业精神。

另一方面，外资机构对企业的分析判断，也往往更能够遵循商业规律。比如，《企业战略博弈：揭开竞争优势的面纱》就是一本非常好的企业战略分析书籍。在海外市场，类似的研究和分析数不胜数，各大研究机构经常为了一点点细微的区别而争论不休。反观内地投资者，很多仍然在"价值投资是否有效"这个问题上打转，遑论进行企业价值方面的精细研究。据介绍《企业战略博弈：揭开竞争优势的面纱》给我的南添先生说，这本书由机械工业出版社出版以后，首印区区 5 000 册居然没有卖完，还被经销商退回了出版社。

其实，从内地出版公司的报表上，就可以看出我们整个社会的阅读分析习惯尚有很大的提升空间。翻开出版企业的报表，我们会惊奇地发现，几乎每家公司收入和利润最大的一块都来自教材。(注：此现象为 2019 年年初的现象，但并非每家公司都是如此。2019 年夏天上市的中信出版（300788）和另一家上市公司中国出版（601949）这两家企业，其报表中教材占比并不算太大。）出版社的朋友也经常对我说，他们利润最高、公司最倚重的部门都是教材出版。反观海外市场，成年人的阅读占了出版商的大头。这也就意味着，我们的读者在走出学校以后的阅读学习热情仍然需要提高。

研究能力的优势，导致外资在过去十几年中，一直在内地资本市场如鱼得水。有研究显示，如果投资者持续买入外资买入占比较

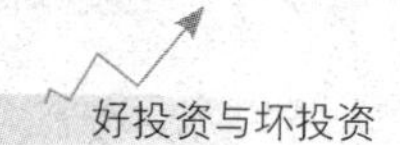

高的股票，就能远远跑赢市场平均水平。同时，内地个人投资者常常亏损严重，许多不太谨慎的机构投资者的业绩也不尽如人意，这充分说明在研究方法论和工作细致程度方面，从平均水平上来说，内地投资者仍然与外资有着巨大差距。

不过，外资由于两个原因，对内地市场的分析常常并不能精准到位。一方面，大多数的外资来源国都是比较发达的经济体，这就意味着外资投资机构相对来说不太能理解一个高速发展、转型、变革的经济体，以及其中变动比较大的行业和企业。

举例来说，在香港市场，外资机构一直有偏好消费股的传统，消费类股票往往也享有很高的估值。但是，金融股、制造业股票往往估值不高，甚至低廉到要命。2018 年冬天，香港的一些业务主要在内地的、健康的金融类企业，比如证券公司、资产管理公司、银行，尽管仍然保持着 10%以上的净资产增长速度，但是却被市场抛弃，市净率下降到 0.5 倍乃至更低。结果，这些公司在 2018 年底到 2019 年的市场上涨中，普遍表现出了 50%以上的涨幅。

另一方面，由于海外经济中政府参与度往往较低，因此外资投资者出于自己的经验，往往低估了中国的政策力度以及政府发展经济的决心。当内地一些长期有前途的行业在短期遇到困境时，外资往往会认为这种困境需要经过漫长的时间才能出清。

但是，一方面中国市场仍在发展之中，许多当时看起来很大的问题和困难，经过几年的发展都会变得比较小。另一方面，中国政府对经济的参与度往往很高，对问题行业的干预力度往往超出外资机构的判断。由此，对于那些短期有困难、长期有空间的行业，外资机构经常判断失准。在2011年的高铁行业低谷、2012年的风电行业产能过剩、2011年以后的银行坏账担忧、2018年的证券公司股权质押风险敞口等几次风波中，外资在整体上无不做出了错误的判断。

此外，内地投资者对外资的认识，很多时候还停留在“外资看好某某股票所以买了很多”“外资看空A股所以撤离”这样的狭隘分析中，以为外资和自己一样，只有A股一个投资标的，A股好就买、不好就卖。实际上，外资在投资A股时，受到许多非中国因素的干扰。在分析外资的行为时，投资者不能忽视这些因素。

举例来说，当海外市场变得特别差的时候，外资中占比巨大的机构投资者，可能由于本国投资者的撤资，被迫卖出中国市场的股票。这和中国的基本面毫无关系，只是“城门失火，殃及池鱼”。历史上，香港市场由于其和国际市场少有隔阂、关联紧密，曾经饱受这种伤害。1987年，在美国股票市场当日大跌27%之后，香港市场单日大跌40%。这绝不是说香港市场的基本面在一天之内变化了40%，而只是受到全球形势的影响。

同样地，外资突然进入中国市场，也可能是由于本国的经济形势太好、流动性泛滥，导致资本出海寻找机会。在另一种情况下，如果海外市场经济不好但流动性还算宽裕，外资也会跑来亚太地区寻找标的。这种增加的投资，并不一定是由于内地投资机会在绝对意义上的抬升，而可能与投资机会的相对抬升以及流动性的抬升有关。

中国资本市场发展几十年，到了今天，正在一步步走向开放。

与国际接轨，这是历史给予这一代内地投资者的大机遇，也是大挑战。如何认识外资、理解外资、看透外资，是这一代投资者必须学习的课程。《孙子兵法》有云："知彼知己，百战不殆；不知彼而知己，一胜一负；不知彼，不知己，每战必殆。"内地投资者只有真正了解外资，才能在日渐全球化的投资舞台上找到自己的优势。

漫谈曾经 25 年不涨的美国股市

2019 年，所有人聊起美国股票市场，都是一副"谁都知道美国股票市场一直涨""人家就是永远牛市"的架势。

的确，在经历了 2009—2019 年连续 11 年的大牛市以后，没有多少人敢质疑美国股票市场的牛市属性。标普 500 指数从 2008 年底的 903 点，一路上涨到了 2019 年 10 月 9 日的 2 919 点。要知道，这中间还不包括股票的分红。相对于 2008—2019 年的 A 股市场，美股的表现实在是太耀眼了。

但是，股票指数的上涨，永远是由估值和基本面两个因素构成的。也就是说，估值乘以基本面等于股票指数的价格。2009—2019 年的美国股票市场上涨，相当一部分是来自估值的上涨。而牛市往往就来自估值的抬升，估值的抬升往往扼杀下一次牛市的基础。反之，熊市往往来自估值的下降，压低的估值又会构成下一轮牛市的基础。如此往复循环，如春夏秋冬一般自然而又不可抗拒。

实际上，在美国股票市场的历史上，也曾经有过非常惨淡的时段。1928—1953 年之间，美国股票市场就曾经创纪录地连续 25 年没有上涨。

1928年，大牛市的盛况把道琼斯工业指数推到了300点的高点，比这轮行情启动时的1921年涨了几倍：1921年底的道琼斯工业指数只有80点。但是，大牛市带来的随即就是崩溃，而这场崩溃一直从1929年持续到了1932年：1932年道琼斯工业指数的最低点只有40点。

随后，道琼斯工业指数开始反弹，但是一直到1953年也就是25年以后，这个指数也没能达到1928年年底的水平。1953年，道琼斯工业指数收于280点，比1928年年底的300点还是差了20点。同期，标普500指数的表现也类似，1928年底的标普500指数收于24.35点，1953年的收盘价则是24.81点，和没涨差不多。

当然，这中间没有考虑到的一个因素是，这两个指数都不包含股息率。但是，这两个指数也不考虑通胀。

所以，在1953年的时候，美国市场的投资者可以发出这样的感叹："这是什么破股市啊！25年没涨！"如果一个研究生（也是一般证券公司和基金公司招聘应届生的标准配置）25岁毕业（一般正常的毕业年纪），而他25岁的时候正好是1928年，那么他会面对一个怎样的股市？到1953年也就是这个人50岁的时候，这个市场都没涨。

而1953年的50岁是什么概念？按1953年的统计数据，当年美国男性的预期寿命是66岁，女性是72岁。50岁，基本意味着这辈子快要到头了。

当然，在那些长期发展的国家里，漫长的熊市之后，伴随的常常都是巨大的牛市。从 1953 年开始，美国股市开始了漫长的牛市。从 1953 年到 1965 年，标普 500 指数从 1953 年底的 24 点上涨到了 1965 年底的 92 点，同期道琼斯工业指数则从 280 点上涨到了 969 点。

要知道，在这中间，整个世界还经历过 1962 年可怕的古巴导弹危机。当时，人类的命运似乎就在几个核按钮之间。今天我们看到的充斥新闻的贸易冲突与社会冲突，和 1962 年在古巴附近游弋的核武器和舰队比起来，简直不值一提。

有意思的是，1965 年前后，美国股市的好日子似乎又到头了。从 1965 年到 1981 年，整整 16 年的时间，道琼斯工业指数又没有上涨，而这一时期标普 500 指数也基本没动。16 年的时间，足以把一个 25 岁的青年熬成 40 岁出头的中年大叔。所有青春时代的理想和冲动，会在这一时期消磨殆尽。理智代替了冲动，向生活妥协代替了梦想。

但是，恰恰是在 1981 年前后，美国股市再次开启了一个巨大的牛市。从 1981 年到 1999 年，18 年的时间里，道琼斯工业指数从 852 点上涨到了 11 497 点，标普 500 指数则从 122 点上涨到了 1 469 点。多少传奇的财富神话，在这一时期上演。多少人从此走上了财务自由的道路，又有多少没有空仓的人，望着一骑绝尘的指数，叹息了十八个春秋。

所以说，股票市场真的是最最反人性的东西。它既要求人们在连续十几二十年的煎熬中保持希望，又要求他们在突如其来的财富面前保持冷静。当和风细雨降临市场的时候，万物勃发，金钱变成一个简单的数字，世界上其他一切的营生手段都相形见绌。而当寒冷的冬天到来的时候，它又似乎漫长得没有尽头。

在 1999 年达到科技股泡沫的最高点以后，美国股市继续走进了自己的循环。2000—2008 年，市场没有给投资者带来什么回报，而 2008—2019 年，无数投资者又在其中赚得盆满钵满。这惊涛骇浪般的波动，看似世间罕见，但在历史的眼里，不过是又一年的春生夏长，秋收冬藏。

“将军已死圆圆老，都在书生倦眼中。”现在，面对从 2007 年到 2019 年 12 年没涨的 A 股和香港市场，我亲爱的读者，你会想得更通透一些吗？（注：本文成文于 2019 年 10 月 17 日。）

人类投资者与 AI 对抗的 4 个技巧

近年来，人工智能（artificial intelligence，AI）风靡全世界。随着 AlphaGo 连续两盘赢下柯洁，许多投资者开始担心，AI 会攻陷同样由大量规则、数字和逻辑组成的资本市场，将人类玩家屠戮殆尽。不过，资本市场是一个远比围棋棋盘复杂的地方，AI 想像掌控围棋那样掌控资本市场，目前看来恐怕尚不现实。

一方面，如果说围棋的变化，黑白两子共 361 个位置，共有 2 的 361 次方也就是 4.6971E＋108 种组合的话，我们假设经济社会中共有 10 万个变量（其实不止）、市场上共有 100 万个参与者（其实也不止）、每个变量有两种可能（有时候不止），那么资本市场的变化最少就有 2 的 1 100 000 次方，具体是多大个数，我的 Excel 已

经算不出来了。由此可见，AI 想要像攻克围棋那样攻克资本市场，还是有不小的难度。

更进一步来说，围棋的变量之间不会互相影响，黑即是黑、白即是白，但是真实社会里的变量是会互相影响的。也就是说，可能下雨是一个变量，投资者的心情是一个变量，但这两个变量并非独立，后者会受到前者的影响。更为复杂的是，这种影响不一定是线性的，不一定是下雨心情就一定不好，而是存在各种可能性：下雨多了继续下心情就不好；但是太阳出多了偶尔下个雨，心情又很好；平时下雨心情不好，最近流行一首下雨的抒情歌，结果看到下雨反而心情很好；等等。

此外，围棋的规律并不会因为 AI 的加入而改变，该怎么下还怎么下，但资本市场的规律却会因为 AI 应用的增多而发生变化。也就是说，在极端状态下即场内全是 AI 的时候，之前总结的几乎所有人类投资者的规律，会全部不适用。这也导致 AI 想掌控资本市场，就会更加艰巨。

不过，不管怎么说，在与人类投资者的对抗中，AI 确实有不可比拟的优势。AI 可以分析几乎全面的信息，可以做到在信息分析方面滴水不漏，交易的时候又快如闪电，因此从对抗的角度而非全盘掌控的角度来说，我相信一流的 AI 可以在资本市场上打败最少 95%的人类参与者。所以，一流的 AI 必然能取得一流的回报。

那么，对于一般投资者来说，如何才能在与 AI 的对抗中不落下风呢？我以为，可以从四个方面着手。

其一，减少交易，特别是快速的交易。目前，大部分 AI 的着眼点并不在长期投资，而主要在短期交易、事件驱动、价值套利等。在这些方面，人类玩家完全无法与AI抗衡。那么，减少交易，特别是快速的、趋势性的交易，就变得尤其必要。

其二，多寻找小众资讯，获得不对称信息。对于AI来说，其获取资讯的渠道一般以可以直接获得的电子资料为主，而人类投资者可以获得一些无法电子化的资料，比如某家企业的产品认知度、某个行业的潜在行业壁垒、某些消费者的真实消费心理，等等。

当然，这里绝对不是让投资者去获取非法的内部信息，而是说，通过获取一些身边的或者通过调研得到的，规律总结和感知的，非电子化、非标准格式化、非制式的信息，投资者就能对AI占有一定的信息优势。

其三，多挖掘长期规律，多做长线投资。对于AI来说，长期的一些规律，即使得到了数据，也很难量化。因为长期的发展往往需要前瞻性的眼光，或者从历史、哲学中得到的一些感觉和经验，而很难通过历史数据进行量化（历史数据也太少，不足以量化），也就很难被AI所预测、判断。同时，依据长期规律投资需要的交易更少，也就更难让AI占便宜。

其四，多挖掘稀缺价值和资源，以守代攻。AI的优势，不管在短线快速交易还是长期企业价值分析，都需要体现在一定频率的交易上。但是，如果投资者能找到真正可以持有十几年乃至几十年的资产，根本不去交易，根本不去和AI拼下单的速度与分析的准确性，AI又如何能战胜投资者呢？如果一个投资者持有一个国家最好的房地产或者最优质的自然资源类股票，十年二十年也不交易

一次，AI 又怎么能赚到他哪怕一分钱呢？

总而言之，AI 的凌厉之处确实不是一般人类投资者所能抗衡的。如果需要和 AI 对抗，那么在它能够发挥优势的领域，人类几乎没有胜算。人类投资者所能做的，是理解 AI，分析优劣，然后转移战场，到 AI 不熟悉的地方、无法施展的地方去对抗。如此，才能在 AI 横行的 21 世纪，争得自己的一席之地。

指数化投资在内地市场不是最优选择

尽管在国际市场，指数化投资最近几年越来越流行，但是从各个方面来看，指数化投资在内地市场都不是最优选择。

让我们首先来看看，为什么指数化投资会在全球市场流行。很重要的一个原因就是全球市场已经非常成熟。在成熟的市场中，投资者大多经验丰富，很难有投资者可以做出相对于市场来说更加正确的决策。在这种情况下，指数化投资由于费用低廉，就慢慢受到投资者们的青睐。

但是，内地市场恰恰缺乏成熟的投资者，这也就意味着内地市场的定价，相对成熟市场来说往往更加紊乱。对于有经验的投资者来说，也就更容易取得超额收益。这一点，在霍华德·马克斯先生的《投资备忘录》之《无人化投资》中有清晰的阐述：越是不成熟的市场，有经验的投资者就越容易取得超额收益。

在 2010—2015 年的小公司牛市中，我们就看到非常清晰的价格错配。当时市场更加喜爱小市值公司，投资者们热衷于小市值公司在受到炒作时产生的相对更大的价格波动（因为市值更小，所以相对越小的市值，价格波动也就越大），而对大蓝筹股甚至有“大烂臭”的外号。

由于蓝筹公司往往有规模和管理方面的优势，享有更好的基本面、更高的利润率，因此在当时的市场上，经常可以看到一个行业中业务相似的公司，越是基本面优秀的蓝筹股，估值反而越低。在这种明显的价格错配下，如果投资者还要坚持指数化投资，那么很明显，他们没有选择最优的道路。

而且，指数化投资并不是完美的方法，而是有许多内生的问题。之前提到的放弃判断股票和企业好坏可能带来的收益，只是一个方面。

举例来说，如果投资者仔细看股票指数的编制规则，就会发现绝大多数指数都是按照市值大小编制的。这就意味着，一只股票的股价越高，市值就越大；市值越大，在按照市值编制的指数中，占的权重也就越大；这时候，按照指数化进行投资的投资者，也就会买入更多的这只股票。很明显，这与价值投资的核心哲学“低买高卖”，无疑是恰好相反的。也就是说，指数化投资在一定程度上会加剧投资者“追涨杀跌”的行为，而不是帮助投资者“低买高卖”。

股票指数的编制者们也意识到了这个问题。最近几年，一种“基本面指数”开始慢慢流行开来。这种指数以基本面为权重，因此避开了按市值做权重的股票指数带来的“低买高卖”问题。但是，基本面指数并不是完美的，它仍然至少有两个问题。

第一个问题，在我之前提到的霍华德·马克斯先生的《投资备

忘录》中有清楚的描述，那就是我们如何选择一个恰当的基本面衡量准则。如果我们选择净资产，就会给腾讯控股这样的公司非常小的权重（腾讯控股在香港上市，一直以来利润率很高，相应净资产不大），甚至给穆迪公司 0 权重（穆迪这样的评级公司，几乎不需要净资产，它的市净率也就接近无穷大，甚至是负值）。而如果以净利润为权重，我们就会忽视那些一开始不盈利的公司，包括亚马逊、谷歌。如果以销售收入为权重呢？我们又可能会选进来一大堆赚吆喝不赚钱的企业，或者放走一些销售利润率非常高的好公司。

总而言之，没有一个甚至一系列指标，能够准确选出所有的好公司。这就好比无论我们用什么样的标准，都不可能给世界上所有的珍贵文物估值一样。最值得信赖的，仍然是最优秀、最有经验的文物鉴定师。

基本面指数的第二个问题，是它仍然无法完全做到“太差的东西不要买”。当一些公司明显泡沫化的时候，基本面指数虽然不会像普通市值指数一样买入更多的这些公司，但是它也不会买得更少。而对于极度泡沫化的资产，最应该做的，就是彻底回避它们。在这一点上，基本面指数最多只能做到无过，但很难做到有功。

在投资能力相对更弱的个人投资者交易量仍然占市场主流（这就意味着他们有更大的定价话语权）、许多机构投资者仍然不够成熟（看看其中有多少机构投资者仍然在追涨杀跌）的内地资本市场，经验丰富的价值投资者仍然可以取得比指数化投资好得多的投资业绩。当然，这不是说指数化投资毫无可取之处。恰恰相反，相对于许多流行的投资方法，比如追涨杀跌、频繁交易、跟风炒作，指数化投资仍然是许多普通投资者的优秀选择。只是说，在内地资本市场，指数化投资并不是最优的选择。

投资的秘诀：偏门

在《马未都说收藏·玉器篇》一书中，马未都先生说了一个收藏的故事，带出了一个在收藏界、投资界通用的诀窍：偏门。

马未都说，收藏玉的人大多喜欢收藏战国到汉朝时期的玉，对其他时期的比如唐代的玉，不太感兴趣，也不太了解。结果，早年他逛地摊的时候，曾经碰到过一个玉环。这个玉环和常见的战国到汉朝的玉完全不一样，卖家就很轻率地当明清的玉标价。但是他对唐玉比较了解，一下子想起来，上海博物馆里也有一块相似的玉，于是当机立断，以明清玉的价钱买到了一块唐代的玉。

马先生于是总结，收藏中一定得看偏门。大家都知道好的东西，比如都知道汉朝的玉好，你能买得漂亮的机会就很少。但是唐代的玉，因为数量少、大家也不关注，因此一旦出现，往往没有人认得，经常就可以用很低的价格买到。当然，这里的例子说的是早年逛地摊，那时候搞收藏的人不多，也没有那么多假货。现在你再依葫芦画瓢去逛地摊，恐怕买来的都是假货，连明清的玉也很难买到了：在人人都想淘到宝贝的地方找投资机会，这本身就不是找“偏门”的投资方法。

马先生的这个故事，让我想起自己在英国上学时的一段经历。英国有一种小集市，有的地方叫跳蚤市场，有的地方叫星期天市

场。叫法不一，性质都差不多，就是找一个特定的时间，在一个大广场上，全市或者全镇子的人都把自己家没用的东西用汽车拉过来卖。因为大家都是为了清理库存在卖，因此价格往往很便宜，定价也完全没什么标准，纯粹看心情随便定个价格，便宜得离谱。

有次我有个同学跑到集市瞎逛，一眼看到一块普洱茶饼，就问卖家这个茶饼多少钱。卖家是个英国人，很好心地告诉他，这个不是茶饼，是一块中国木版画，而且属于木头质量不太好的那种，抠一抠还会掉渣。他想要的话，就便宜点卖给他。

结果，我同学就买到了一块看起来很老的普洱茶饼。那块茶饼上有生产厂家的名字，他回来上网一查，发现那个厂在 50 年代以后名字就改了，不再叫茶饼上标的那个名字。所以这块他只用了一点点钱买回来的普洱茶饼，是正宗的有六七十年历史的茶饼。

收藏其实就是一种投资，而在证券投资中，事情也差不多。在著名基金经理彼得·林奇的书里，有一个他投资欧洲股票的例子。20 世纪七八十年代，美国的投资者很少关注欧洲的股票。林奇去欧洲调研，发现欧洲一些小国家的基本面很好的上市公司居然已经很长时间没有分析师来调研了。于是，林奇在经过单枪匹马的充分调研以后，买到了不少廉价的好公司股票，他的投资业绩也因此变得更好。

找“偏门”的投资机会，之所以经常能给投资者带来意想不到的收获，其背后的原理就是“人多的地方不要去”。要知道，如果一个资产，所有人的眼睛都盯着它看，所有新闻媒体天天都报道，那么即使这个资产真的很好，你又怎么可能以便宜的价格买到它？

而买得太贵和买得差，基本上是一个意思：即使是黄金，拿一万美元买一克，也绝对是赔本的买卖。

金融家张化桥先生在他一系列财经书籍里曾经反复提过，IPO（首次公开募股）的股票通常很难让投资者赚到大钱。原因很简单，当一个企业家花一大笔钱请了投资银行帮他把自己的企业卖一部分给你，同时所有的媒体都在报道这只马上要上市的新股、所有的投资者都在看这只新股的时候，你觉得自己还有多大的概率能找到廉价的标的？

当然，这不是说所有的新股都不赚钱。有些非常优秀的公司，比如谷歌、腾讯，即使是在上市的时候以很贵的价格买入，在长期也会给投资者带来回报。张先生的意思是说，当你买入一个IPO的股票的时候，从大概率上来说，你已经丧失了“便宜”这个投资的必备优势。

热门的股票不容易赚钱，热门的基金也一样。前一阵子，一位在公募基金做投资总监的朋友跟我吐槽基金销售机构的短视：“它们只卖短期跑得最好的基金，逼得基金公司也得追逐短期利益。”当然，我觉得这事儿不怪基金销售机构，要是客户都不看短期业绩，谁还爱拿短期业绩做销售呢？但是，短期业绩好的明星基金受人追捧、短期业绩差的基金受人冷落，却是不争的事实。这个现象不光发生在内地资本市场，在欧美成熟市场，其实也差不多。只是欧美市场看的短期，可能比内地市场稍微长一点：但是市场更爱看短期的本质没有变化。

问题是，短期业绩更好的基金，往往并不是由于其投资能力真

的有多好，而在绝大多数时候都是来自一阵短期运气，比如赌对了一种风格的股票、押中了某个意想不到的时间。说实话，很多时候连基金经理自己都没有预料到，自己过去几个月业绩会那么好。但是俗话说“久赌必输”，靠运气得来的短期业绩并没有在长期复制的可能性。而从概率的分布来说，当一只基金在短期运气爆棚以后，接下来的运气变糟糕而不是变好的概率会大得多。结果，追逐短期基金业绩的投资者就很难赚到大钱。

基金如此，股票也一样。追逐短期表现更好的股票的投资者，在长期往往输得很惨。A股市场曾经有几个活跃股票指数，有的现在已经停止发布了，有的还能找到更新的数据。这些指数把短期活跃度更高的股票也就是所谓的“热门股”拎出来，计算它们长期的表现如何。结果无一例外地，这些指数长期的表现都很糟糕，有的甚至在长期跌了99%以上。

更多地交易、更多地追逐热点，往往导致更糟糕的投资业绩。对于主动管理型基金来说，有数量型研究曾经揭示，长期业绩越好的主动管理型基金，往往换手率越低（换手率就是股票的交易量除以基金的资产管理规模）。当然，量化基金不在此列，量化基金主要的投资手段就是不停地交易，交易量的大小和量化基金的好坏之间没有什么必然的联系。

其实，很多时候我们看到所谓的市场热点，并不是真正重要的东西。在这个信息时代，人类每天生产、接触到的信息，比以前增长了无数倍。但是，这些信息在许多时候并不是投资者真正需要的东西，而是当时市场上最热门、最吸引眼球的东西：新闻媒体为了吸引更多的点击量，自然就会选择那些最热门的东西发布给投资者。如果跟随热点做投资，可能永远都找不到投资的圣杯。

当然，在投资中寻找“偏门”，并不等同于“偏门就是好投资”。要知道，有些偏门的资产，自然有偏门的道理：要么是质量实在太差，要么是根本就已经快被社会淘汰了。而且，由于偏门资产没有什么人关注，也没有什么研究资料可以参考，因此在偏门资产中做投资，需要投资者有极强的鉴别能力和经验，以便独立做出准确判断。在掌握了这些投资偏门资产的要点以后，投资者就能更好地利用偏门资产获利。

虚拟货币大崩盘的 10 个投资启示

在虚拟货币 2018 年的大崩盘里，投资者应当学到一些至关重要的投资原理。这些投资原理，都是历史上那些最有经验的投资者反复唠叨过的。

所谓忠言逆耳，在牛市中，这些原理总是不那么中听。但是事实证明，只要金融的世界仍然由人类组成，人类的情感和非理性仍然泛滥，那么这些“旧时代”和“旧投资者”所念叨的原理，就永远不会过时。

牛市里的癫狂理由都靠不住

在每一个癫狂的大牛市里，我们都能听到一大堆支持价格上涨的理论，这次虚拟货币也不例外。

你还记得这些理论吗？单个虚拟货币总量是定死的，所以没有

通货膨胀（尽管实际上有上千种虚拟货币，只不过每一种的总量都是定死的而已，这就和以下的逻辑一样奇怪："今天食堂供应的包子是有限的，但是我们供应一千种包子"）；虚拟货币匿名，所以可以突破现有监管体制，完全保护隐私；虚拟货币用了最新的区块链科技，所以不会被偷走（事实上被偷了好多）；等等。

不光是虚拟货币，在其他牛市里你也能听到许多理由：中国经济要崛起所以2007年A股的60倍估值不贵，城市化导致需求大增所以房价再高也不贵，科技股是人类的未来所以150倍的纳斯达克也不贵，等等。

不管这些理论多好听，但之后的发展总会告诉你，所有牛市里的那些癫狂理由都靠不住。它们被广为传播的唯一原因，不是它们有道理，而是价格一直在涨，所以人们选择相信它们。

估值太贵的东西不要买，无法估值的东西更不要买

在绝大多数时候，一种资产的估值越高，代表当时市场对这种资产的热情越高。但物极必反，过多的热情，往往之后跟随的就是冷却（只有电视剧里热恋的感情才会维持一生一世）。过高的估值，往往之后带来的就是下跌。所以历史上，高估值的投资往往很难给投资者带来好回报。

而有一些投资标的，甚至是无法估值的，这次的虚拟货币就是一个很好的例子。尽管无法估值（也就是没有盈利）导致在牛市情绪最为热烈的时候，投资者可以对虚拟货币做出无限的想象，但这种想象就像南海泡沫中的南海公司一样，找不到真正的载体。与高估值资产相比，无法估值甚至是一种更糟糕的状况。

所有人都在讨论的投资，大多不是什么好投资

在 2017 年虚拟货币顶端之前的几年里，几乎所有人都在谈区块链，谈虚拟货币。记得 2017 年夏天，我在一个公园里练武术，有个大爷就跑来找我聊区块链。而我听完几句话就可以肯定，这大概是他第一次接触编程。

而上一次我在公园里见到有人关心金融资产，是 2007 年夏天。那时候，许多晚上跳舞的大爷大妈，会围着一台笔记本看 K 线。我清楚地记得，那时候他们还用上了当时非常先进的 2G 无线网卡(现在我们都快用 5G 了)。

所以，当你发现所有人都在讨论一种投资时，不论这种投资是估值飞上天的股票、租金回报率可以忽略不计的房子、每年固定收益很高的“保本”P2P 产品，还是代表了人类最新科技和未来世界的虚拟货币，那么几乎可以肯定，这不是一个好投资。

逆周期监管在长周期里往往是对的

在 2017 年顶点之前的几年里，人民银行等机构一直在用各种手段限制虚拟货币在中国的交易。其核心逻辑就是监管者意识到，这种交易其实不会给社会带来任何价值。

这种监管方法，就叫逆周期监管，主要体现形式有两个：在市场对某种交易狂热的时候泼一盆冷水，或者在市场非常冷清的时候添一把柴火。但是，这种泼冷水（或者添柴）往往在当时并不讨好，在虚拟货币的例子里也不例外。

一方面，市场狂热的情绪导致在短期内，逆周期监管不会改变价格的走势，因而常常被市场参与者嘲笑为无效的监管。另一方面，逆周期监管是逆着当时市场价格而行动的，这种监管很难讨得那些在当时赚钱赚得正开心（或者亏钱亏得很伤心）的投资者的欢心。

但是“忠言逆耳”却“利于行”，逆周期监管往往意味着相对冷静得多的决策层发现了价格运动方向的问题。

尽管在短期，逆周期监管无法改变市场的狂热，但是在长期，它们往往是对的，而这次虚拟货币的例子也再次给出了明证。因此，投资者应当把逆周期监管作为长期投资的重要参考。

以为自己懂但其实不懂，更糟糕

我非常喜欢马克·吐温的一句话，这句话也被电影《大空头》所引用：“让我们陷入困境的不是无知，而是看似正确的谬误论断。”

在虚拟货币大牛市中，有多少投资者是对虚拟货币一窍不通就投身其中的？又有多少投资者自以为明白了区块链、去中心化这些高深的术语，实际上一行代码都没写过，就义无反顾投身其中的？

对于后一种“自以为懂”的投资者来说，他们往往由于以为自己明白了最先进的科技，因此比前一种“一窍不通”的投资者更愿意去下更大的赌注。这也就导致他们在之后的市场崩溃中，亏掉更多的钱。

《吕氏春秋·疑似》中有这么一段话：“使人大迷惑者，必物之相似也。玉人之所患，患石之似玉者；相剑者之所患，患剑之似吴干者；贤主之所患，患人之博闻辩言而似通者。亡国之主似智，亡国之臣似忠。相似之物，此愚者之所大惑，而圣人之所加虑也。”

不懂一种东西不要紧，最糟糕最要命的是，以为自己懂，但是“懂”得完全错误。

如果一个标的跌50%不会变成好标的，那么它现在就不是一个好标的

在价值投资中，一个很好的检测某个标的是不是好标的的方法，就是设想一下：如果这个投资标的突然下跌了50%，那么它对你来说还有吸引力吗？你是特别开心、感觉捡到了宝贝呢？还是会感到恐惧？

“如果一个标的下跌了50%”的检测方法，其实能检测两个因素。第一，当前的价格是不是太贵？如果太贵，那么即使便宜一半，吸引力也不算太大。而如果当前价格合理，那么下跌50%就会变得异常理想。

想想生活用品超市里的半价大甩卖和高级商场里的半价大甩卖之间的区别，你就会明白我的意思。后者的半价大甩卖几乎天天都有，但吸引力不大。前者则很少半价大甩卖，一旦甩卖都是很不错的价格。

第二，当前买入的理由是基于内在价值，还是价格趋势？如果是基于价值，那么价格下跌50%，价值也仍然一样，只会变得更应该买。反之，如果是基于价格趋势，那么下跌50%是足够糟糕的事情，足以吓跑所有的趋势投资者。

对于虚拟货币来说，在2017年的价格顶点上，如果投资者扪心自问，那么下跌50%乃至下跌80%，都不足以激起他们对这种资产狂热的兴趣。那时候他们关心的其实是趋势，而不是价值。因

此，事情很简单：虚拟货币投资在那时候，绝不是一个好投资。

对于短期资金组成的杠杆来说，没有“适度”的杠杆

在期货领域，总是有人告诉我们，只要使用了“适度”的杠杆，那么投资者不但不会遭遇风险，反而能从波动中获益。这话听起来容易，但实际上，当你只有短期资金的时候，永远没有什么“适度”的杠杆。

金融市场的波动就像海浪，在大多数时候它们温柔又和蔼，像光滑的丝绸一样让人陶醉。但是，在极偶尔的情况下，这种波动会瞬间而且往往是毫无理由地扩大到非常极致的地步。多看看金融史，你就会明白我的意思。

这时候，那些使用了“适度”杠杆尤其是基于短期资金的“适度”杠杆的投资者，就会发现他们的杠杆一点都不“适度”。而2018年虚拟货币的大跌，就让我们看到了这种巨大的波动。

与社会主流价值观相左的方向，就算有钱可赚，也不是一个好方向

虚拟货币有什么用？在牛市的宣传中，虚拟货币有两个最大的卖点，一个是总量限制，一个是交易匿名。但是，这两个卖点都和当今经济社会的主流价值观相左。

在《货币崛起》（*The Ascent of Money*）一书中，作者清楚地指出，货币本身是没有价值的，它是社会的润滑剂，而不是社会的财富。一个社会如果没有生产力、没有实体经济，那么哪怕有再多的黄金，都会像古老的印加帝国一样，被一百来个西班牙殖民者征服。（西班牙殖民者弗朗西斯科·皮萨罗曾经带领169名士兵征服了有无数黄金的印加帝国。在那场战争中，印加帝国的黄金除了为帝国带来敌人贪婪的目光以外，并没有起到任何作用。）

所以，在现代社会中，随着社会生产力的大发展，一种总量恒定的货币必然面对着“润滑剂相对经济生产力不够用”的问题。不够用就会造成通货紧缩，通货紧缩会造成经济大衰退，而这也就是为什么我们现在不用金银作为货币的最主要原因。

而对于匿名来说，怎样的财富交易最需要匿名呢？是我们普通人的生活，还是那些不可见人的生活？是每天上班领工资，下班养家糊口的生活更需要匿名，还是贪污腐败、走私、贩毒、人口和军火贩卖更需要匿名？

所以，一种和社会主流价值观相左的发展方向，就算短期由于价格的上涨而让人们有利可图，也是难以长久的。

反之，一种符合社会主流价值观的发展方向，往往会被人们广为利用。而这也正是为什么越来越先进的、本身并没有好坏之分的科技使得我们这个社会越来越好的原因。

不要在泡沫的顶端，认为“下跌多少多少就是历史大底”

人们总是喜欢以过去发生的事情作为未来的判断参考，而不管过去发生的事情是多么荒谬。当一个投资标的的价格在牛市中一飞冲天时，投资者往往会犯同样的错误：对于现在这个价格来说，如果跌多少多少，就值得倾家荡产买入。

我第一次听到这样的理论，是 2007 年 A 股市场的上证综合指数突破 6 000 点的时候。当时一个从业多年的投资经理对我说，如果上证综合指数跌回 3 000 点，就值得全仓买入。

事实证明，并不是3 000点多么值得买入。要知道，2007年的6 000点对应的大概是60倍市盈率，那么3 000点在当时对应的30倍市盈率，也绝对算不上一个特别低廉的价格。让那个投资经理认为值得买入的，只是牛市中的狂热情绪，以及他自己的幻想而已。

对于虚拟货币，我也在2017年的大顶点附近听到不少人说如果下跌多少就是历史大底，值得全仓买入，而之后发生的事情却如此类似。因此，下次当你再听到有人这样说的时候，也许你又碰到了一个真实的历史大顶，而不是幻想中的历史大底。

价值永远是投资的根

说一千道一万，投资中最重要的根源，还是投资标的的价值。而虚拟货币，恰恰是没有价值的。

虚拟货币的供应量非常随意，一种虚拟货币和另一种之间没有本质区别。尽管每一种虚拟货币的总量是一定的，但是虚拟货币的种类却是无限的。无限的供给、没有物理实体的存在、没有国家信用背书，这三者共同构成了虚拟货币并无内在价值的事实。

而所有的投资历史一再告诉我们，没有价值的投资，终究是难以久立的。价值，永远是投资的根本，这也许是人们在虚拟货币的潮起潮落中，应该学到的最重要一课。

从单日大涨192倍的期权，学深水炸弹投资法

受人性限制，人类天生就很难理解许多概率的分布。而这种天生的直觉与实际概率分布之间的巨大差异，也常常困扰统计系一年

级的新生们：这就像经济系的新生在第一、第二年感受到那种困惑一样，每个努力学习的经济系学生，一开始都会被这个社会隐藏着的各种经济关系所震撼。

举例来说，中国目前的年度离婚率已经达到大约 30%（2015 年数据，以当年离婚人数除以结婚人数），在大城市甚至更高，而加拿大和美国的离婚率甚至高达 48% 和 46%（分别为 2008 年和 2014 年数据）。但是绝大多数结婚的人，仍然倾向于相信自己会白头到老，离婚只是别人的事情。有历史资料显示，中国历代皇帝的非正常死亡率高达 30%～40%，高出正常人数倍。但是，今天的人们谈到皇帝这个职业，仍然常常显示出向往的神情，对其包含的非正常死亡概率则几乎完全不了解。

再比如，在澳大利亚，不少人对被鳄鱼吃掉感到害怕，但是根据英国《卫报》（*The Guardian*）在 2013 年刊登的一篇文章《被鳄鱼袭击的概率有多高》（How likely is a crocodile attack?），在 1971 年到 2004 年的整整 34 年里，澳大利亚只发生了 62 起鳄鱼袭击事件，平均每年 2 起不到。而这些袭击中，有多少是致命的呢？概率只有 30%。相反，根据澳大利亚统计局的数据，光在 2011 年，澳大利亚就发生了 34 起从梯子上跌落摔死的事件。英国《卫报》由此得出结论：根据概率，相比于担心鳄鱼，澳大利亚人更应该担心自家的梯子。

从上面的各个例子我们可以看出，人们对概率的理解，经常是不正确的。而在金融领域，这种不正确的概率理解所导致的定价，和实际概率发生可能性之间的偏差，就给一种小众、另类的投资法

带来获利的空间：深水炸弹投资法。

“深水炸弹投资法”似乎不是一个正式的名称，我只从陆宝投资的王成先生那里听说过对这种投资法的命名。而另一次我看到对这种投资法的描述，则是在《大空头》这部电影里：两个无名小辈靠这种方法赚了不少钱。但是，电影《大空头》也没有给这种投资法正式命名。

考虑到深水炸弹投资法本身就是利用概率上鲜为人知的严重不对称进行投资，其命名的缺失也就无可厚非：如果每个人都了解深水炸弹投资法，这种投资法也就很难赚到钱了。而电影《大空头》对这种投资法进行了解释：杰米和查理发现，市场愿意以极低的价格出售市场认为不可能发生的事情的期权。所以（买入这种期权以后），即使杰米和查理错了，他们的损失也不大。但如果他俩是对的，就能大赚一笔。

这段话很好地描述了深水炸弹投资法的精髓：利用市场对罕见概率的定价偏离，通过不断的、小规模的下注，获取成功率极低但一旦成功则收益极大的回报，通过极大的罕见成功弥补多次小规模的亏损。这种方法像极了早期驱逐舰丢深水炸弹炸潜艇的战术：驱逐舰会在潜艇可能出现的一片海域，丢下几百个深水炸弹。其中或许只有一个炸弹命中目标，但是只要有一个命中目标，取得的战果就足以弥补那几百个炸弹的成本。

由于期权领域的深度价外期权（也就是市场认为对应了极度不可能发生的事件的期权）经常能提供这种“一旦大赚则回报不可限量”的机会，它们的价格往往极低（市场认为对应事件不可能发生），因而一旦事件发生涨幅极大。所以在期权市场，深水炸弹投资法有一定的施展空间。在 2019 年 2 月 25 日发生的“50ETF 购 2 月 2 800”期权（指的是在 2 月份，以 2.80 元交割的、50ETF 的看涨期权）当日大涨 192 倍，就是这种投资法可能面对的标的。

当时，“50ETF 购 2 月 2 800”期权属于深度价外期权，50ETF 的交易价格远远低于 2.80 元，而该期权离到期日只有两三天。但是，2 月 25 日 A 股市场大涨，一改之前长期的市场阴霾，50ETF 的价格当日暴涨 7.56%，最高价触到 2.829，“50ETF 购 2 月2 800”期权也就瞬间变成价内期权。同时，市场强烈的看涨预期进一步推高了“50ETF 购 2 月 2 800”期权的价格。结果，当日该期权的价格暴涨 192 倍。

当然，“50ETF 购 2 月 2 800”期权在上涨之前极小的市值，证明这个期权当时参与者极少。而即使有投资者能采用深水炸弹投资法抓住这个期权，从整体投资组合来说，也绝不可能获得 192 倍的回报：因为他必须承担无数个“放空的深水炸弹”的损失，才会抓到一个大涨的机会。

在其他投资领域，类似深水炸弹投资法的投资策略也频繁被投资者所使用。比如，在早期天使投资领域和 VC 领域（Venture Capital，风险投资，指投资早期初创型企业的基金），投资者下注于成功概率极小但一旦成功就可以赚非常多钱的各种初创型企业。对于这些投资者来说，每个赚了成百上千倍的投资背后，都有一大堆失败的投资。他们的做法就像丢深水炸弹一样：不知道哪个能炸到潜艇，但只要炸到，之前白丢的那些钱就都能赚回来。

在深水炸弹投资法里，最关键的一点是市场认为不可能出现的机会，实际上会以小概率出现。在贝努瓦·曼德尔布罗特和理查德·赫德森合著的《市场的（错误）行为：风险、破产与收益的分形观点》一书中，这种市场认为不可能发生的事情会偶尔发生的现象，得到了充分的描述。

试想，从基本的波动模型来说，1987 年美国股市当天大跌 27%的概率有多大？香港股市之后一天大跌 40%的概率有多大？恒生国企指数在 2003—2007 年之间连涨 10 倍的概率又有多大？如果从正态分布的角度来说，这些事件发生的概率小之又小，但是在真实的世界里，它们却都实实在在地发生了。

一旦这些超小概率的事件变成真的，之前试错了无数次的投资者往往会赚到不少钱。这就像战国吕不韦在邯郸见到当人质的秦国公子异人以后，回去和他父亲商量的那样：耕田可以赚到十倍的利润，贩卖珠宝可以赚到百倍的利润，而做国家之主的生意能赚到无数倍的利润。公子异人后来在吕不韦的帮助下成为秦国国君，也就是秦始皇的父亲，吕不韦也成为权倾天下的一代秦相。而投资者一旦押中一个超小概率的事件，就能如吕不韦般，获得高得不可想象的回报。

面对数量极多的亏损和一旦押中就大赚特赚的两个极端状态，深水炸弹投资法的另一个要点就是，在概率极高的小亏损和概率极低的大盈利之间，找到统计意义上的盈利空间。举例来说，彩票虽然也是一个由“概率极高的小亏损”和“概率极低的大盈利”组成的投资游戏，但是两者相加，得到的却是负回报。所以，正所谓

"多算胜，少算不胜，而况于无算乎"，投资者在应用深水炸弹投资法时，一定要做好精密的计算，保证取得回报的概率足够大、对抗极端状态的能力足够强（比如连续下注 1 000 次也没赚钱），才能付诸实施。

换个视角分析 AH 股比价

一直以来，市场对 A 股和港股的比价，往往通过 AH 股比价来理解。其中最直接的理解方法就是通过恒生 AH 股溢价指数（HSAHP. HI）。

但是，恒生 AH 股溢价指数有一个容易被市场忽视的特征，导致其不能准确代表 A 股和 H 股的比价。

由于主流市场参与者习惯性地使用恒生 AH 股溢价指数来理解 A 股和 H 股的比价，因此难免因为这个不准确特征的存在，而无法全面理解两个市场溢价比例的关系。

按照恒生 AH 股溢价指数的编制规则，其编制时是使用成分股的流通市值大小进行加权计算。这就导致大盘股的溢价比例会对指数造成比较严重的影响。

比如，如果 A 股全市场股票相对香港市场都贵，但只有几个大盘股的溢价比较小，那么恒生 AH 股溢价指数则不会反映出巨大的 A 股溢价。

这时候，使用恒生 AH 股溢价指数度量 A 股和 H 股的比价，就会造成失真。投资者会认为：A 股相对 H 股也没有那么贵，因此

H 股以及与之同市场交易的港股，也就没有那么大的相对吸引力。

但是实际上，港股的相对吸引力可能更大，只是几个大市值的股票没有那么大。

为了简便起见，我截取每个季度最后一天的恒生 AH 股溢价指数进行计算（最后一个数据更新到 2019 年 6 月 10 日）。按这样的计算口径，2019 年 6 月 10 日的 AH 股溢价比值是 126%。

从这个角度看，2019 年 6 月 10 日，港股的吸引力并没有那么大，A 股对 H 股的溢价只有 26%。历史最高的溢价比值，则是 79%。而如果观察 2010—2019 年这 10 年的数据，那么区间最高值则是 40%。无论 26%、40%还是 79%，看起来都不是太高。

注意，这里为了计算简便，按照每个季度最后一天截取数据。如果截取每天的数据，具体比例会稍有不同，但是基本规律不会改变。

但是，如果考虑到恒生 AH 股溢价指数的编制规则，即按市值大小赋权，那么这种溢价就会更偏向大盘股的溢价水平。而通常来说，大盘股的溢价都更低。

解决这种赋权带来的市值差异，最简单的做法就是重新做一个等权重溢价指数。为此，我计算了 2019 年 6 月时，同时在 A 股和 H 股上市的公司，以及历史上曾经在 A 股和 H 股同时上市的经纬纺机（A 股代码 000666，H 股代码 00350），在历史上 A 股对 H 股溢价的、等权重的算数平均数，得到了一个新的溢价指数。

通过观察等权重的溢价指数，可以发现，2019 年 6 月 10 日，A 股相对 H 股的溢价率为 96%，意味着同时在 A 股和 H 股上市的公司，在等权重的计算下，A 股公司平均比 H 股公司贵了 96%。这个值比恒生 AH 股溢价指数计算的 26%高出了很多。

相对地，等权重的溢价指数，每个季度最后一天的溢价率，历史最高值为 173%，2010—2019 年的 10 年中最高值为 128%，均远高于恒生 AH 股溢价指数所表现出来的 79%和 40%。

这也就意味着，在考虑到市值因素的影响以后，H 股和与其在同一市场交易、估值体系类似的港股，相对 A 股的吸引力，比恒生 AH 股溢价指数表现出来的更大。

不过，从 2019 年 6 月的溢价率和历史的关系角度来说，用 2019 年 6 月的溢价比值（溢价比值 = 溢价率 + 100%）除以阶段内历史最高值，无论是用恒生 AH 股溢价指数，还是等权重计算口径，得到的数字都基本相同。

在恒生 AH 股溢价指数口径和等权重口径下，2019 年 6 月 10 日的溢价比值分别是 2006 年以来历史最高比值的 70%和 72%，分别是过去 10 年最高比值的 90%和 86%。

总结以上两种比较，可以发现，如果考虑绝对溢价率上的差距，等权重溢价计算的结果比恒生 AH 股溢价指数的结果要高得多。

但是，如果仅仅考虑相对历史最高溢价率的变化率，那么等权重溢价计算的结果，相对历史最高水平的比例，和恒生 AH 股溢价指数的变化率相差不大。

这两种比较的区别意味着，如果投资者预期未来 A 股和 H 股的比价会在长期逐步下降，最终可能趋近于 0，那么等权重计算方法计算出的溢价率，预示着 H 股和与之同一估值体系的港股，当前的相对价值更大。

但是，如果投资者预期 A 股和 H 股的比价在长期是一个波动的状态，甚至可能波动回之前的高点，那么这两种计算方法得到的结果，对解释港股在长期的相对投资价值上并没有太大的区别：当比价波动回原来的高点状态时，无论等权重计算还是按恒生 AH 股指数的市值加权计算，其对应的价格波动率是一样的。

不过，从两方面来思考，可以让我们更偏向“A 股对港股的溢价在长期会逐渐下降”这一结论。

一方面，A 股和港股的联通，随着陆港通、基金互认等因素的逐步推进，会变得越来越紧密。长线价值投资者的数量越来越多，他们对两地股票的定价也会趋同，因此导致两地股票价格逐步趋同。

另一方面，从历史数据来看，A 股相对港股的比价，一直处于下降的大趋势中。

尽管恒生 AH 股溢价指数仅计算了 2006 年以来的数据，但是等权重的计算方法可以很轻松地推导出 2006 年以前的情况。1999—2002 年，同时在 A 股和 H 股上市的公司，A 股的股价平均是 H 股的 5～10 倍。而现在，这一溢价水平几乎已经无法看到。

当然，历史上曾经存在的超高溢价也说明 A 股相对港股的溢价，也不是没有上升到人们难以想象的水平的可能。对于寻找香港市场相对价值的投资者来说，这种带来糟糕结果的可能性，仍然值得警惕。

此外，如果“A 股对港股的溢价水平在长期会逐渐下降”的判断是对的，那么等权重计算的、相对恒生 AH 股溢价指数更高的溢价率，就意味着港股能给投资者带来更多的相对回报（抑或更少的相对亏损）。

更重要的是，当前内地市场公募基金、私募基金等，由于投资研究能力的限制或者是之前老产品的合同约束的限制，绝大多数未能将香港股票市场包含在内或者配置比例很小。（注：本文成文于 2019 年 6 月。）这也就意味着，如果前述的基于大概率做出的判断是正确的，那么尽早布局港股的基金，就更可能取得相对其他基金更高的收益。

从打新收益“下降”说开去

《孙子兵法》中有一句兵家名言：“多算胜，少算不胜，而况于无算乎？吾以此观之，胜负见矣。”意思就是说，在战争中多做计算的人容易赢，算得少的容易输，算都不算的，简直就是要输到家了。根据这个原则来判断，战争的胜败就能一目了然。

通读过《孙子兵法》的人知道，这里的“算”包括许许多多的方面，比如双方的政治、经济、人口，战场的地理、天文、河流、风向，军队的数量、兵种、士气、补给情况，以及双方将领的经验、人格特点、性格，等等。可以说，《孙子兵法》所倡导的“算”，就是一个古代版本的 AI 用极其冷静和客观的方法，计算出战场上的每一个因素，然后让胜利的天平向自己倾斜。

市场如战场，在投资中，事情也是一样。想要在投资的市场上取得胜利，投资者最需要做的，是计算各种数据，然后以数据和事实去配合对社会的分析，最后找到能够带来胜利的投资标的。

可惜的是，许多时候投资者更感兴趣的，往往是一些口号式的宣传，是“某某投资标的就是好”“某某投资方法就是不行”这种运动式的、非黑即白非好即坏的、标签式的分类方法。结果，标签和口号式的投资方法并不会给投资者带来真正客观的投资判断，胜利的天平也就远离了不依赖数据和客观分析的投资者。

这种口号式、运动式、标签式的投资行为，在古今中外的资本市场上反反复复地出现。2019 年，A 股市场上就有一个非常好的例子，让我们来看看这种不以客观数据为判断标准的投资会出怎样的问题。

一直以来，A 股的新股申购（IPO）都给投资者带来了几乎无风险的投资收益。但是在 2019 年底，市场却对新股申购产生了一些怀疑。这种怀疑来自一个糟糕的新股的表现：在 2019 年 11 月 14 日申购的浙商银行（股票代码 601916），上市以后股价涨幅很少，其 IPO 价格为 4.94 元，上市当日很快就在盘中破发，首日收盘价仅为 4.97 元。理论上按上市首日收盘价计算，投资者每申购中签 1 000 股，只能赚到 30 元。

本来，浙商银行只是众多新股中的一个，一个新 IPO 的股票上市以后没有带来多少收益，并不足以说明参与新股申购就会变得不赚钱。新股申购每年有一两百个甚至更多，是不是整个新股申购行为都变得不赚钱，需要通过精细的计算才能知道。

但是，由于“上市首日即在盘中破发”的标题实在太过醒目，浙商银行破发的消息迅速在市场广泛传播。结果，浙商银行上市以后，大量投资者开始怀疑新股申购是否还能赚钱，一些投资者甚至因此不敢参与新股申购。

实际上，新股申购赚不赚钱、能赚多少，是一个再简单不过的概率问题。只要有了申购限额、中签率、发行价、涨停板打开后首日收盘价这4个指标，投资者就很容易算出，按一定的上海和深圳市值组成的账户，究竟能赚多少钱。

当然，最后每个投资者真正赚到的钱数，很难精确地等于按平均概率所计算的数据，而是围绕着新股申购的平均回报均匀分布。通过集思录网站提供的新股申购数据，我很轻松地算出了每个时间段里，对于任何一个特定市值构成的账户，在参与新股申购并且在涨停板打开以后按第一个收盘价卖出的交易策略下，能赚取的相对持仓股票市值的平均回报率。

结果显示，对于一个沪市市值和深圳市值分别有10万元的个人账户（20万元也是内地投资者比较常见的资产规模），2016年的全年新股收益可以达到惊人的20.2%，2017年下降至17%，2018年则大幅下降至6%，但是在2019年截至11月25日申购的新股，新股申购收益率的年化水平又上涨到了10.2%。其中，2019年10月1日到11月25日的新股申购收益率达到了11.5%的年化水平。

很显然，真正的新股申购收益率的低谷，是在2018年。而在2019年尤其是浙商银行申购前后的收益率水平，虽然没有2016—2017年那么高，但是比2018年上涨了不少。但是，在当时浙商银

行盘中破发的新闻效应带动下，大量的投资者没有经过计算，就错误地以为新股申购已经变成一件有风险的事情。无疑，这些投资者犯了“少算不胜，而况于无算乎”的错误。

数据分析的重要性，不仅体现在投资交易中。对于行业和企业基本面的分析来说，也是一样。

以汽车行业为例，2019 年，中国的汽车行业经历了一次小寒冬，汽车销量增速下行，经销商压货严重，汽车企业的报表也不太好看。于是，不少投资者开始担心汽车行业的未来。但是，只要投资者仔细观察一些数据，就可以知道这种担心仍然是多余的。

首先，2019 年 6 月，中国的千人汽车保有量仅为 183 辆，大概是日本这样地少人多经济体的 1/3。其次，根据公安部的统计数据，2019 年上半年，中国新增加的驾驶员人数为 1 408 万，而 2018 年年底的全国汽车驾驶员总数仅为 3.69 亿人左右。也就是说，如果按全年算，驾驶员人数的增速大概在 7%。说一个潜在消费者增速仍然有 7%的市场会就此熄火，无疑是过于武断的。

有意思的是，这种看空 2019 年的汽车行业的观念是如此强大，以至于当我和一位投资者聊到驾驶员人数的增长时，得到的反驳意见是“很多人考了驾照也不买车啊!”的确，对于一个人来说，考驾照不买车是有可能发生的事情。但是，我们如何能够认为，这个国家的 1 000 多万人在一年里考了驾照都没有买车的计划呢？显然，这种争论的方式已经脱离了理性的讨论，陷入诡辩的歧途了。

从这些例子里，我们可以清楚地看到，在投资工作中，大量的计算是多么重要。但是，由于计算本身是一件枯燥的事情，数据统计和阅读相比口号式的投资故事来说，往往极度缺乏趣味性。所以，对于许多投资者来说，在投资中引入大量的计算无疑是费力的。而在茶余饭后聊聊投资的故事和段子，往往更容易被投资大众所喜爱。

而这种对客观事实认知的缺乏，也经常导致市场中资产的价格出现和基本面相背离的状态。在上面这个新股申购的例子中，不少投资者因为一个浙商银行盘中的故事而远离新股申购，就很可能导致新股申购的中签率走高，最后在一段时间里，带来相对更高的平均新股申购收益率。而这类投资者在投资工作中，没有进行足够的计算、对客观事实没有足够的认识，导致的价格和价值背离的情况，往往会给有准备的投资者带来更多的机会。

为什么套利交易也要慎用杠杆

在投资工作中，杠杆是一个让人着迷的话题。毕竟，杠杆一旦用好了，投资者就可以赚到仅用本金投资完全无法赚到的钱。但是，杠杆又是一个杀伤力极其巨大的金融武器，稍有不慎就会让投资者以更快的速度亏掉本金，落个满盘皆输。在 2015 年 6 月以后的 A 股市场大跌中，许许多多投资者就是因为杠杆的原因，在突如其来的下跌中损失惨重。

为此，投资大师沃伦·巴菲特曾经对投资中可能遇到的杠杆问题进行过详尽的描述。简单来说，对于那些在资产价格下跌中，有

可能让投资者亏光本金，从而导致即使最后资产价格恢复上涨也不可能再翻本的杠杆，最好少用甚至不用。但是，对于那些没有明确还款期限或者还款期限非常长（比如住房贷款的20～30年、巴菲特的保险公司所取得的杠杆的几十年），且在中途价格下跌时不会被要求提前偿还的杠杆，则可以善加利用，由此扩大投资者的投资收益。

巴菲特虽然是投资大师，但是说句老实话，绝大部分投资者在实际投资中并不喜欢他的理论。就拿这个杠杆问题来说，由于在证券和金融投资中，长期的、没有提前还款要求的杠杆并不好找（可以说几乎没有，除了自家开保险公司以外），而短期的投机类杠杆非常容易获得（比如到金融公司发放的短期融资），因此许多人在投资证券时，会轻易忘记股神的警告，转而利用唾手可得的短期类杠杆。

但是，“聪明”的投资者又很会为自己找理由。在杠杆这个问题上，短期类杠杆非常危险的问题是实际存在的，但是短期类杠杆又太诱人，因此许多投资者就给自己找了理由，继续使用短期类杠杆。其中看似很安全实则蕴含了巨大风险的一种理由就是，投资者认为在套利交易中，是可以应用很高的短期杠杆，不需要过于审慎的。

持有这种观点的投资者认为，相对于单边赌大小类型的投资来说，套利交易（也就是买入一个资产的同时卖出另一个资产，以获得两个资产之间差价的交易）的风险是小得多的。因此，在普通单边赌大小的交易中不能利用的杠杆倍数，可以用在这种交易中。

比如，套利交易可能是在期货的两个月份的合约中，赌两个月份的合约价差从大变小。如果历史上这两个合约的价差，平时的平均数是 0，最大值是 5%，而目前的数据达到了 6%，那么套利交易者可能会认为，6%的价差变小的可能性会变大，继续变大的概率则没有那么大。这时候，如果投资者在 6%的价差下注，同时做多和做空两个合约，而价差最终回到 0，那么在不用杠杆的情况下，投资者可以赚到 3%的收益（6%的价差除以多空双边的仓位）。

但是，很显然，3%的收益并不高。这时候，许多投资者会说，既然套利的价差波动如此之小，平时也就在 0～5%之间波动，而期货的单边价格波动则经常达到 30%乃至更高，那么，为什么不能在套利的交易上用上平时单边交易 12 倍的杠杆呢（多空双边下注导致套利交易的价差波动对本金的影响，只有单边交易的一半）？如果用上 12 倍的杠杆，一个简单的 6%的价差缩窄，就会变成惊人的 72%，给投资者带来的潜在回报也会从 3%变成 36%。

以上理论看似没有错，如果套利交易的历史 5%的最大波动，是单边交易可能发生的 30%波动的 1/6，那么如果单边交易不用杠杆的话，双边的套利交易用上 12 倍的杠杆也就不无不可。

问题的关键在于，套利交易对应的 5%的历史最大波动是可以被突破的。而单边交易在做多的情况下，资产价格最多只会下跌 100%。如果在极端情况下，套利交易的价差达到了 20%（也就是历史最大值的 4 倍），那么在 6%价差就用了 12 倍杠杆的投资者，其亏损会达到本金的 84%，几乎爆仓。(套利交易是双边下注，因此价差的波动幅度对本金的影响会减半。)

由此可以看到，套利交易所依赖的，是对历史最大价差的一个预估。这个最大价差看似波动不大可以随便加杠杆，但是这个价差一旦被历史极端事件所突破，那么投资者的杠杆就会变成致命的毒药。而熟悉金融市场的人都知道，历史总是在被刷新。历史最大价差，永远会在某一个时点被新的大价差所替代。

这种套利所依赖的价差，其超越历史纪录的新水平的到来，有时候会让人匪夷所思。但是，由于金融市场天生的不稳定性，这种刷新纪录的事情经常会出现。这时候，如果投资者以为历史最大价差就是可以依赖的基石，因此基于这个价差滥用杠杆，就会遭遇灭顶之灾。

记得在 2014—2015 年的大牛市中，有一个场内交易的 LOF 基金（上市型开放式基金）、嘉实基本面 50 指数基金（场内交易代码为 160716)，其二级市场的交易价格在 2014 年 12 月份曾经大幅攀升。

按照通常的理解，由于套利转换机制的存在，LOF 基金场内份额和净值之间的价差应该很难超过 2%。这是因为在扣除手续费的情况下，一旦价差超过 2%，套利的投资者就会蜂拥而入，把价差填平。而尽管套利者由于申购时间、资金调配的限制，其套利行为往往要花 2~3 天才会发生，但是由于忌惮套利者可能导致的交易价格向净值回归，场内的投资者往往也在交易价格盲目上涨、脱离净值水平太多的时候，不会继续买入基金。

但是，2014年12月的情况则是，大量没有投资经验的个人投资者蜂拥冲入资本市场。这些人并不了解场内LOF基金和场外净值之间的关系，不了解过高的交易价格可以引发套利行为，还以为场内基金和股票一样，只要炒上去就是赚到。结果，套利的资金在一两个交易日里难以平抑市场价格，嘉实基本面50指数基金的场内价格也就在几个交易日里疯狂攀升，最高曾经达到40%左右。

从这个例子我们可以看到，平时最大只有2%左右波动的LOF基金场内交易价格和场外净值之间的价差，在极端的时候，有可能会飙升到40%之巨，是历史最高水平的足足20倍。对于这样巨大的波动，如果一个套利交易者仅仅以“历史最大价差”作为自己交易的基石，在这个基石上不审慎管理杠杆，甚至只是应用了相对保守而不是绝对保守的杠杆，那么在突然到来的黑天鹅面前，这样的投资者就极有可能亏光自己所有的本金。即使最后价差回复（2014年12月的嘉实基本面50指数基金的价差，在套利的作用下，几个交易日以后就回到了0左右），投资者也可能因为爆仓而亏光所有的本金，和最终的胜利毫无关系。

历史上，一些著名的量化交易基金、套利基金，都因为过于自负，过于相信自己在套利交易上的判断，过于信任套利交易相对于普通单边交易的稳定性，而在套利交易中使用了过高的杠杆，最终倒在突如其来的巨大波动中。君不见，美国长期资本管理公司倒在用60倍杠杆交易欧洲国家国债之间的价差上，不凋花基金则倒在原油和天然气期货的价差上。

前事不忘，后事之师。套利交易看似风险极小，加上一定的杠杆以后就可以成为既有收益、风险又可控的美味佳肴。但是，平日里风平浪静的套利交易之下，隐藏的却是更为罕见但杀伤力可能极其巨大的波动猛兽。一旦这种极端事件发生，在套利交易中没有采用非常审慎的态度控制风险的投资者，就会遭到预料之外的沉重打击。

第八章

理解基金：一个甄别优秀投资者的好方法

你知道基金的净值有几种算法吗

“茴香豆的茴字，你知道有几种写法吗？”百年前鲁迅笔下的这个段子，伴随了几代中国人的语文课本。今天，在面对投资产品（包括公募基金、私募基金、券商资产管理产品，等等）的净值时，许多投资者没有搞清楚，看起来都是一个数字的产品净值其实有不同的含义。而如果不能准确把握产品净值和真正投资回报之间的关系，投资者就很难在不同的产品净值之间，进行科学、精确的对比。

对于“产品的净值有几种算法”这个问题，很多人的第一反应是，产品的业绩还能有几种算法？1.5 的净值不就是 1.5 的净值吗？其实，事情并非这样简单。许多细节藏在不同投资产品的合同条款中。

投资产品向客户收取的费用，主要分为三种形式。第一种是最常见的，每年固定扣除一定比例的管理费。中国投资者最早接触的公募基金，普遍采取的就是这种扣除方法。第二种是业绩提成，就是回报达到一定比例以后，扣除回报率的一部分作为提成费用。第三种不太常见，叫“份额缩减法”，就是产品的回报不从净值里提取，而是扣除一部分的客户份额，充当业绩回报。也就是说，客户本来有 100 个产品份额，到了年底，可能就剩下 98 个了。这三种形式虽然不同，但本质是一样的，都是对客户收取的费用。

按照许多投资者简单的理解，产品的净值就应该是到手的钱。也就是说，净值 = 整体回报 - 费用。对于这种方法，我们可以根据其“在收取费用后计算净值”的方法，称之为“费后净值法”。但实际上，产品净值的计算方法，并不只有“费后净值法”一种。

对于公募基金产品来说，客户见到的净值数据，往往是扣除了管理费用以后的实际留存净值。客户按照这个净值赎回，到手的钱就是这个净值（有时候还要扣除一点赎回费用，尤其是持有期限比较短的时候）。这种方法简单易懂，而且由于公募基金在中国市场资历最久、接触的投资者数量最多，因此绝大多数投资者在历史上接触的都是这种“费后净值法”，也简单地将净值理解为自己的实际回报。

但是，对于目前国内绝大多数的私募产品、券商资管产品来说，绝大多数采取的是“费前净值法”。也就是说，客户看到的公布出来的净值还没有扣除管理费用和业绩提成，而实际客户拿到的钱要减去管理费用和业绩提成。这种算法，由于是公布在扣除费用以前的净值，我们可以称之为“费前净值法”。

更复杂的是，如果简单说“费前净值法”也不一定会得到最准确的情况，因为还有一种业绩提取方式，是“份额缩减法”。也就是说，费用并不在净值中表现出来，而是不断缩减客户持有的份额。这种方法很难说它的净值是“费前净值”还是“费后净值”，因为它根本不从净值中提取费用，而是缩减客户的份额来提取费用。但是，“份额缩减法”起到的实际作用和“费前净值法”是一样的。也就是说，客户看到的实际净值变动并不等于真正的投资回报变动。真正的投资回报变动，需要在净值变动之上减去份额的变动。

由于不同的投资产品在计算净值时对是否在其中刨除收取的各种费用存在不同的口径，因此投资者在比较不同的产品净值时必须考虑这一因素才能做出公允的比较。

举一个最简单的例子，假设两个投资产品 A 和 B 公布的净值在 1 年中都从 1 增长到了 1.2，这时候如果 A 产品是采取“费前净值法”、B 产品是采取“费后净值法”，且只考虑 20%的业绩提成，不考虑其他任何费用，那么 A 产品给投资者带来的回报是 16%，B 产品带来的回报则是 20%。

更重要的是，这种不同计算方法带来的、相同净值代表的不同真实回报率的差别，在短期看来似乎只有几个百分点，但是在长周期里，由于复利的作用，则会被放大到更加巨大的地步。还是从上面的例子来看，在 1 年里，两个投资产品的回报率差额只有 4%（20% - 16%），但是如果把年限延长到 5 年（假设每年提取费用，下同），A 产品的实际回报是 110%，B 产品是 149%，两者相差 39%。如果是 10 年，A 和 B 的真实回报分别是 341%和 519%，相

差178%。而如果是20年，两者的真实回报则分别是18.5倍和37.3倍，相差将近19倍。

需要指出的是，投资产品的费用是在每年收取还是在客户赎回时一次性收取，在长期也会带来显著的不同，即使产品的净值一样。在上个例子中，我们假设的情况是每年收取20%的业绩提成，如果投资产品是在最后一年才收取20%的业绩提成（之前分文不取），那么对于20年的投资周期来讲，客户的实际回报就会从18.5倍增加到29.9倍，多了11.4倍。

在以上讨论之外还有一种情况也会导致投资者的实际回报和净值不相等，需要投资者稍稍留意，这就是投资产品的申购费和赎回费。一般来说，申购费和赎回费并不高，通常在1%上下，很难对投资者的长期回报带来影响。但是，在一些特定的情况下，这些费用也会对投资者带来很大的影响，甚至出现"赚到净值赚不到钱"的情况。

如果投资者频繁交易，那么在净值不变的情况下，1%的申购费和赎回费会在12次买入和12次卖出以后带来21.4%的损失。也就是说，如果投资者每个月都申购和赎回一次基金，那么他想赚钱就会变得非常困难。

而在另一些投资者做的套利交易中，投资产品的申购和赎回费用也会带来巨大影响。举例来说，在2019年6月时的分级基金的A端，其普遍折价在3%左右。由于监管层要求分级基金限时取消分级设计，而2019年6月已经接近监管层要求的最后时限，因此一旦分级设计取消，A端基金的持有者就可以通过赎回由持有的A

端基金变化而来的母基金份额，得到3%的折价率。但是，由于赎回母基金份额往往存在1.5%的赎回费，这就意味着在这笔交易上进行套利的投资者，实际上依靠折价部分只能取得1.5%的微不足道的回报。(在持有期内A端基金还会给持有者一个类似债券的每日收益，但是这个收益并不能被算在套利的概念之内。)

所以，产品净值和投资者取得的真实回报之间，在不少情况下会有显著的差异。如果忽视这种差异的存在，投资者不仅无法取得预想中的收益，更重要的是在比较不同的投资产品时，会得到错误的结论。因此，留意不同投资产品的净值与实际回报之间的不同关系，在进行细致的证券研究时是十分有必要的。

投资者应该怎样选择基金

说到怎样选择基金，我想先说个小故事。2018年，A股市场经历了历史上最大的跌幅之一。以上证综合指数计算，其在2018年下跌的幅度仅次于2008年，在A股市场的历史上排行第二。但是，2018年市场的下跌幅度虽然大，却并不可怕。

2017年底的市场估值其实谈不上太贵。按照东方财富Choice终端的统计数据，2017年底，上证50指数的PE（市盈率）和PB（市净率）分别是12.4倍和1.4倍。熟悉股票市场的人都知道，这算不上一个特别贵的估值，甚至可以算是一个比较便宜的估值。所以，2018年的下跌并不是高估值破灭造成的：至少对于市值占绝大多数的大市值公司来说如此。

而由于超高估值引发的下跌，则有可能带来连续的糟糕行情。其中最好的例子，就是美国的纳斯达克指数虽然坐拥一些世界上最优秀的科技公司，但是在 2000 年的泡沫中，由于估值达到天价（有统计口径说达到 150 倍市盈率以上），结果在 2000 年下跌 39%之后，在 2001 年和 2002 年又分别下跌 21%和 31%。

同时，2018 年的下跌也不是由于国家经济遭到了巨大的、难以控制的冲击。一个很好的反例就是，1997 年亚洲金融危机前后，东南亚国家由于自身发展结构以及巨量的外债，遭到巨大的冲击。韩国综合指数曾经在 1995 年下跌 14%、1996 年下跌 26%之后，在 1997 年继续下跌 42%。而 2018 年的中国经济反映出来的却是另外一种状态：国家在有序地控制经济体中的杠杆，这种经济的冷却是可控的。

既然 2018 年的行情既不是超高估值的破灭造成的，也不是经济体陷入崩溃造成的，那么 2018 年的市场下跌必然成为一个好的买入机会。（当然这不代表 2019 年一定会上涨，2019 年上半年的上涨仍然有巧合的成分，"下跌以后形成好的买入机会" 不一定代表 "马上会上涨"，但是代表 "在长期会上涨"。）在暴跌以后重仓选择优质的资产，是价值投资的不二法门。这时候，选择基金的一个要点就是仓位是不是够高。而仓位高的基金，一般来说很难正好把仓位在 2018 年底也就是暴跌以后才加满，之前一定承担了一部分亏损。

因此，我在 2018 年底写了一篇文章《2018 年亏太少，不一定是好事》，发表在 2018 年 12 月 15 日的《证券时报》上。2018 年底，根据上述理论，好的基金一定有一个特点，就是在 2018 年亏了一些钱。这样，它才有足够的仓位，在市场一旦反弹的时候，抓住估值的修复。投资者如果希望在将来的上涨中赚到钱，就不能挑剔基金在 2018 年的一些亏损。（当然，不是亏钱的就是好基金。“好基金会亏一些钱”和“亏钱的就是好基金”在逻辑上并不一致。）

结果，这篇文章出来以后，被很多投资者批评得很厉害。“亏损居然是好事，这么没有逻辑的文章也能写出来?”我收到了许多这样的评价。但是，在 2019 年突然到来的上涨中，仓位太轻的基金很快陷入被动，而 2019 年上涨最多的基金，很多都是股票指数基金。原因很简单，被动管理的指数基金仓位最高。根据东方财富 Choice 终端的数据，上证 50 全收益指数在 2018 年 12 月 31 日至 2019 年 7 月 26 日这个阶段里上涨了 31.3%，不仅超过了 2018 年中的所有亏损，而且在 351 个可比普通股票型基金里排名第 120，在 2 505 个偏股混合型基金里则排名第 534（均包含单个基金的不同类型份额）。同期沪深 300 全收益指数也上涨了 30.6%，和上证 50 全收益指数相差无几。也就是说，这些没有进行任何主动选择、仅仅依靠 100%仓位的股票指数，就跑赢了 2/3 以上的股票类别基金。

从这个例子里我们可以看到，选择基金的第一个技巧，就是“透过现象看本质”。很多投资者在买基金的时候，并不关注基金的本质究竟是什么。这些本质包括基金经理的投资风格是什么，投资水平如何，历史上的投资风格是否漂移，如果有漂移是否有足够坚实的理由，基金的管理到底是由基金经理独立负责还是由公司统一

风格决定（后者会使得分析基金经理的重要性下降、分析基金公司的重要性上升），等等。许多投资者最关心的一个问题，就是“最近这个基金涨的多吗”。在这种短期的、浮躁的心态驱使下，投资者做出短线的买卖交易，而没有抓住长期的投资逻辑。

以 2019 年上半年的市场为例，在这半年中，A 股市场虽然涨幅巨大，但是板块与板块之间的分歧也很明显。一些消费类的公司涨幅惊人，重仓这些公司的基金往往获利巨大。这时候，投资者需要仔细分析，一只从 2019 年上半年的消费股行情中获益的基金，究竟是因为基金经理有远见、发掘到了其中的价值并且坚守了，还是只因为运气好又敢赌仓位、恰好赶上了这个行情呢？

再比如，在 2019 年上半年的市场中，港股市场涨幅很小，恒生国企指数的涨幅只有个位数，这显然不能和同期 A 股市场动辄 20%甚至消费类公司动辄 50%的涨幅相提并论。但是，港股更小的涨幅并不是因为没有投资价值，而只是一个正常的波动现象。

这时候，对于那些 2019 年上半年在香港市场投放了一定仓位、买入了优秀公司的基金来说，它们的业绩很容易被同行甩下。但是，如果这些基金能够坚守自己的判断，那么 2019 年上半年相对更糟糕的业绩反而是它们长期超额收益的保证：就像内地市场在 2018 年亏得太少的基金，往往很难抓住 2019 年的行情。所谓盈亏同源，说的就是这个意思。而那种“想在每一个时点都恰好踩对市场的脉络”的想法，听起来似乎完美无缺，但是在实践中几乎不可能。

如果投资者想要了解一只基金的基金经理真正的投资理念，所要做的事情就远不止只看当期的基金年报、季度报告这样简单。投资者需要做的，是对这只基金和基金经理的历史做细致全面的检查。

这种细致全面的检查包括很多方面。比如，这只基金什么时候开始由这个基金经理管理？宣传的投资风格是什么？基金历史上的持仓股票符合这种宣传的风格吗？持仓的股票是经常换手还是保持稳定？投资的风格在历史上有漂移吗？基金的投资决策是由挂名的基金经理做出的，还是由团队做出的？基金历史上每个季度的仓位结构调整能反映出什么细节？基金经理是喜欢追涨杀跌，还是越跌越买、越贵越卖？在历史上的市场关键转折点中，基金经理发表过公开言论吗？如果发表过，这些言论后来被市场验证是明智、有先见之明的，还是被证明是受到市场情绪干扰、胡乱做出的？如此种种，投资者需要一个个详细考察。

需要指出的是，基金经理自己购买自己的基金是一个非常重要的优秀指标，尤其当购买的量比较大的时候。（在当前的内地资本市场，500 万以上的认购金额可以被认为比较大。）这种现象在华尔街叫“Eat your own cooking”（意思就是“吃你自己做的饭”），指的是当基金经理购买了很多自己的产品时，他的利益就易于和投资者保持一致。

历史上，明朝时期的孙承宗在辽东前线提出的“以辽人守辽土”和戚继光在浙江“用浙江兵防倭寇”（即用当地的士兵守卫辽东、浙江），道理和“Eat your own cooking”是一样的。当城池被女真军队和倭寇攻打的时候，如果士兵就来自本地，那么他们会明

白，一旦城池陷落，自己就会家破人亡。但是，被征发入伍、来自几千公里以外省份的士兵，则明显没有这个觉悟。

关于一只基金的基金经理自购了多少基金份额，投资者可以通过一些渠道查找。一方面，对于份额同时在交易所上市交易的基金，根据中国证监会的规定，基金需要在报告中定期披露前10大持有人。一般来说，只要基金的规模不是太大或者机构投资者太多(比如一些指数基金，可能机构投资者占了大多数)，前10大持有人的持仓门槛一般都不会超过几百万元，因此投资者可以很轻松地在报表中找到信息。另一方面，对于基金经理自购较多的产品，基金公司往往也会花大力气宣传。投资者只要留意一些以往的宣传材料，就可以找到相关的信息。当然，这些信息是否真实可靠、是否已经过期（比如基金经理已经赎回了认购的份额，甚至已经离职、换了别人管基金)，仍然需要具体分析。

总结来说，对基金的分析是一个艰苦而细致的工作，需要长期的经验积累，以及仔细的数据、材料研判。在分析基金时，投资者还需要注意，很难有一只基金或者一个基金经理，在历史上是一个错误都不犯的。所谓瑕不掩瑜，如果看材料的时候抱有一种“眼里揉不进沙子”的态度，投资者往往很难选到满意的基金。

而一旦找到优秀的基金和基金经理以后，投资者需要做的，就是长期持有这种基金。毕竟，基金的申购和赎回费用都很高，如果频繁交易，很可能最后出现基金赚钱、基金持有人却不赚钱的情况。在国内市场，很多公募基金的管理者发现，自己管理的产品长期给投资者带来了正回报，但是由于投资者交易太频繁，赚到的钱比基金本身赚的钱少得多。正所谓“疑人不用，用人不疑”，对于一个经过细致工作以后找到的标的，投资者需要有极大的耐心和包容度，去容忍其在短期可能出现的波动。只有这样，长期的投资收益才有保证。

从价值股大年寻找优秀价值投资者的四个步骤

《管子》有云：“一年之计，莫如树谷；十年之计，莫如树木；终身之计，莫如树人。”在价值投资体系中，价值型 MOM（Manager of Manager，投资基金管理人的管理人）是值得重点关注的一个方面。如果说传统的挑选公司的价值投资方法是雇佣了聪明的企业家和优秀的资本，那么价值型 MOM 就是借力真正懂得价值投资的人来为投资服务。

对于价值型 MOM 来说，虽然寻找真正优秀的价值投资者的过程非常复杂，但是，一旦找到值得信赖的价值投资者，往往就可以信赖终身。君不见，沃伦 · 巴菲特、霍华德 · 马克斯、彼得 · 林奇等，都是几十年前就成名，几十年来投资业绩一如既往地好。

这是为什么呢？因为价值投资的超额收益，是来自稳定的社会学原理，而不是赌运气般的投机。一方面，有价值的资产不断产生新的收益，另一方面，不理性的整体社会又不断提供优质的投资机会，而这种整体社会的不理性，是非常难以在哪怕以几十年为维度的时间内得到有效提升的。

一旦一个投资者完全认可了这种价值投资的方法，则一般是洞察了这个社会的各种逻辑。一个洞察了社会的人，又怎么会轻易改变自己的判断呢？所以，当洞察社会的人遇上难以改变的社会，价值投资者的长期超额收益也就不难理解了。

但是，究竟怎样才能找到真正优秀的价值投资者呢？依靠价值股大年中基金的行情表现，我们可以找到一条捷径。不过，这并不是简单地说，在价值股大年中业绩好的就一定是价值投资者。下面，就让我们来看一下，如何通过四个步骤来依据价值股大年中投资者们的表现，找到长期值得信赖的价值投资者。

2017 年，价值股的表现远超其他股票。按 Wind 资讯的数据，2016 年底，估值和基本面都更占优的中证 100 全收益指数，2017 年全年上涨 33.4%，同期代表估值更高、基本面总体更差股票的中证 500 全收益指数，则只上涨 0.6%。同时，基本面和估值更优质的香港恒生指数的全收益指数在 2017 年也上涨了 41.3%，恒生国企全收益指数则上涨 29.1%。

在 Wind 开放式基金分类统计下，当年 504 个偏股混合型公募基金中，2017 年回报率超过中证 100 全收益指数的回报即 33.4% 的，只有 51 个。在 198 个普通股票型基金中，只有 27 个基金超过此回报。而在有统计的总计 11 218 个私募基金产品中，当年回报率更高的只有 985 个。

由此，我们可以迈出寻找价值投资者的第一步，即在 2017 年这样一个典型的价值股牛市中，他的投资回报不应该太差。不过，这不是说投资者的回报一定要超过 33.4%、40%或者 50%才算好，没超过就一定不行，而只是说真正的价值投资者，在一个价值股大年中，应该至少有拿得出手的业绩。

第二步，我们需要仔细研究，这些业绩拿得出手的基金在2017年究竟买了些什么股票，来鉴别它们究竟为何取得高额回报。在此之前，我们需要对哪些是价值股哪些是非价值股，有一个主观的判断，依据的原则无非是价值投资的老三样：所在行业整体有长期前景，公司在行业中竞争力强、护城河稳定，估值低廉或者至少不是太贵。

这个判断可能在具体股票上会有所偏差，但是在A股和港股，大致符合这些原则的股票有上百只之多，而大多数资产管理产品都会公布自己的前10大持仓股票甚至全部持仓股票。因此，对于有经验的人来说，一个投资组合的构成主要是价值股还是非价值股，还是比较容易辨认的。

第三步，我们需要剔除那些投资回报虽然高，但是其回报主要来自非价值股的基金。当然，这不是说世界上只有价值投资一条路，其他股票带来的回报就不是回报。只是说，如果我们希望找到优秀的价值投资者，那么排除非价值投资型股票带来的回报，就是必须做的事了。

接下来，我们需要浏览这个基金之前几年的持仓情况，来对比其在2017年的持仓。这样做的目的是考察基金的持仓连续性，以免选入在价值股大年中跟风的基金。尽管这样做可能导致我们错失下一个乔治·索罗斯，但是“世间安得双全法”，指望用一个筛子把所有类型的优秀投资者都筛出来，是不现实的。

第四步，我们需要从基金穿透到真正的决策者，也就是说，我

们需要确认投资决策是确由挂名的管理者做出，还是另有其人或者其他机制。一方面，我们需要确认基金管理者的连续性，即是否一直由同一个人管理，另一方面我们需要确认管理者的独立性，即是否独立做出投资决策。

只有在一个基金的管理者持续、独立地管理一只基金时，我们才能确认，他是我们寻找的价值投资者。否则，我们就需要穿透到这个基金的背后，找出真正做决策的人是谁或者机制究竟是什么。

在以上的过程中，我们会碰到一种例外，就是这个基金虽然符合一系列标准，但却是 2017 年新成立的或者基金经理是 2017 年新上任的。这时候，我们很难通过净值表现、持股情况，来直接判断这只基金在 2017 年取得的成绩，究竟是通过价值投资理念取得的，还是跟风价值股导致的。尽管可以通过更加细致的直接调研获得更深入的了解，但是这种情况仍然对准确判断投资思路构成了一些障碍，需要具体案例具体分析。

以上就是我们可以从价值股大年中，寻找出值得信赖的价值投资者的四个步骤。相对于直接的走访和沟通了解，这种更加数据化的方法，在牺牲了一定灵活度、兼容度的同时，可以为我们找到一条覆盖面更广、判断更迅捷的方法，因而也就不失其可取之处。

资产是否保值有三个衡量标准

人们常说，投资是一场竞赛。而在竞赛中，就必然有比较的标准。在资产管理工作中，人们也经常需要寻找比较标准，来证明自己的资产管理工作是否起到了保值和增值的作用。

既然资产管理工作主要的目标是保值和增值，那么首先值得考虑的一个比较标准就是社会的通货膨胀速度。通常来说，人们习惯于拿公布的消费者价格指数（CPI）数据作为保值增值的参考。但是，这样做会带来一些问题。

CPI 所代表的，是全社会在平均消费水平下消费的一篮子商品的价格。当投资者的资产增值速度和 CPI 增长速度相等的时候，就意味着从社会平均水平来说，投资者的商品购买力是没有变化的。

但是，以 CPI 增长速度衡量的投资回报会面临两个问题。

第一，尽管和 CPI 增长速度相同的投资意味着这个投资可以购买的商品总量，从社会平均消费构成的角度来说是一致的，但是，由于社会的总生产力在增加，和 CPI 相同增速的投资回报也就意味着这块资产所能购买的财富占社会总财富的比例在不断减小。

举个例子，假设我们的消费只有一种产品：自行车。在 1980 年代，很多人的月工资只有 100 元，而当时 100 元大概就可以买一辆自行车。到了 2019 年，自行车的价格涨到了大概 400 元，那么从 CPI 的角度来说，月工资 400 元的购买力是和 1980 年代的 100 元相差无几的。

但是，肯定不会有人认为，2019 年 400 元的工资可以和 1980 年代的 100 元相提并论。为什么呢？因为尽管 1980 年代的 100 元的购买力在这个简单的自行车模型里是和 2019 年的 400 元相等的，但是在 2019 年，大家都变得很有钱了，大城市的平均工资都达到了七八千元。而 1980 年代的典型生活是，家里没有空调、打个电

话得到电话亭排队、出门坐小汽车几乎不可想象，以及到餐厅吃饭是一件非常奢侈的事情。

显然，现在没人想要那样的物质生活。因此，同样商品购买力的 400 元所保持的社会财富地位，比 1980 年代的 100 元下降了很多。

所以，如果我们不从“资产能够购买的实际物质数量”的角度来考虑问题，而是从“资产所占社会财富的百分比”的角度来考虑问题，那么资产管理工作的首要目标就应该是社会总财富增长的速度，而不是 CPI 增长的速度。

从这个角度来看，当前（2019 年）中国社会 M2（货币总量）的增速大约是 8%，名义 GDP 的增长速度也在 8%～9%（实际 GDP 的速度要低一些，需要减去通货膨胀率），那么如果资产管理者想要让资产所占的社会财富比重保持不变，那么他也应该给自己至少设定 8%的标准。

需要特别强调的是，考虑到一些供给十分刚性，并不随着社会生产力增加而增加的商品和服务，使用社会总体财富增长速度而不是 CPI 增长速度来作为资产管理工作的增值速度标准，就显得尤为重要。

举例来说，司机的服务就是供给非常刚性的。因为从长期来看，司机的人数并不随着社会生产力的增加而增加，而是基本保持总人口的一个固定比例（当然，短期会受到行业变化的扰动，而这个经济和社会学定义上的“短期”可能长达十几年），因此司机所提供的驾驶服务就会长期分到一个固定百分比的社会财富，其价格也就不会仅仅随着 CPI 的增长速度而增长。

其实，不光是司机的服务价格，绝大多数人力成本为主的商品和服务，都由于其供给的刚性，而在长期会体现出价格上升速度快于 CPI，和社会平均财富增长速度接近的趋势。这些商品和服务包括保姆、医院看护、家教、咨询服务，等等。所以，如果下次你家的小时工阿姨或者家教老师又提出涨价的要求，请理解她。

第二，不论是 CPI 增速还是社会平均财富增速，它们所反映出来的都是一个社会的平均变化程度。但是，聪明的研究者一定不会否定，中国作为一个有 960 万平方千米国土、14 亿人口且横跨多个时区的大国，平均水平就代表所有社会群体遇到的情况。也就是说，当 CPI 和社会财富的增长速度在某一个值的时候，一定有一些社会群体感受到的增长速度更快，另一些更慢。对于那些感受到的增速更快的社会群体来说，他们的资产管理目标，理论上应该更高。

举例来说，林散之的字作往往价格不菲，而收藏林散之书法作品的人，往往也不是普通工薪阶层。由于林散之的书法供给十分刚性，因此对于这些购买者来说，他们感受到的书法的价格增长速度，一定不是由 CPI 增速或者社会平均财富增速决定的，而是由这群购买者自己的财富增速决定的。如果说林散之书法的收藏者中，往往成功企业家居多，那么如果今年经济形式好、企业盈利大增，书法的价格就会随之水涨船高。反之，如果经济增速大幅下行，企业家群体的平均财富增长速度比全社会慢，那么书法的价格就会缺少支撑。

所以，当投资者在进行以保值为目的的资产管理工作时，需要认识三个不同的参考标准：CPI 增速、社会平均财富增速和特定人群平均财富增速。只有清晰地认识到这三个参考标准之间的差异，才能更好地制定资产管理工作在长期的合适目标。

你不能吃稳定性

在美国橡树资本管理有限公司（Oaktree Capital Management）创始人霍华德·马克斯先生的《投资备忘录》中，有一篇文章叫“You can't eat IRR”（《你不能吃内部收益率》）。

文章中，马克斯先生对内部收益率（Internal Rate of Return，IRR）这种计算回报率的方法可能产生的问题一一作了剖析，指出 IRR 并不是一个非常可靠的投资回报衡量方法。这里，我也想借用《你不能吃内部收益率》的标题形式，聊一下我对投资业绩稳定性的看法：你不能吃稳定性。

在过去几十年中，随着计算机分析能力的发展，投资者和他们的客户越来越重视投资业绩的稳定性。本来，在进行投资的时候适当地考虑投资的稳健性是非常必要的，但是，在过去几十年中，随着计算机分析能力的发展，这种对稳定性的分析开始被强大的计算能力越做越细致：这就有一些矫枉过正了。

比如，现在许多人在分析一个投资经理的历史业绩回报时，喜欢统计这个业绩回报的夏普比率（Sharpe Ratio）。简单来说，夏普比率等于投资回报除以业绩波动，而绝大多数计算都是以天为单位的。此外，还有一些其他指标，比如信息比率（Information Ratio）、詹森指数（Jensen's Alpha），等等。

但是，万变不离其宗，这些指标的计算都需要使用投资组合的价格波动性。如果没有每天价格的波动，这些计算组合稳定性的指标几乎都无从算起。问题是，每天业绩波动真的有那么重要吗？当投资组合最后清算的时候，投资者拿到手的真金白银，是更高的投资回报，还是更高的稳定性？

需要细致指出的是，资产管理的业绩稳定性可以分为两个方面：纯粹意义上的价格稳定，以及盯市意义上的相对稳定即投资组合和整体市场表现之间的差别。前者纯粹取决于每天价格的变动，后者取决于每天价格的变动与市场整体变动的差额。但是，两种稳定性在基本层面上是统一的：它们都取决于每天的价格波动，而不是价值增减。

对于波动率或者说投资组合稳定性的过度重视，来自几个方面。首先，从总体来说，资金提供者是相对比较缺乏专业投资技能的（否则他们就不用请别人来管自己的钱了）。他们对投资可能遇到的风险有担忧，但又不了解这种风险究竟来自什么地方，于是就错误地把每天的价格波动和投资组合的稳定性作为判断投资风险的标准。而实际上，价格的波动和真正的投资风险，很多时候并没有什么关系。

其次，资金的管理者互相竞争，为了取悦资金提供者、扩大自己的资金管理规模，被迫接受了“业绩稳定很重要”的观念。与此同时，服务于资金提供者与管理者之间的中介机构，一方面对投资

的本质常常没有足够深入的了解（他们往往并不是专业的投资人才），一方面又需要对客户负责，也就开始接受、宣传甚至认同这个观点。

还有一点，随着个人电脑技术的发达，人们可以开始很轻松地计算历史上的投资组合波动性。

在前个人电脑时代，想要把一个投资组合历史上的波动性计算出来，实时对人们展示，是几乎不可能的事情。“总没理由什么人都想在家里拥有一台电脑吧？”1977年，迪吉多数字设备公司的创始人肯·奥尔森（Ken Olson）曾经这样说。

但是，在个人电脑时代，把一个投资组合乃至1 000个投资组合的波动性每分钟都计算出来，也只不过是点点鼠标的事情。伴随着这种超级便利性，人们对稳定性的盲目追求开始可以得到满足或者说可以被纵容。尽管这种每天价格波动的稳定性对于最终的投资回报几乎一点帮助都没有，但人们还是像啼哭的孩子一样，追求这种现在唾手可得的糖果。

为什么说每天的价格稳定性对投资并没有什么帮助呢？

首先，一个好的投资者为什么会在长期取得比市场平均水平更高的超额收益？原因很简单，他发现了别人没有发现的机会，做了别人没有做的事情。其次，为什么一个投资组合会稳定（纯粹意义上的稳定性）或者和市场偏离不大呢（盯市意义上的稳定性）？因为这个投资组合要么每天的价格波动不大，要么和市场相关性高，和市场“长得差不多”。

聪明的读者，你一定已经发现了以上两点之间的矛盾所在：超额收益的来源，是和市场不一样，而稳定性的来源，是每天的价格波动（纯粹意义上的稳定）或者说做得和市场一样（盯市意义上的稳定）。从哲学原理上来说，它们就好比一个跷跷板的两边，是不相关或者对立的关系，而不是统一的存在。我们如何能要求一个投资组合同时兼顾这两头呢？

我和许多资深机构投资者聊过，我多次问他们这样一个问题："你如何能同时取得好的投资回报、同时增加组合的稳定性？"我得到的答案几乎都是："我不能这么做。为了保持组合的稳定性、取悦我的销售部门、取悦资金提供者，我得放弃一些长远的利润，放弃一些太与众不同的机会，从而尽量保持业绩的稳定性。否则，我们可能看对了市场，却会在资金提供者和市场销售部门的压力下，撑不到最后或者撑得异常艰难。"（许多优秀的机构投资者往往选择发行长期封闭的产品，很大程度上，也是为了避免这种压力。）

对稳定性的过度要求，导致优秀的投资者们不能太特立独行，不能做出最具有优势的判断，不能全力追逐长期回报最大的机会：只要这些机会可能在短期带来业绩的波动。否则，他们就会像电影《大空头》里看对了次贷危机却下手略早的基金经理迈克尔·巴里所遭遇的事情一样。

当时，有投资者到巴里的办公室里，要求撤资。巴里说："我可能下手有点早，但是我没做错。"结果，他的投资者咆哮着对他说："这两者没有区别！根本没有区别！"

增加投资组合的稳定性，想要达到这个效果的方法有许多：不

过度偏重某个市场（哪怕它是个很好的市场）、不过度偏重某个行业和公司（哪怕是很好的行业和公司）、在市场极冷和极热的时候不保持过小或者过大的现金仓位（哪怕这些时候真的应该加仓或减仓）。可以看到，无论以上哪种做法，在保持了投资组合稳定性和取悦了资金提供者的时候，都不可避免地降低了投资组合的长期回报。

问题是，当投资者最终赎回自己的投资时，他们能赎回在资产管理过程中那每天平稳的价格波动吗？他们能把稳定性的一部分交给税务局（内地 A 股市场目前免征资本利得税，但是在海外市场这一税率很普遍）、一部分拿回家用来改善自己的生活吗？他们的养老金会因为波动性更小而变得更多吗？

请记住，你不能吃稳定性。为了更稳定的投资业绩而放弃更好的业绩回报，是投资中最不划算的事情。唯有看准最好的投资机会，以最坚定的毅力参与其中，才会取得最丰盛的投资回报。

“善胜者不争”，投资就是做最容易的事：两种资产管理方法的对比

在国内市场，许多投资者对委托管理者进行投资的时候，对于预期要取得的投资业绩有近乎虚幻的期望。有句半开玩笑的话，叫“熊市要求绝对收益，牛市要求相对收益”。这种特别高的要求，搞得在市场下跌的时候，投资管理者的压力变得巨大。

在这种压力之下，国内的资产管理者往往被迫去尝试自己根本

不可能完成的目标，比如在市场下跌了20%以后还能不亏钱，比如同时兼顾短期和长期业绩。我见过的国内许多机构投资者都说，我们同时重视短期和长期回报。问题是，如果真的搞定了短期回报，还需要重视长期回报吗？短期回报连在一起，不就是长期回报吗？但是，短期回报真的是“重视”就能得到的吗？

就连沃伦·巴菲特都明确表示，自己从来不管短期业绩，那些重视短期业绩的投资者根本就不应该买他的基金（在他早期的股东信中提到过）。那么，国内的股票型投资者，又有多少人能够真正控制短期回报呢？在绝大多数时候，这种所谓的“控制”，要么是一种对徒劳无用的努力进行的虚幻的臆想，要么是牺牲了长期回报换来的“短期稳定性”而不是“短期回报”。用文学的语言描述，这就叫“磨砖作镜、积雪为粮，迷了几多年少”。

国内机构投资者试图在所有的市场中取悦投资者时，海外的大型股票投资机构却采取了不同的做法。（当然，海外市场绝非完美，这里只是讨论一些比较成功、做得比较好的大型机构所采用的方法。要知道，海外市场如果完美，我们就不会看到2000年科技股泡沫、2002年垃圾债大熊市、2008年金融危机、2009年后的欧债危机、2018年土耳其危机，等等。）对于海外股票方向的许多知名大型投资机构来说，采取的做法是“牛市的时候基本跟上市场，熊市的时候比市场赔得少一点”。这在许多海外知名投资者的论述中，以及大型全球机构投资者的业绩表现中，都可以观察到。

这种做法看起来平淡无奇，但是有经验的投资者都知道，如果能够做到牛市基本跟上市场、熊市少赔一些，那么几轮周期下来，

业绩就会远远领先。而比纯粹的好业绩更重要的是，这种做法几乎是没有任何风险的。

市场无外乎几个状态，牛市代表贵，熊市代表便宜。对待这两种市场，在熊市中做判断是比较危险的。举例来说，在市场很便宜的时候，如果投资者认为底部已经到来，想在下一轮周期中超越市场也就是在牛市中赚得更多，那么他就需要在底部加上杠杆。但是，便宜往往意味着可以更便宜，而这种更便宜的状态，你不一定想得到。

这就好比A股投资者经常说破净（股价跌破净资产），但是在香港市场，不要说破净，连跌到0.2倍的市净率都大有股在。在这种情况下，投资者哪怕在股票刚破净的时候（市净率=1）只是加上了20%的杠杆（并不算太多），他都可能在股价跌到0.2倍市净率的时候破产出局。即使以后股票再回到哪怕5倍市净率，这些本来从1到5的涨幅都与这位倒霉的投资者无关了。

不要以为这种让人惊愕的状态纯属虚构，在我的一篇文章《盘点历史上港股的极低估值》中，就罗列了一些港股历史上真实的案例。比如，银河娱乐（00027）经历了2008年金融危机的大跌后，2008年10月28日的估值是0.19倍，而2017年9月19日则是4.45倍。

反过来，如果投资者想在熊市底部区域继续等待，等市场把最后的一点点下跌跌完，再买入股票，也是危险的。所谓“熊市易大涨”，在市场低迷时，大部分趋势型的投资者持有很少的股票、很多的现金，而价值型投资者又不爱做短线交易。这时候，一旦市场上涨，趋势型投资者涌入，价值型投资者熬了好久不肯随便卖掉，市场上就很容易出现没有卖盘只有买盘的现象，价格也就容易一飞冲天。A股市场2014年、美国股票市场20世纪80年代大牛市早期，在经历了长期熊市突然开始上涨的时候，都很明显地出现过这种现象。

这时，市场突然大涨，投资者到底跟不跟？不跟，容易错过大牛市。跟，之前已经错过的一大段涨幅（很多时候是让人瞠目结舌的，比如两个月50%）又让绝大多数人心有不甘。结果，在这样的纠结中，许多投资者就眼睁睁看着市场上涨，再也找不到满意的买入机会。

而在估值太贵的时候，市场则变得不一样。这时候，保留更多的现金或者做更保守的投资，即使做错（市场继续上涨），顶多少赚一点，不会有致命的爆仓打击。而一旦做对，则可以取得不错的相对回报。

同时，相对于熊市底部的判断来说，牛市的顶点判断虽然同样艰难，但是即使判断错误，也不会有什么后果。10倍市盈率的市场可以变得更便宜，恐慌情绪会导致这种市场跌到5倍，让看错的投资者深陷其中。但是，60倍的市场即使涨到120倍，投资者也可以从容地用现金买一些其他资产（比如回报率4%的债券，相当于25倍市盈率的股票市场），而这并不会让投资者感到不舒服。

“善胜者不争”，看似高端大气上档次的海外投资者，他们采取的方法却往往是最实际、最扎实的。这些方法绝非无往不利，也不能在宣传的时候取悦所有人，但是在这些方法最擅长的领域，他们却难逢对手。长此以往，他们的地位就很难撼动。而那些看似花

哨、面面俱到的投资方法，往往在实际应用中捉襟见肘、狼狈不堪。

资产管理者不应该尝试满足所有类型的客户

在资产管理工作中，资产管理者往往能碰到各种类型的客户。尽管在服务业，人们常常说“客户就是上帝”，但是在资产管理行业中，资产管理者不应该尝试满足所有类型的客户。关于这个问题，沃伦·巴菲特和查理·芒格曾经举过一个非常形象的例子：这就好比开餐馆，如果一个餐馆既提供法式大餐，又提供快餐炸鸡块，那么顾客就会感到困惑，最终想吃法式大餐和快餐的客户都会离开。

许多时候，不同客户的需求本身就是相互矛盾的。举例来说，在今天的资产管理行业，人们最喜欢说的一个潜在回报率是 CAGR（Compound Annual Growth Rate，CAGR，意思是年均复合增长率）达到 20%。同时，另一个私募投资领域客户公认的风险承受极限，是最大回撤（最大回撤是指在任何时候，基金净值相对之前最高点的亏损）不超过 20%。尽管 CAGR 20% 和最大回撤 20% 都是客户的需求，但是同一个资产管理者几乎不可能同时满足这两个要求。

原因很简单，如果股票指数的年均增长是 12%，那么 20% 的 CAGR 意味着比股票指数的增长达到了 8% 的超额收益，这是一个很高的数字。很高的超额收益必然意味着投资在风险资产上的仓位要高，而高仓位必然意味着资产管理者很难控制最大回撤。

反之，如果一个资产管理者试图把最大回撤控制在20%而风险资产随时可能下跌40%的话（对于股票来说这不是一个不可能的数字），这个资产管理者就需要把50%的资产放在几乎没有风险的现金或者高等级债券上。这时候，用来博取超额收益的资产就只剩下大概50%，而这50%需要有相对每年增长12%的指数来说超高的超额收益（可能得达到28%），才能以40%的回报使整个组合的回报率达到20%（假设剩下的50%的资产没什么收益的话）。但是，28%的超额收益抑或40%的长期回报，几乎是不可能的。

资产管理者不仅很难在数字上的风险和收益之间找到平衡，甚至想在不同的投资风格之间做到兼顾，也是一件非常困难的事情。价值型的基金经理往往盯住长期的价值，对短期的热点和价格波动视而不见。热点型的基金经理则往往对短期波动、新发生的事件十分敏感，而对长期的价值所知不多。

这时候，如果一个基金经理硬要兼顾这两种投资风格，以便在价值股上涨和热点股炒作的行情中都能取悦自己的客户，他就很容易陷入一个僵局：当面对某只长期有价值但短期没有热点的股票，他应该用哪种方法投资呢？反之，对一个短期火热但长期没有价值的公司，他又应该用哪种方法投资呢？这种僵局会让人手足无措、进退失据。

其实，左右互搏术这种听起来高深的武功，实际上往往只出现在金庸先生的小说里。在实际生活中，精通一种投资风格已经是难上加难，能同时精通几种风格，还能把这几种风格融会贯通、消除其间的排异反应的，恐怕多半只能出现在想象之中。沃伦·巴菲特精通价值投资，因此他在科技股泡沫和虚拟货币泡沫中的判断往往比顶点早了好多年（当然最后泡沫终究是泡沫），从而在很长一段时间里遭到大众的嘲笑。彼得·林奇是优秀的价值投资者，然而在1987年的股市闪崩中，林奇一点儿都没逃过去。在林奇的自传里，他非常坦诚地承认“那天自己正在度假，而管理的资产跌掉了大概一个非洲小国一年的GDP”。

而对于美国大奖章基金的詹姆斯·西蒙斯来说，这位擅长量化投资的大师，对长期价值或者主观地判断突发事件对价格的影响，基本上没有什么兴趣。西蒙斯擅长的是发现价格波动中的数学规律，并且用计算机捕捉这些规律以获利。当把这种数学规律发掘到极致时，西蒙斯已经对其他的盈利方式不感兴趣了。

我曾经见过一个从海外来访的投资经理，网上找到的简历显示，他曾经在欧洲市场做过量化投资。于是，我和他聊了最近一些国际政治形势对欧洲股市的影响。（我经常尝试这种话题和目的相反的聊天方式，以辨别对方的真实情况。比如，你不能问一个人“你贪财吗”，因为你一定会得到“我不贪财”的回答。你要问“你能跟我说说上次你一夜暴富的经历吗”，还要作出希望知道一些不道德发财手段的样子来，如果对方说得眉飞色舞、对道德嗤之以鼻，你就能知道个大概了。）这位投资经理和我说了很长时间，但是，他的言论让我觉得，他并不是一个好的量化投资者。一则他说的东西都是媒体上天天能看到的、科普性的东西，并没有太深入、独特、长远的见解；二则虽然我对量化投资不算精通，但是我从来没有见过一个深入研究量化投资和编程的人，会对国际政治形势有多么大的兴趣。这些人往往更喜欢自己的代码，对日常的局势波动不屑一顾（只要不打世界大战就行）。后来，我通过深入打听，发现这位投资经理过往的业绩果然平平。

在比较成熟的海外市场，资产管理者的投资风格过于多元化，也会让投资者感到无所适从。与国内市场的情况不一样，海外市场的投资者往往是根据资产管理者的风格去投资的。比如，一个投资者可能会把70%的资产投资在价值投资型基金上，30%投资在热点型基金上。这有点类似于西医，牙科就是看牙的，耳鼻喉科就是看耳鼻喉的。而中国市场的情况则更类似于中医，客户希望一个医生包治百病，一个资产管理者能适合所有的市场风格。

在海外“西医型”的投资氛围下，如果一个资产管理者在几个风格之间飘忽不定，往往会让想选择任何一种风格的客户都离他而去，就像文章一开头所说的同时卖法式大餐和炸鸡的餐厅的遭遇一样。从发展的趋势来看，国内市场也应当会慢慢向海外市场靠拢。在长期，风格明确、不动摇的资产管理计划相比风格飘忽的计划会更具有吸引力。

当然，一些资产管理机构尝试用“平台型”的经营模式，把一些优秀的资产管理者拼在一起，从而兼容各种不同的投资风格，为不同的客户提供多元化的产品选择。这种方式有效地避开了“一个资产管理者往往只能适应一个风格的投资”的问题，但是也会带来几个新的问题。

首先，平台型的机构内部的资产管理者很难有效沟通，互相的优势很难得到互补：我们如何想象一个找价值的投资者，可以和一个追热点的投资者进行有效的交流？在我过往的经验中，几乎没有见到这两类投资者能做什么有效的交流，更多的是互相鄙视。找价值的人觉得追热点的朝三暮四，忙了半天也赚不到啥钱；追热点的觉得找价值的人脑袋锈住了，有钱不赚不可理喻。那种查理·芒格和沃伦·巴菲特两个人之间的默契配合，几乎不可能在平台型的资产管理机构中出现。

而由于这种默契配合的缺失，平台型的资产管理机构很难形成强大的合力。在市场竞争不激烈的时候（比如还在发展中的中国市场），这种合力的缺乏不会带来太大的问题。但是，当市场逐渐完善、竞争逐渐激烈以后，平台型的资产管理机构就很难和专一型的机构正面竞争：前者中的佼佼者，其战斗力总是比后者中最优秀的要差。

其次，这种风格的飘忽还导致兼容了很多风格的平台型资产管理机构更难宣传自己。由于内部包含多种风格，一个平台型的资产管理机构往往很难把自己定义为某一种风格的专家。这种困难使得此类机构很难在激烈的宣传竞争中脱颖而出，从而在宣传战中也会输给风格专一的机构。

最后，投资者在选择任何一种风格的产品时，都不会首先想到平台型的资产管理机构。这就好比一个想听相声的票友会去德云社，一个想听纯音乐的发烧友会去北京音乐厅，但是如果一个地方想兼顾这两者，就很难吸引到听众。

其实，不只是投资、相声和音乐如此，熟悉武器设计史的读者对这种“想要面面俱到，结果顾此失彼”的情况应该并不陌生。历史上曾经有一段时间，武器设计学家尝试用一种武器同时代替多种武器。但是这些设计最终几乎都失败了。其中最有名的设计之一，就是战列巡洋舰。

战列巡洋舰是一种出现在20世纪初期的战舰，设计的初衷是结合战列舰和巡洋舰的优点：战列巡洋舰的火炮口径比巡洋舰大，和战列舰相仿；装甲和巡洋舰差不多，因此航速和巡洋舰相仿。在设计者的规划里，战列巡洋舰碰到巡洋舰的时候，可以用大口径火炮碾压对方；在碰到战列舰的时候，则可以用更快的航速跑掉。但在实际战争中，这种优势根本没发挥出来：在碰到巡洋舰的时候，战列巡洋舰跑不快，人家不想打就根本追不上人家，自己落单了被数量更多的巡洋舰围猎时又跑不掉；而在遇到战列舰的时候，又根本打不过对方。最后，战列巡洋舰几乎在任何场合下都占不到优势。这就好比一个中文初中水平英语也是初中水平的人，在中国和英国都没法和只会一种语言的母语人士竞争一样。

所以，面面俱到这种打法听起来好听，实际上往往是顾此失彼，一面都覆盖不全。资产管理者想要满足所有类型的客户，往往最后不但会把自己累死，客户的需求也很难满足（而且往往最后一个也满足不了），还会丧失自己的长期竞争力。韩国小说《商道》曾借历史上的朝鲜王朝巨商林尚沃之口说：“财上平如水，人中直似衡。”只有像平静的水那样面对投资的起起落落，以不变的恒心和一贯的风格去直面客户变化的情绪和需求，才能在波涛翻涌的投

资之海中驾驶好一艘远航的战船。

一个甄别优秀投资者的好方法

成功投资的方法之一，就是找到那些真正懂投资的人，把自己的钱交给他们管。一旦一个投资者能找到这样一位帮自己管钱的能手，那么他的投资生活就会变得异常轻松：自己什么都不用做，只要信任那个能干的人就行，就像齐桓公姜小白信任管仲那样。但是，怎样才能找到真正优秀的投资者呢？这里，就让我们来看一个好方法。

如果我们问，这个世界上什么事情最难，那么公正客观、不执着于自己的偏见一定是最难的事情之一。人类天生是自我、偏见、执着的动物，通过不切实际的幻想维持自己头脑中虚幻的企图，而不管这些企图多么荒谬：从两千多年前追求长生不老的秦始皇，到今天在保健品和化妆品上一掷千金但不肯戒烟戒酒也不爱锻炼身体的人们，这种执着一直存在。

不信？我们试试看攻击一个人的固有想法。比如，我们对一个女生说“其实你不是那么好看，擦了化妆品也没啥用”，或者对一个企业老板说“你看你做的企业，今年利润这么差，我觉得你能力不如同行啊”，有多少人能从心底接受这样对事实的客观但刺耳的描述？“忠言逆耳利于行”，有生活经验的人都知道，能够接受对自己不利的意见的人，少之又少。

我们甚至不肯接受一些关于事实的论述，而一定要把它美化或者虚幻化才行。这就像宗萨蒋扬钦哲仁波切在《正见》一书里举的那个例子一样：人们总是要庆祝自己的生日，如果你在生日宴会的时候对主角说，生日代表着他离死亡又近了一年，那么你几乎肯定会被骂一顿。

但是，投资恰恰是一个非常需要公正客观地认知世界、非常不需要保持自我虚荣与骄傲的工作。对于证券投资来说，只有公正客观地认知世界、社会、经济，才能做出正确的投资判断。相反，如果一个投资者执着于自己的傲慢与偏见，他的投资业绩并不会因此得到一点点的改善，最后倒霉的只会是他管理的账户。

我曾经看过查理·芒格的一个现场采访，老先生对事实的客观认知让我印象极其深刻。主持人问芒格："请问美国将来会走下坡路吗？"芒格想都不想就说："会，当然会，任何伟大的国家都最终会走下坡路，罗马帝国灭亡了，希腊文明式微了，人类社会就是这样，美国怎么会例外呢？"

老先生的回答几乎是条件反射的速度，这种坚定和客观让我震撼。他和巴菲特都是一生押注美国的人，正是美国经济的成功给他们带来了巨大的财富。但是，他们没有盲目乐观，甚至没有因为自己巨大的成功丧失一点点的理智，而是清醒认识到了几千年的人类历史所展现出来的客观规律：即使这种规律和他们一生的经验完全相反。

道理说到这儿，怎样鉴别一个投资者是否优秀，方法就出来了：看看他是怎样对待自己犯过的投资错误，怎样思考自己的弱点，我们就可以知道，这个投资者是客观还是偏执。

对于投资这个工作来说，几乎没有人不犯错：任何人都会在一辈子中做出一些非常糟糕的决策。记得美国曾经有一个电视节目，采访了很多美国非常著名的投资者，让他们谈一谈自己最糟糕的投资决策是什么。其中有一位说："好多年前，有两个来自美国中部的大叔来找我们谈合作，我们觉得他们只有一个名字怪怪的企业（伯克希尔-哈撒韦）和一个糖果厂（喜诗糖果），就没理他们。"这个人本身是非常优秀的投资者，他尚且犯了错失沃伦·巴菲特和查理·芒格的错误，又有多少投资者能说自己一个错误都没犯过呢？

既然所有人都会犯错，那么当我们观察一个投资者时，如果发现他羞于谈论自己曾经的失败，只是吹嘘自己曾经做过的成功投资，那么我们就可以知道，这位投资者并不是那么理性客观。而如果我们发现一位投资者并不避讳聊自己曾经失败的投资，那么他是一位客观理智的投资者的概率就大得多。

我曾经见过一位手握几百亿元资产、有几十年投资经验的公募基金投资者，他在和我见面的时候，跟我念叨了很长一段时间，关于前段时间他买一只股票价格挂得太低导致没买到的遗憾。但是，这只股票其实占他的仓位不过几个百分点，他却绝口不提自己在刚过去的一个大行情中，仓位配置几乎完全正确的事情。对他来说，正确的整个仓位的调整似乎已经理所当然，失败的一点点股票选择却十分难忘。

由于工作性质，我经常会接触到一些优秀的投资者（就像上面那位一样）。根据我的经验，优秀的投资者往往不仅不避讳谈论自己的失败，而且往往很热衷于谈论自己的失败。这是为什么呢？我想，原因大概有两点。

第一，如果一个投资者想要提高自己的投资水平，那么他应该不断研究、思考、谈论自己做得成功的交易，还是琢磨自己失败的交易？谈论成功的交易，对继续提高投资水平是没有什么意义的：该赚的钱已经赚到了，以后也不会赚得更多。但是，研究和思索失败的交易，却是有现实意义的：失败的交易越少，长期投资业绩就会越好。

对于一个优秀的投资者来说，他往往一生都在进行这种自我反省，而这种反省恰恰是他投资水平不断进步的源泉。反之，那些不思考自己失败交易的投资者，往往沉浸在自己的成功中不能自拔，反而丧失了改进和革新的机会。

第二，优秀的投资者往往更有自信，他历史上的业绩足够支撑自己的信心。因此，他往往也就不需要通过描述自己的成功来增强自己的信心。反之，水平一般的投资者则需要不断地为自己打气。这就好比我们对一个年轻的小伙子说，“你今天看起来气色不太好啊”，小伙子往往不会太在意：不就昨晚通宵打游戏嘛。但是如果我们对一个大病初愈的人说，“你今天气色又不太行哦”，这个人往往会十分在意：人们越在意的事情，往往是越缺乏的事情。

“故乱国若盛，治国若虚，亡国若不足，存国若有余。”在《文子·自然》一篇中，战国时代的哲学家文子这样描述国家的治乱兴衰。反观投资者也是一样，那些最优秀的投资者，往往更在乎

自己的失败。他们反省失败、讨论失败、研究失败，以期在将来避免失败。而那些平庸的投资者，却往往忌讳谈论自己的失败。他们沉浸在对成功投资的吹嘘中，仿佛失败只要被遗忘，就跟从来没有发生过一样。通过判断一个投资者对自己失败投资的关注度，我们就可以发掘那些真正优秀的投资者，进而把我们的财富托付给他们。

结　语

在记载了三千年前姜太公与周文王、周武王之间对话的《六韬》一书中，有这样一段话，足以发人深省："君以世俗之所誉者为贤，以世俗之所毁者为不肖，则多党者进，少党者退。若是，则群邪比周而蔽贤，忠臣死于无罪，奸臣以虚誉取爵位，是以世乱愈甚，则国不免于危亡。"为人君者，如果不能有自己的思考与判断，跟随世俗的毁誉做事，那么国家就难免于祸乱。千秋以来，国家危亡，多由此出。

为国如此，做投资也是一样。在投资中，最重要的因素之一就是独立思考的能力。一个投资者如果没有独立思考的能力，那么他的投资业绩往往平庸。

但是，究竟什么是思考？宗萨蒋扬钦哲仁波切在他一系列关于佛法哲学的书中，不止一次地告诉大家：你以为你在思考，其实你是被你的业力所驱使而已。

人们所谓的思考，往往不过是妄念。

从小看"钻石恒久远，一颗永流传"的广告，长大了觉得肯送你最大钻石的那个人一定最好，这是真正的思考吗？小时候家里缺钱，长大了认定“只要有足够的钱就有幸福”，这是真正的思考吗？看到某只股票涨了五倍，就觉得它的商业故事无比动人，这是真正的思考吗？

真正的思考，是对客观事物的归纳总结，是不带个人感情的超理智判断。究竟我们是在思考还是在幻想，值得每个投资者深思。

那些真正的思考者，那些真正面对自己内心的理性的投资者，那些在自己不懂时能明确地说“我不懂”、在自己确信事实如此时沉着地说“你们都错了”的投资者，思考会带给他们无比巨大的力量。在旁人疑惑的眼神中，他们的投资之路会向远方坚定地延伸。

我亲爱的读者，愿这本小书，能带给你一些真正的思考。